GASTON & SYLVIE LENÔTRE

Kulinarische GARTENPARTIE

UNSERE FAMILIENREZEPTE

Wie viele Male schon durfte der leuchtend rote Herbst erleben, wie ich mit geschlossenen Augen im warmen Sonnenstrahl den ersten selbst gepflückten Apfel genieße.

LUCIE DELARUE-MARDRUS

Für Annie

Aus dem Französischen übersetzt von Dr. Angela Kuhk
Redaktion: Silvia Rehder
Korrektur: Susanne Gugeler
Umschlaggestaltung: Caroline Georgiadis
Herstellung: Dieter Lidl
Satz: DTP Josef Fink, Gräfelfing

Die Originalausgabe mit dem Titel *Les Jardins gourmands des Lenôtre* wurde erstmals 1998 im Verlag Hachette Livre, Paris, veröffentlicht.

Gesamtleitung: Philippe Lamboley
Text: Gaston & Sylvie Lenôtre
Fotos: Pierre Hussenot
Styling für die Fotos: Marie Leteuré
Design: L'Air du temps, Jean-Pierre Fressinet, Sara Danguis
Herstellung der Originalausgabe: Gérard Piassale, Nathalie Lautout

Druck und Bindung: G. Canale S.C.P.A.
Printed in Italy

ISBN 3-88472-376-6

GASTON & SYLVIE LENÔTRE

Kulinarische GARTENPARTIE

UNSERE FAMILIENREZEPTE

Fotos von Pierre Hussenot

CHRISTIAN VERLAG

Der Garten ist zumeist ein geschlossener Raum, der sich fremden Blicken entzieht. Daher möchte ich Sie heute auf einer kulinarischen Gartenpartie begleiten. Die Reise wird Sie in die versteckten Gärten einer Familie führen, die der Gastronomie zu neuem Glanz verholfen hat und deren Mitglieder mit großer Liebe diese Gärten gepflegt haben, die wirklichen ebenso wie die der Phantasie.

Die Veröffentlichung unserer Rezepte möchte ich all jenen widmen, die ihr Wissen und ihre Erfahrung, ihre Geschmacksurteile und ihr Können zur Verfügung gestellt haben, damit Frankreich im Bereich der Gastronomie zum Spitzenreiter werden konnte. Durch dieses Buch werden auch die Enkel und Urenkel von Gaston und Colette Lenôtre erfahren, dass das Bemühen um Qualität und Sorgfalt im Garten wie im Leben der Schlüssel zum Erfolg ist.

Die Natur steckt voller Wunder, die es zu entdecken gilt. Sie steht dem Menschen zur Verfügung und es liegt in seiner Hand, mit ihr in Harmonie zu leben. So möchte ich mit diesem Buch auch dem Gärtner danken, der sein Leben ganz nach der Natur ausrichtet. Er spürt die Elemente, lebt mit Gewittern und Regenfällen, Hagel und Frost, in den Tropen sogar mit Taifunen. Auf diese Weise übt er sich in Geduld und Bescheidenheit und sieht die Welt deutlicher. Er liebt die Natur und bemüht sich gleichwohl, sie zu gestalten. Um seine Pflanzen kümmert er sich, als wären sie seine Kinder.

Ich möchte Sie nun einladen, ein wenig bei den Lenôtres zu verweilen, die Früchte unserer Gärten zu entdecken, unsere Lieblingsgemüse zu probieren. Die Auswahl an Rezepten spiegelt unsere Vorlieben wider, erinnert an die Länder, die wir bereist haben, und führt Kräuter und Gewürze auch aus fernen Gärten zusammen, die jeder von uns nach eigenen Vorstellungen verarbeitet. Die Tore all dieser Gärten sind der Vergangenheit geöffnet wie auch der Gegenwart und der Zukunft. Sie öffnen sich der Welt und all den Schätzen, die Frankreichs Küche aus anderen Kulturen übernehmen durfte.

Da wir ernsthaft arbeiten wollen, ohne uns immer allzu ernst zu nehmen, basieren die Anekdoten, die diese gastronomische Reise begleiten, zwar auf wahren Begebenheiten, doch sind manche Personen auch in Phantasiewelten zu Hause und ihre Geschichten gelegentlich eingestreut wie winzige Samenkörner …

INHALT

WIE DER MENSCH, SO SEIN GARTEN

Insgeheim besitzt jeder Mensch einen Garten, der ein Spiegel seiner Seele ist, eine Traumwelt. Er kann sich in Gedanken dorthin flüchten, er kann diesen Garten aber auch Wirklichkeit werden lassen.

GASTON besitzt eine erlesene Sammlung keimender Pflänzchen, die nur darauf warten, dass der Meister ihnen seine Aufmerksamkeit schenkt. Er umsorgt seine tropische Orchidee, als wolle er sie zur Schönsten unter all seinen Blütenschönheiten machen. Selbst an den abgelegensten Orten schafft er es, neue Pflanzen zu ziehen.

Natürlich kennt Gaston viele Kräuterzüchter und Gemüsegärtner, von denen er unter anderem Weidenkörbe voll von wohlriechenden Verbenen und Thymian bekommt, woraus er diverse Tees bereitet. Seine einzigartigen Honigsorten stammen aus den entlegensten Winkeln Frankreichs. Zu Gastons guter Küche gehören selbstverständlich Suppen und Eintopfgerichte, denn es gibt fast nichts, was er nicht verwerten könnte.

Als leidenschaftlicher Anhänger regionaler Produkte kauft er auf einem kleinen Markt ein, wenn dort die besten Erdbeeren angeboten werden. Als Bewohner der Normandie unterstützt er die Erzeuger von hausgekeltertem Cidre, wohl wissend, dass es sich um ein sehr empfindliches Produkt handelt. Für eine seiner absoluten Leidenschaften, die Loire-Weine,

ist ihm kein Weg zu weit, denn ein Quarts-de-Chaume oder ein Bonnezeaux dürfen für Gaston auf keinem Tisch fehlen.

COLETTE, die in den Obstgärten von Rueil aufgewachsen ist, kennt die prachtvollen Anlagen von Versailles. Selbst wenn das Leben sie in wilde normannische Gefilde verschlagen hat, träumt sie doch von Gärten, die auf dem Reißbrett entworfen wurden, von sorgsam geschnittenen Buchsbaumkunstwerken und einer Natur, die Tag für Tag in Form gebracht wird. Ihr ist der Anblick von Blumengirlanden vertraut, die sich um Kristallleuchter winden, von duftenden Kräuterbuketts auf einem Tisch bei Kerzenschein und von prasselndem Feuer in einem Kamin aus Marmor. Sie träumt von einer gezähmten Natur, bei der auch Regen und Gewitter ihren Weg in Kanäle finden. Im Pré Catelan, dem sie neues Leben verlieh, ließ sie ihre Träume wahr werden, was ihre Gäste besonders zu schätzen wissen.

Aber Colette besitzt auch einen literarischen Garten, in dem sie die großen Klassiker liest. So werden beispielsweise alljährlich im Shakespeare-Garten, der vom großen Park des Pré Catelan umgeben ist, inmitten ihrer Lieblingspflanzen jene Stücke aufgeführt, die der Dichter der Natur gewidmet hat.

ALAIN war als Kind zumeist in den Wäldern zu finden oder auf dem Hof von Großmutter Eléonore. Für ihn war die Natur der Garten Eden, den es wiederzuentdecken galt. Er war dazu bestimmt, an den göttlichen Gärtner zu glauben, trotz widriger Witterung stets das Beste zu pflanzen. Er trat in die Fußstapfen seines Vaters und fand den persönlichen Erfolg weit entfernt von den Gärten seiner Geburt. Seine Wahlheimat ist Texas, das unendliche Land, wo das Getreide wächst und die Lupine ›Blue Bonnet‹, im April die Hügel tausendfach mit blauen Blüten bedeckt.

Seine Frau Marie ist Griechin. Sie pflegt auf ihre Weise ihren geheimen Garten an den Quellen unserer westlichen Kultur, einen Garten der Literatur und der Poesie. Von Griechenland haben sich einst auch die Lebensregeln für eine gute Gesundheit, die Hypokrates und Theophrast unsterblich werden ließen, in die ganze Welt ausgesät.

ANNIES Garten bestand zunächst nur aus einem Wintergarten mit Blick auf einen großen Park und drei Linden. Der Duft der Reben fing sich im Haus und vom Glasdach herunter hingen winzige Trauben. Später wohnte sie in einem kleinen Haus im Bois de Boulogne, wo der Gesang der Vögel sie wiegte und sogar auf dem Balkon Pflanzen und Bäume wuchsen. Heute zieht sie aromatische Pflanzen in ihrem Garten mitten im Wald von Marly. Sie entdeckt wunderbar schmackhafte Zusammenstellungen und alte Gemüsesorten wie den Spaghettikürbis oder die Physalis, die im Französischen auf den schönen Namen »Liebe im Käfig« hört. Annies Garten ist ein Paradies für Kinder, in dem das abendliche Wässern zu einem Familien-Badefest wird. Es ist ein Garten für streunende Katzen und für Generationen von Igeln, die dort ihre Lieblingsgerichte vorfinden und dabei ganz ungestört leben dürfen.

Ihr bretonischer Ehemann Frank ist Feinschmecker aus Leidenschaft und von Berufs wegen. Durch die Gemüse und Kräuter von Annie – eine stets frische Auswahl all dessen, was die Jahreszeit bietet – bekommen seine köstlichen Gerichte aus der regionalen Küche ihr Aroma und ihre Leichtigkeit.

SYLVIE, Ihre Begleiterin bei der kulinarischen Gartenpartie, hat die Geschichten und Rezepte der Familie zu Papier gebracht. Durch den nahtlosen Wechsel von der Muttermilch zur berühmten Crème fraîche aus der Normandie war ich wie

Alain, und später auch Annie, ein eher pausbackiges Baby. Lange Jahre zählten Kalbsbries-Pasteten zu unseren Lieblingsgerichten und drei Nachtischportionen haben wir immer spielend geschafft. Als Kinder brauchten wir viel Durchsetzungsvermögen, um uns Zutritt zur Küche zu verschaffen. Dass unsere Fehlschläge von den Küchenchefs belächelt wurden, hat uns aber ohne Zweifel angespornt, denn noch heute lieben wir dieses Metier alle drei. Begonnen haben wir mit dem Entstielen von Erdbeeren und dem Enthäuten von überbrühten Mandeln. Sie rutschten uns zwischen den Fingern hin und her und wenn wir genau zielten, war es wie Murmeln spielen. Ich verstand bald, warum mir meine Gerichte misslangen, wenn ich mich lediglich auf die Vorgaben des Rezeptes verließ, und wusste schon damals, dass jeder Koch unter seiner großen Mütze auch einige große Geheimnisse hütet. Manch einer würde sie sogar lieber mit ins Grab nehmen, als sie uns jungen Wilden zu überlassen. Ich kann nur hoffen, dass man im Himmel all die wunderbaren Speisen zu schätzen weiß. Die Köstlichkeiten der Lenôtres hingegen konnten ja bereits tausende von Küchennovizen und angehenden Feinschmeckern mithilfe der Bücher, die mein Vater und ich im Laufe der Jahre veröffentlicht haben, nachkochen. Dort ist nichts verheimlicht.

Als mir das Schlemmerparadies schon sehr vertraut geworden war, verspürte ich eines Tages Lust auf Neues. Ich wollte die zahllosen Pflanzen meines Gartens besser kennen lernen und interessiere mich seitdem für neue Entdeckungen auf dem Gebiet der Ernährungswissenschaft. Mein Respekt vor den Zutaten ist dadurch gewachsen und ich bereite sie auch entsprechend anders zu. Ich verwende nun häufiger die Technik des Dampfgarens und ersetze Würfelzucker gelegentlich durch Blütenhonig aus der Sologne. In meinen Salaten finden sich nun auch Sprossen und die Butter aus meiner Normandie lässt kaltgepresstem Pflanzenöl den Vortritt.

Im Frühjahr wandere ich zusammen mit meinem Mann Alain in den Bergen. Wir halten Ausschau nach den ersten Pilzen. In Serre-Chevalier nahe der Meije hat sich zu Pfingsten unter Kiefern bereits ein Kronenbecherling geöffnet. Anfang September bringt Alain in seinem Korb Pfifferlinge, Röhrlinge und Parasolpilze nach Hause. Der Wald liegt an einem steilen Hang und die große Pilzpfanne zum Abendessen ist der Lohn harter Arbeit. Genauso lohnend ist es jedoch, die verschwenderischen Farben zu genießen, die uns beim Füllen unserer Körbe verführen.

Nun möchte ich Sie auf einen Rundgang durch sieben Gärten einladen und Ihnen dabei einige neue Wege zu Gemüse und Früchten, zu Vitaminen und ungekannten Geschmackszusammenstellungen vorschlagen.

1 Colette Lenôtre
2 Serge **3** Alexis
4 und **5** Frank und Annie
6 Nicolas **7** Charles
8 Guillaume
9 und **10** Jinky und Thomas
11 und **12** Alain und Sylvie
13 und **14** Alain und Marie
15 Gaston jr. **16** Florent

Gaston Lenôtre, Cécile und Renaud sind auf Seite 224 abgebildet.

IM KLOSTERGARTEN VON SAINTE-CÉCILE

Bruder Guillaume und Bruder Nicolas waren Vettern. Sie verbrachten ihre Kindheit gemeinsam in einem kleinen Dorf bei Bernay und fanden sich schließlich in einem Kloster ein, wo sie ihren Wissensdurst zu stillen hofften. Der sanfte Guillaume hatte dunkles Haar, sein Vetter war blond, beider Augen glichen denen eines Engels. Vor dem Stundengebet waren sie eilig unterwegs zur Bibliothek und lachten sich unter ihren Kutten ins Fäustchen. Es war ihnen tatsächlich gelungen, vor den Augen des Bruder Pförtner einen etwas merkwürdigen Beutel in die heiligen Gebäude einzuschmuggeln: Er enthielt drei Säckel Getreide, drei Töpfchen Gewürze und vor allem zwei Pergamentrollen, die direkt aus Jerusalem stammten. Der falsche Bettler, der an diesem Morgen an der Pforte geläutet hatte, war soeben von einer Kreuzfahrt zurückgekehrt und hatte vor der erneuten Abreise sein Gelübde abgelegt.

Im Mittelalter waren es zwar die Mönche, die die Wissenschaften entwickelten, doch verbrachten sie nicht ihre gesamte Zeit mit dem Gebet und der Abschrift alter Manuskripte. So auch Nicolas und Guillaume, die bei ihren Forschungen zufällig auf Notizen eines Schülers des großen Marcus Apicius gestoßen waren. Sie entdeckten, dass der reiche Römer und Zeitgenosse Jesus' eine Schule der Gastronomie ins Leben gerufen hatte. Das Manuskript, das bereits seit dem Jahr 1000 im Besitz des Klosters war, begeisterte die beiden jungen Mönche derart, dass sie heimlich eine Abschrift der wunderbaren Rezepte anfertigten. Sie hatten zudem von verschiedenen kulinarischen Neuigkeiten gehört, die aus dem arabisch beherrschten Andalusien ins Land gelangt waren. Und seit kurzem bereicherten die Kreuzfahrer auch, mangels Gold- und Silberwaren, das kulinarische Angebot ihrer Heimatländer mit Gewürzen und Früchten aus dem Orient.

Den Feinschmecker-Mönchen des Mittelalters gewidmet…

Mit solchem Wissen ausgestattet übersetzten unsere beiden Mönche die Rezepte so gut es ging in eine Sprache, die zu der Zeit für jedermann verständlich war. So gaben sie die Garzeiten beispielsweise mit »zwei Ave-Marias lang« oder »während dreier Vaterunser« an. Die Speisen waren somit bereits gesegnet, bevor sie den Tisch erreichten, und wurden durch eine weitere Lobpreisung des Herrn fast göttlich.

Zahlreiche Klöster haben diese schönen Traditionen aufrechterhalten, indem sie auch heute noch köstliche Konfitüren, Honig, Bonbons und vor allem Kräuterschnäpse, deren Zubereitung immer noch zu den bestgehüteten Geheimnissen zählt, zum Verkauf anbieten.

»Ich hätte gern aus der Familie der Chenopodiaceae *oder Gänsefußgewächse die Gartenmelde. Ein kräftiges Pflänzchen.« »Die helle Sorte? Oder lieber die rote oder grüne?« »Eine rote bitte. Was kostet sie?« »Sie ist nicht verkäuflich. Aber ich würde sie gegen einige Tomatillo-Samen tauschen. Die fehlen mir nämlich.« Ein solches Gespräch könnte man bei Jean-François Aubert hören oder bei einem dieser Gärtner und Sammler, die ich immer wieder auf meinen Reisen kennen lerne. Ich habe seinen Garten in der Bretagne besucht. Es war Ende August und die meisten Pflanzen waren bereits ins Kraut geschossen. Der Salat kletterte gen Himmel und die große Gartenmelde bog sich unter dem Gewicht der reifen Samendolden, dem Startkapital zukünftiger Ernten.*

GARTENMELDE

Die einjährige, dekorative Gartenmelde *(Artiplex hortensis)* ist leicht an ihren dreieckigen Blättern zu erkennen, die von Mai bis zum Ende des Sommers gepflückt werden. Ihr Gehalt an Oxalsäure ist geringer als bei Spinat oder Sauerampfer. Sie ist daher leichter verdaulich und ein Geschenk des Himmels für alle, denen der Verzehr von Spinat Magenprobleme bereitet.

DICKE BOHNEN

An jenem Tag waren viele junge Leute bei uns zu Tisch. Ich hatte eine Menge frische Dicke Bohnen, aber keine Idee, wie ich sie zubereiten sollte. Jinky schlug dann vor, sie in Öl zu braten, wobei sich die Haut von der Bohne löste. Sie ließ sie auf Küchenkrepp abtropfen und würzte sie mit Salz und Paprika. Meine Dicken Bohnen und ihre knusprige Haut wurden von allen gelobt. Wie alle Hülsenfrüchte liefern sie eine beachtliche Menge an Proteinen. Dicke Bohnen kommen schon im Frühling auf den Markt, wenn die Kerne noch ganz jung, zart und grün sind. Sie werden in Salzwasser blanchiert, dann lässt sich ihre weiße harte Schale mit dem Fingernagel entfernen. Sie sollten immer mindestens zehn Minuten kochen, nur dann können enthaltene giftige Stoffe abgebaut werden. Getrocknete Dicke Bohnen lässt man zwölf Stunden quellen und kocht sie dann mit einem Sträußchen Bohnenkraut. Ich bevorzuge im Winter die tiefgekühlten Dicken Bohnen.

KRÄUTERSUPPE MIT DICKEN BOHNEN

150 g Blätter von Gartenmelde oder Gänsefuß
150 g junge Brennnesselblätter
100 g Schnittlauch
1 Hand voll Petersilie
1 Salbeizweig
200 g frische Dicke Bohnen, enthülst
1 l Quellwasser oder Mineralwasser
1 TL Salz
100 g Frischkäse, Fettgehalt 40 %
1 Prise (oder mehr) Paprikapulver

FÜR 6 PERSONEN

VORBEREITUNGSZEIT: 20 MIN. · GARZEIT: 30 MIN.

■ Die Blätter und Kräuter waschen. Die harten Stiele entfernen und zusammenbinden. Die Blätter und Kräuter grob hacken. Das Quellwasser in einen großen Topf geben, salzen, die Kräuter, die Stiele und 100 g Dicke Bohnen hinzugeben und alles etwa 30 Minuten kochen. Die Stiele anschließend wegwerfen.

■ Inzwischen die restlichen Dicken Bohnen 10 Minuten in Salzwasser kochen lassen, abschrecken und die Schale entfernen. Die Bohnen in einer Schüssel mit kaltem Salzwasser beiseite stellen.

■ Den Frischkäse mit Paprika würzen. Die Kräuterbrühe mit den gekochten Dicken Bohnen durch ein Passiersieb mittlerer Stärke streichen und in eine Suppenschüssel geben. Die Suppe lauwarm oder kalt servieren. Den Paprika-Frischkäse und die restlichen Dicken Bohnen getrennt auftragen. So kann jeder seine Suppe selbst zusammenstellen.

ABWANDLUNG

In die noch warme Suppe drei Blatt Gelatine geben (vorher in Wasser quellen lassen), die abgekühlte Suppe auf Teller verteilen. Je 1 EL Paprika-Frischkäse in die Mitte geben und mit einigen besonders dicken Bohnen verzieren. Nach Belieben können Gartenmelde, Gänsefuß oder Brennnesseln durch Spinat, Kresse oder einige Blätter von weißen Rüben ersetzt werden.

GÄNSEFUSS

DER GUTE HEINRICH, eine Gänsefußart, wurde früher wegen seiner blutreinigenden Wirkung als Heilpflanze geschätzt. Er wächst wild, oft in der Nähe von Schafställen und Berghütten. Seine großen Stengel tragen Blätter in der Form von Hellebarden. Er ist eine einjährige, anspruchslose Pflanze, die sich auch für trockene Standorte eignet. Im Garten, wo er allerdings selten zu finden ist, bevorzugt der Gute Heinrich nährstoffreichen Boden.
DER WEISSE GÄNSEFUSS hat auf der Unterseite seiner krähenfußförmigen Blätter ebenso wie der Gute Heinrich einen dünnen mehligen Belag. Die Oberseite zeigt ein schönes Dunkelgrün. Die Blätter bleiben bis zum Ende des Sommers zart und auch die Samen sind essbar.
In seinem Garten in Saint-Rémy-de-Provence erntet Serge dieses gute »Unkraut« und verarbeitet es mit einigen Brennnessel- und Portulakblättern zu einer Suppe. Die hier vorgeschlagenen Rezepte mit Gänsefuß lassen sich ebenso gut mit Gartenmelde, einer sehr nahen Verwandten des Gänsefuß zubereiten. Als Ersatz für beide können Sie aber auch Spinat (siehe Seite 197) oder Neuseelandspinat verwenden (siehe Seite 77). Die Gänsefußgewächse enthalten alle eine Vielzahl an Proteinen, Vitaminen und Mineralsalzen und hätten es durchaus verdient, zu neuen Ehren zu gelangen.

GÄNSEFUSSKUCHEN MIT KÄSE

FÜR 6 PERSONEN · VORBEREITUNGSZEIT: 15 MIN. · GARZEIT: 40 MIN.

75 g Butter
600 g Gänsefußblätter, geputzt
2 Eier
100 ml Milch
1 TL Salz
½ TL Backpulver
1 TL Kreuzkümmel
200 g Bleu d'Auvergne (oder gereifter Ziegenkäse)
150 g Gruyère, gerieben

■ Den Ofen auf 175 °C vorheizen. Die Butter in einer Soufflé-Form mit 25 cm Durchmesser schmelzen und mit einem Backpinsel auch auf die Ränder der Form verstreichen.
■ Die Gänsefußblätter 5 Minuten dampfgaren, dann grob hacken. Die Eier mit Milch, Salz, Backpulver und Kreuzkümmelsamen verschlagen.
■ Die Soufflé-Form mit der Hälfte der Gänsefußblätter auskleiden, anschließend den Bleu d'Auvergne (oder Ziegenkäse) zerkrümelt darüber geben und mit den restlichen Blättern bedecken. Die Hälfte der Eiermischung angießen, den Gruyère darüber streuen und mit der restlichen Eiermasse begießen. Die Form in den Ofen geben und 40 Minuten backen. Heiß servieren. Das Gericht kann zwei bis drei Stunden zuvor vorbereitet werden. Bis zum Backen kühl stellen.
■ Die Gänsefußblätter können auch durch Gartenmeldeblätter, im Frühling durch zarte Brennnesselblätter oder im Sommer durch Neuseelandspinat ersetzt werden.
■ Nach Geschmack können statt Blauschimmel- oder Ziegenkäse auch Camembert oder Maroilles verwendet werden.

Brennnesselspitzen mit acht Blättern abschneiden, waschen und in wenig Wasser kochen. Anschließend salzen und pürieren. Mit einigen Butterflocken oder einem Esslöffel Crème fraîche servieren.

BRENNNESSELN

Bereits im 12. Jahrhundert wusste die berühmte Äbtissin Hildegard von Bingen, dass *Urtica dioica*, die Brennnessel, das Wachstum anregt und als Heilmittel bei Blutarmut, Erkrankungen der Atemwege und Verdauungsproblemen verwendet werden kann.
Brennnesseln enthalten überdies viel Provitamin A, Vitamin C, Kieselsäure, wertvolle Mineralstoffe, mehr Eisen als Spinat, Spurenelemente, Gerbstoffe und Chlorophyll, allerdings auch viel Nitrat, weshalb Brennnesselgemüse niemals aufgewärmt werden darf. Ich persönlich verspürte immer eine gewisse Abneigung gegen dieses brennende Gewächs, bis es mir als Suppe serviert wurde.
Und ich kann Ihnen jetzt nur eine Empfehlung aussprechen: Probieren Sie diese äußerst preiswerte, schnell zubereitete, appetitlich grüne Cremesuppe einmal selbst. Eine kurze Kochanleitung finden Sie im Kasten links.

KOHL

Vor kurzem habe ich mir auf dem Markt KOHLRABI genauer angesehen. Wie diese schöne zartgrüne oder violette Kugel wohl wachsen mag? Wozu hat sie diese waagerechten Riffel auf der Schale? Ich mache mich also an einem regnerischen Winterabend zu einem Bio-Hof in Eyragues auf. Nachdem ich mich fast verfahren habe, sehe ich sie: Im Schutz des Gewächshauses wachsen sie zu hunderten und schauen leicht aus der Erde heraus. Ihr plötzlich bauchiger, fleischiger Stengel erscheint mir einem Mondfisch gleich, die großen, bläulichen Blätter umgeben ihn wie unbewegliche Flossen.
In Deutschland gilt der Kohlrabi als Leckerbissen, insbesondere wenn er kurz vor der Vollreife roh oder nur kurz in Butter gedünstet verzehrt wird. Die Riffel bilden sich dort, wo die Blätter entstehen. Kohlrabi lässt sich in Papier eingewickelt wie weiße Rüben im Gemüsefach aufbewahren. Er wird wie Knollensellerie roh oder gekocht serviert.
Aus der *Brassica*-Familie ist der GRÜNKOHL mit seinen großen krausen Blättern besonders im Norden als deftiges Wintergemüse beliebt. WIRSING schmeckt am besten jung und zart und nur kurz gedünstet. Weniger bekannt ist der SPITZKOHL, die beste Frühlingssorte des WEISSKOHLS, dessen Blätter sich zu einer Spitze zusammenrollen.
Eine Weißkohlsorte mit sehr festem Kopf wird roh fein gehobelt mit Salz und Wacholderbeeren gewürzt in kleinen Fässern aufbewahrt und ergibt das berühmte SAUERKRAUT. Durch die Milchsäuregärung wird es gut verdaulich. Junges Sauerkraut ist von September bis November für den rohen Verzehr geeignet. Gekocht kann man es ganzjährig essen. Sauerkraut wird in etwa 15 Minuten dampfgegart und in einem guten trocknen Weißwein erwärmt.
ROTKOHL liefert, wenn er roh verzehrt wird, Vitamin C und Karotin in großen Mengen. Als Gemüse wird er gerne mit Äpfeln oder Zwiebeln zubereitet.
Die Wissenschaft ist bemüht, für die verschiedenen Kohlsorten die Widerstandsfähigkeit gegen Krankheiten weiterzuentwickeln, damit die chemische Schädlingsbekämpfung und der Nitratgehalt, der oft auf eine schlecht kontrollierte Stickstoffzufuhr zurückzuführen ist, so gering wie möglich bleiben.
Weitere Kohlsorten wie Blumenkohl, Romanesco, Brokkoli und Rosenkohl finden Sie gleich zu Beginn des Kapitels »Vom Salat in Versailles«, die chinesischen Kohlsorten in »Ein Paradies in den Tropen« auf Seite 80.

Kohl wird in aller Herren Länder gegessen, nur wird er überall anders zubereitet.
Seine Formen- und Farbvarianten sind ungemein vielfältig und ebenso vielfältig sind die Möglichkeiten, ihn zu genießen.

ROTKOHL MIT BACKPFLAUMEN

FÜR 4 PERSONEN · VORBEREITUNGSZEIT: 10 MIN. · GARZEIT: 20 MIN.

2 Zwiebeln
600 g Rotkohl
2 TL Koriandersamen
12 weiche Backpflaumen, entsteint
100 ml Weißwein
2 EL Traubenkernöl
1 TL Meersalz
Frisch gemahlener Pfeffer

■ Die Zwiebeln schälen und in feine Scheiben schneiden. Den Kohl putzen und in kleine Streifen schneiden. Die Koriandersamen zerstoßen.

■ Die Backpflaumen klein würfeln, in einem Schälchen mit dem Weißwein bedecken und ziehen lassen.

■ Das Öl in einem Topf erhitzen, Zwiebeln, Kohl und Koriander hinzugeben und vermischen. Etwa 10 Minuten im geschlossenen Topf schmoren. Gelegentlich umrühren.

■ Die Backpflaumen mit dem Wein und Salz hinzufügen. Weitere 10 Minuten schmoren lassen. Pfeffern, umrühren und vom Herd nehmen.

■ Das Gericht schmeckt am besten, wenn der Kohl noch Biss hat. Natürlich kann er wieder aufgewärmt werden.

■ Der Rotkohl mit Backpflaumen bildet eine hervorragende Beilage zu Confit von Geflügelleber oder -magen, das kurz in der Pfanne gebräunt wurde, sowie zu Schweinsohren.

MUSCHELN IM KOHLMANTEL

FÜR 8 PERSONEN · VORBEREITUNGSZEIT: 30 MIN. · GARZEIT: 20 MIN.

1 Weißkohl (1,6 kg)
500 ml Geflügelfond
12 Wacholderbeeren
4 Knoblauchzehen
1 Zwiebel
2 EL Öl
1 EL Ingwer, frisch gerieben
200 g Muscheln, gekocht und aus den Schalen gelöst
8 EL Sahne
Pfeffer aus der Mühle

■ Etwas Wasser in einem Dämpftopf zum Kochen bringen. Den Kohl waschen, in den Siebeinsatz geben und den Topf verschließen. 5 Minuten garen.

■ Acht schöne Blätter vorsichtig ablösen. Dicke Blattrippen flach schneiden und die Blätter warm stellen.

■ Den restlichen Kohl in feine Streifen schneiden. Den Geflügelfond in einen Topf geben und den Kohl darin in 10 Minuten *al dente* kochen.

■ Die Wacholderbeeren zerstoßen. Die Knoblauchzehen schälen und zerdrücken. Die Zwiebel schälen und in kleine Würfel schneiden.

■ Das Öl in einer Pfanne erhitzen, die Zwiebel hinzugeben und glasig schwitzen. Den Knoblauch, den geriebenen Ingwer, die Wacholderbeeren und die Muscheln hinzufügen und unter Rühren 2 Minuten garen.

■ Die Muschelmischung und die gekochten Weißkohlstreifen mit je einem Löffel Sahne auf die Blätter verteilen. Pfeffern, zusammenfalten und mit kleinen Holzspießen fixieren.

■ Die Muschelrouladen über Dampf 5 Minuten erhitzen und mit Linsen- oder Trockenerbsenpüree heiß servieren.

■ Die Muschelrouladen können vorbereitet und bis zu 1 Tag im Kühlschrank aufbewahrt werden. 10 Minuten vor dem Servieren werden sie dann lediglich aufgewärmt.

Muscheln im Kohlmantel

SAUERKRAUT-TARTE MIT TRAUBEN

FÜR 6 BIS 8 PERSONEN · VORBEREITUNGSZEIT: 20 MIN. · GARZEIT: 35 MIN.

300 g Blätterteig
½ TL Kräuter der Provence
½ TL Kreuzkümmelsamen
300 g Sauerkraut, gekocht
1 großes Ei
3 EL Sahne
100 g weiße Trauben (Muscat, Regina oder Italia)
60 g trockener Schafskäse
Frisch gemahlener Pfeffer

■ Den Ofen auf 200 °C vorheizen. Den Blätterteig dünn ausrollen, mit Kräutern der Provence und Kreuzkümmel bestreuen. Den Teig doppelt legen und wieder so dünn wie möglich ausrollen.

■ Ein Blech mit Backpapier auslegen, den Teig darauf ausbreiten. Mit einer Gabel mehrfach einstechen.

■ Das Sauerkraut grob schneiden und mit zwei Gabeln in Fäden trennen. Das Ei in einer Schüssel aufschlagen, mit der Sahne und dem Sauerkraut vermischen.

■ Die Trauben gründlich waschen, halbieren und entkernen.

■ Den Schafskäse in Scheiben schneiden. Den Teig bis zum Rand mit Sauerkraut belegen, darauf die Trauben mit der runden Seite nach oben anordnen, dann die Käsescheiben darauf legen Gleichmäßig mit Pfeffer bestreuen.

■ Die Tarte auf mittlerer Höhe in 30–35 Minuten backen und heiß oder lauwarm mit einem grünen Salat reichen.

■ In kleine Ecken geschnitten passt die Tarte auch gut zum Aperitif.

■ Alle Zutaten lassen sich einige Stunden im Voraus zubereiten. Vor dem Servieren lediglich den Teig belegen und backen.

PASTINAKENSUPPE MIT GEGRILLTEM SCHWEINEFLEISCH

FÜR 6 PERSONEN · VORBEREITUNGSZEIT: 30 MIN. · GARZEIT: 45 MIN.

1 gepökeltes Schweineohr
1 gepökelter Schweineschwanz
500 g Pastinaken, geschält
300 g weiße Rübchen, geschält
1 Möhre, geschält
1 Zwiebel
Salz und frisch gemahlener Pfeffer

■ Das Schweinefleisch unter fließendem Wasser waschen. Den kleinen Knorpel am unteren Ohr entfernen. Die Stücke kurz über eine Flamme halten und eventuell Restborsten entfernen.

■ Die Pastinaken, die Rübchen und die Möhre waschen und gleichmäßig würfeln. Die Zwiebel schälen und vierteln.

■ Alle Zutaten in einen großen Topf geben, knapp mit Wasser bedecken und pfeffern. In 40 Minuten bei milder Hitze garen. Das Schweinefleisch herausnehmen.

■ Den Schweineschwanz in Scheiben schneiden. Das Ohr 5 Minuten im Backofen grillen und dann würfeln.

■ Die Schweineschwanzscheiben wieder zur Suppe geben. Die Pastinakensuppe eventuell mit Salz und Pfeffer nachwürzen, mit den gegrillten Schweineohrwürfeln garnieren und heiß servieren.

■ Die sättigende Suppe kann am Vortag bereitet werden. Das Fleisch herausnehmen und Suppe und Fleisch getrennt im Kühlschrank aufbewahren.

PASTINAKEN

Pastinaken aus der Familie der Doldenblütler sind mit Möhren verwandt. Die Römer bezeichneten sogar beide Gemüse mit demselben Wort: *pastinaca*. Pastinaken wurden früher sehr geschätzt, sie waren billig und leicht zu lagern. Heute haben die Möhren ihren Platz eingenommen (siehe Seite 195). Pastinaken eignen sich wunderbar für ein Ragout, aber versuchen Sie sie auch einmal gedämpft, in Vierteln serviert oder püriert, um so in den vollen Genuss ihres Eigengeschmacks,ihrer Vitamine und verschiedener Mineralstoffe zu gelangen.

Pastinaken-
suppe
mit gegrilltem
Schweine-
fleisch

WEISSE RÜBCHEN

Weiße Rübchen zählen zu den Kreuzblütlern und sind vor allem als Suppen- und Eintopfgemüse bekannt. Das Frühjahr ist die Zeit der runden, halblangen oder länglichen MAIRÜBEN. Am besten schmecken sie kurz gekocht oder sogar roh und verwöhnen mit einer großen Portion Vitamin C.

Rübchen werden mit Blättern verkauft, die sich ähnlich wie Rettichblätter zubereiten lassen. TELTOWER RÜBCHEN werden in runder oder länglicher Form angeboten. Sie schmecken sehr fein und haben weiches Fleisch wie beispielsweise die Sorte ›Boule d'or‹.

KOHLRÜBEN werden im Sommer und Herbst angeboten. Die weiße Wurzel lässt sich wie Rübchen zubereiten. Bei der Steckrübe handelt es sich um eine Variante, die ich lieber meide, weil sie weniger fein als weiße Rübchen und im Vergleich zu Kohlrabi deutlich weniger originell ist.

Weiße Rübchen mögen keine Wärme. Am besten bewahren Sie sie in Papier eingewickelt an einem feuchten, dunklen und kühlen Ort auf, etwa im Gemüsefach des Kühlschranks. Starker Frost lässt sie hohl und faserig werden.

Weiße Rübchen besitzen wenig Kalorien, dafür viel Ballaststoffe, Mineralsalze und Vitamin C. Zudem enthalten sie kleine Mengen Arsen, Jod und Schwefel, die der menschliche Organismus benötigt.

Junge weiße Rübchen werden nur gewaschen und mit einer Gemüsebürste gereinigt. Roh gerieben verleihen sie zusammen mit ihren zarten Blättern milden Salaten eine pikante Note.

WEISSE RÜBCHEN MIT JOHANNISBEEREN

FÜR 6 PERSONEN · VORBEREITUNGSZEIT: 15 MIN. · GARZEIT: 15 MIN.

800 g junge weiße Rübchen
300 g frische oder tiefgekühlte Johannisbeeren
200 ml Geflügelfond
50 g Butter
4 EL Puderzucker
1 gehäufter TL Salz
½ TL frisch gemahlener Pfeffer

■ Die Rübchen abbürsten. Die Blätter für eine Suppe oder ein anderes Gericht kühl aufbewahren. Die Rübchen waschen und in einen Topf mit kaltem Salzwasser geben. Zum Kochen bringen und 5 Minuten garen, abgießen und mit kaltem Wasser abschrecken.

■ Die Johannisbeeren waschen und von den Rispen lösen. In 100 ml Wasser 1 Minute blanchieren. Durch ein Passiersieb streichen.

■ Die pürierten Früchte in einen Topf geben. Geflügelfond, Rübchen, Butter, Zucker, Salz und Pfeffer hinzufügen. Alles vermischen und 5 Minuten bei mittlerer Hitze garen. Bei offenem Topf weiterkochen und regelmäßig rühren, damit die Rübchen die Farbe des Johannisbeersafts gut annehmen.

■ Diese säuerliche Beilage in natürlichem Rot sieht appetitanregend aus und schmeckt köstlich. Sie kann 2–3 Tage in einem luftdichten Behälter im Kühlschrank aufbewahrt werden.

■ Warm oder lauwarm passen die Rübchen hervorragend zu gebratener Entenbrust, aber auch zu Rinderbacke oder -zunge mit einer klassischen Vinaigrette.

Mit leidenschaftlichem Einsatz hat Colette in zehn Jahren das große Restaurant des Pré Catelan aufs Neue entstehen lassen und wurde hierfür mit der Verleihung des Ordens des Chevalier de l'ordre du Mérite agricole ausgezeichnet. Das Büfett war dem Anlass entsprechend ländlich gehalten. Blumentöpfe mit verschiedenen aromatischen Kräutern standen neben jedem Tisch und schmückten die Terrasse. So wurde der Genuss von Scampi mit Paprika durch den nahen Duft des Bohnenkrauts verfeinert, das gebratene Filet vom Steinbutt mit einem Hauch von Vanille und frischer Minze durch den Wohlgeruch der Pfefferminze ergänzt.

MARQUISE MIT ENGELWURZ

FÜR 6 BIS 8 PERSONEN · VORBEREITUNGSZEIT: 30 MIN. · GARZEIT: 30 MIN.

90 g Butter
170 g Mandeln, gerieben oder ganz (siehe Seite 32)
130 g Zucker
½ Eiweiß
4 Eier
50 g Mehl
200 g kandierte Engelwurz, gewürfelt
3 EL Engelwurzlikör

■ Die Butter schmelzen und abkühlen lassen. Den Ofen auf 200 °C vorheizen.

■ Eine Marzipanmasse bereiten. Die Mandeln mit dem Zucker vermischen, das Eiweiß hinzugeben, so dass eine Teigkugel entsteht. Diese in die Rührschüssel der Küchenmaschine geben.

■ Auf mittlerer Stufe verkneten, bis die Masse glatt wird. Die Eier einzeln, im Abstand von jeweils 5 Minuten einarbeiten. Der Teig sollte heller und leichter werden. Nach 15–20 Minuten Kneten das Mehl und dann die Butter einarbeiten.

■ Eine Springform mit Backpapier auslegen, den Teig hineingeben und mit gewürfelter Engelwurz bestreuen.

■ Die Marquise zunächst 15 Minuten bei 200 °C und gleichmäßiger Ober- und Unterhitze im Ofen backen, danach weitere 15 Minuten bei 180 °C. Wenn die Marquise zu schnell Farbe annimmt, mit Alufolie abdecken.

■ Das Gebäck aus dem Ofen nehmen, abkühlen lassen, aus der Form lösen und zum Schluss mit etwas Likör bepinseln.

■ Eingewickelt hält sich die Marquise 3–4 Tage im Kühlschrank. Sie kann wahlweise mit Konditorcreme gefüllt oder mit einer Zuckerglasur überzogen werden. Ich persönlich bevorzuge sie mit einer Coulis von frischen Früchten oder etwas Pflaumenkonfitüre.

■ Nach diesem Rezept können auch Petits Fours bereitet werden. In kleinen Förmchen werden sie je nach Größe 10–15 Minuten gebacken.

ENGELWURZ

Ich möchte Sie an dieser Stelle einladen, in einem Buch über Heilkräuter unter Engelwurz nachzuschlagen und sich über die zahlreichen Wohltaten, die dieser göttlichen Pflanze zugeschrieben werden, zu informieren. Sie würde genau genommen bereits ein eigenes Kapitel in unserem Buch verdienen. Angelika ist zudem eine wunderbare Gartenpflanze. Zwei Jahre lang kann sie kräftig wachsen, dann wird die gesamte Pflanze, die man in Frankreich auch »Wurzel des Heiligen Geistes« nennt, geerntet. Da ich sie selbst nicht als Gemüse verwende, biete ich Ihnen hier ein berühmtes Gebäck mit Engelwurz in kandierter Form sowie mit Engelwurzlikör.

NELKEN

Nelken sind die getrockneten Blütenknospen des schönen Gewürznelkenbaums. Das kräftige Aroma ergänzt wunderbar das des Rotweins und ergibt mit diesem zusammen eine Marinade für Wildgerichte. Da es für Ihre Gäste unangenehm sein könnte, auf eine Nelke zu beißen, spicken Sie lieber eine Zwiebel mit dem Gewürz und entfernen diese dann. Natürlich können Sie die Marinade auch durch ein Sieb filtern. Nelken passen auch gut zu Gewürzmischungen, etwa zu chinesischem Fünfgewürz oder Curry. Die Mischung *quatre épices* ist typisch französisch. Sie enthält Pfeffer, Muskat, Nelken, Zimt und manchmal auch Ingwer. Die genaue Zusammenstellung der *quatre épices* hat schon Anlass zu vielerlei Spekulationen gegeben. Lassen wir Maurice des Ombiaux die Diskussion fürs Erste beenden: »Wenn die drei Musketiere vier waren, dann sind die *quatre épices* offenkundig fünf und sogar mehr.« (Aus dem Buch *Les Epices* von Robert Landry.)

ZIMT

Zweimal im Jahr in der Regenzeit schälen die Bauern auf Sri Lanka oder Madagaskar kleine Stücke Rinde eines Strauches ab, der mit dem Lorbeer verwandt ist, und lassen sie in der Sonne trocknen. Der hellste Zimt gilt als der beste.
Ein Franzose verbraucht im Schnitt etwa drei Gramm Zimt im Jahr, ein Amerikaner hingegen 35 Gramm: Irgendwo dazwischen müsste die goldene Mitte liegen.
Mit einer Zimtstange können Sie einer Ente mit Kirschen, einem Glas Glühwein oder einer heißen Schokolade etwas zusätzliche Wärme verleihen. Und Bratäpfel werden natürlich heiß mit einer Zimtsauce, etwas Honig und Schlagsahne serviert.
Ein duftendes Geschenk aus dem Fernen Osten sind übrigens die kleinen Schachteln aus Zimtrinde.

KLEINE GEWÜRZTARTELETTES

- 200 g Butter
- 5 Eidotter, hart gekocht
- 100 g brauner Zucker
- 2 EL Zimtpulver
- 3 EL *quatre épices* (siehe linke Spalte)
- 1 Prise Salz
- 125 g Weizenmehl
- 125 g Vollwertmehl
- 100 g Mandeln, gerieben
- 1 Glas Konfitüre, Honig oder Kompott

FÜR 40 STÜCK
VORBEREITUNGSZEIT: 30 MIN.
RUHEZEIT: 1 STD. · GARZEIT: 20 MIN.

■ Die Butter eine Stunde vorher aus dem Kühlschrank nehmen, in kleine Würfel schneiden.

■ Die hart gekochten Eidotter durch ein Sieb drücken. Zucker und Gewürze gut vermischen und ein Drittel der Mischung beiseite stellen.

■ In der Rührschüssel der Küchenmaschine mithilfe der Knethaken das Mehl, die Eidotter, die geriebenen Mandeln, zwei Drittel des Gewürzzuckers, Salz und Butter vermischen, bis die Butter in die anderen Zutaten eingearbeitet ist.

■ Den krümeligen Teig zu vier Kugeln formen, jede Teigkugel in Frischhaltefolie einschlagen und eine Stunde im Kühlschrank ruhen lassen.

■ Den Ofen auf 200 °C vorheizen. Die Arbeitsfläche mit etwas Gewürzzucker bestreuen. Eine Teigkugel darin ausrollen und in zehn Portionen teilen. Jede mit den Händen zu einer kleinen Kugel formen. Mit den drei weiteren Teigkugeln ebenso verfahren.

■ Mit dem Daumen jede kleine Kugel aushöhlen. Die Tartelettförmchen mit Backpapier auslegen, die kleinen Tartelettes darauf verteilen und mit Konfitüre, Honig oder Kompott bestreichen. Etwa 15–20 Minuten backen.

■ Die Tartelettes lassen sich in einem trockenen Raum 8 Tage aufbewahren. Der rohe Teig hält sich 2–3 Tage im Kühlschrank und mehrere Monate im Tiefkühlfach. Die Tartelettes können auch blind gebacken und erst später verziert werden.

MINZE

Die große Familie der Lippenblütler umfasst hunderte von Minzesorten, die alle verdauungsfördernd, anregend und vor allem aromatisch sind. Manchmal gehe ich an einem Bach entlang und nehme den starken Minzeduft schon wahr, bevor ich die kleinen Pflanzen überhaupt entdeckt habe.
Minze gehört weltweit zu den beliebtesten Gewürzen. So verleiht sie libanesischem Taboulé, einem wunderbar erfrischenden Bulgur-Kräuter-Salat, sein köstliches Aroma und in Marokko wird sie grünem Tee beigegeben. In Asien gehört Minze zu Eintopfgerichten mit frischem Koriander und in Tunesien werden frische Anchovis mit Minze gereicht. Die Poleiminze hat leicht flaumige Blätter, große lila Blüten und duftet intensiv nach Thymian. Sie wird in kleinen Mengen verwendet, ebenso wie die Katzenminze. Und ohne die zart duftende Apfelminze gäbe es wohl kaum die berühmte englische Pfefferminzsauce. In einem Nudelauflauf lässt sich Minze gut mit Schafskäse kombinieren. Verwenden Sie sie auch als Würze im Kochwasser frischer Erbsen oder zu einem Gemüseallerlei.
Am französischen Institut für Duftpflanzen in Milly-la-Forêt wird ein Bestand von 200 Minzesorten gehegt, darunter allein 60 Sorten Pfefferminze.

Minzeblätter können Sie gewaschen, abgetupft und klein gehackt in etwas neutralem Öl im Kühlschrank aufbewahren. Im Winter verleihen sie dann Ihren Salaten eine anregende Wirkung und ein frisches Aroma.

CRÈME CARAMEL MIT MINZE

FÜR 8 PERSONEN · VORBEREITUNGSZEIT: 15 MIN. · GARZEIT: 40 MIN.

- 250 g Zucker
- 1 l Vollmilch
- 20 Blätter frische Apfelminze
- 4 Eier
- 8 Eigelb
- 50 g klarer Honig
- 10 Minzeblätter, kristallisiert

■ Den Ofen auf 200 °C vorheizen. Eine große Auflaufform zur Hälfte mit Wasser füllen und ein Wasserbad vorbereiten. In eine ofenfeste Form 200 g Zucker und 3 EL Wasser geben. Auf dem Herd erhitzen und, sobald der Zucker Farbe annimmt, die Form schwenken, damit Boden und Wände mit Karamel überzogen sind.

■ Die Milch mit der Apfelminze zum Kochen bringen, zudecken und ziehen lassen. Die Eier in einer Schüssel aufschlagen, den restlichen Zucker und die Eidotter zugeben. 1 Minute schlagen. Unter Rühren die kochende Milch zugießen, den Honig dazugeben. Die Creme durch ein Sieb in die karamellisierte Form gießen und 40 Minuten im Wasserbad im Backofen garen. Die abgekühlte Creme aus der Form lösen und auf einen Servierteller stürzen.

■ Die Crème caramel mit kristallisierten Minzeblättern dekorieren und mit Teegebäck oder Petits Fours mit Engelwurz reichen (wie die Marquise mit Engelwurz, aber in kleinen Formen zubereitet; siehe Seite 21).

ECHTER LORBEER

Die französische Bezeichnung für das Abitur, *baccalauréat*, leitet sich vom lateinischen Namen der Lorbeerbeere, *bacca laurea* ab, doch spielen die Lorbeeren Apollos, die in der Antike Symbole der Weisheit und des Sieges waren, in der Küche nur eine bescheidene Rolle. Im klassischen Bouquet garni ist ein Lorbeerblatt unentbehrlich und verleiht zusammen mit Thymian und vier Stengeln Petersilie einem Eintopfgericht, Suppen, Geflügel und Hülsenfrüchten, einem Fischsud oder einer Marinade ein kräftiges Aroma. In Spanien gehört Lorbeer zur Paella, in Russland zum Borschtsch. Lorbeer wird am besten in Maßen verwendet; junge frische Blättchen, die erst unmittelbar vor Gebrauch grob zerkleinert werden, sind besser als getrocknete, die selbst immer noch besser sind als zerstoßener Lorbeer.

SENF

Das Rezept für scharfen Senf soll im 12. Jahrhundert entstanden sein. Im Wesentlichen bestand dieser Senf aus dem unvergorenen Saft oder Most – daher der alte Name Mostrich – grüner Trauben, dem zerstoßene Senfsamen beigemischt wurden. Die Senfsamen entwickeln bei diesem Vorgang ihre typische Schärfe. Durch die Verwendung unterschiedlicher Senfarten variiert jedoch die Schärfe ebenso wie der Geschmack. Bei der Moutarde de Meaux, die ich besonders liebe, bleiben die Samenhülsen erhalten. Senf kann darüber hinaus mit verschiedenen Aromen, Kräutern und Gewürzen wie Estragon, Knoblauch, Paprika oder Limetten verfeinert werden. Er wird am besten in einem verschließbaren Gefäß aus Glas oder Steingut im unteren Fach des Kühlschranks aufbewahrt.

Natürlich können Sie Senf auch selbst bereiten: Dazu brauchen Sie lediglich Senfpulver, erhältlich im Feinkostgeschäft, Weißweinessig, den sie einige Tage zuvor mit einigen Gewürzen oder Aromen nach Ihrem Geschmack verfeinert haben, und etwas Öl, das Sie mit den übrigen Zutaten verrühren.

REMOULADENSAUCE MIT SENF

FÜR 4 PERSONEN · VORBEREITUNGSZEIT: 2 MIN.

1 EL Senf
1 EL Essig
1 Ei
200 ml Soja-Öl
Salz
Frisch gemahlener Pfeffer

■ Senf, Essig, das Ei, die Hälfte des Öls, Salz und Pfeffer in den Mixer geben und gut vermischen. Das restliche Öl im dünnen Strahl zugießen, dabei auf mittlerer Stufe weitermixen.

■ Sie können die Zutaten auch in eine Schüssel geben und mit dem Handrührgerät zu einer dicken, glatten Sauce rühren.

■ In einem geschlossenen Behälter im Kühlschrank hält sich die Sauce 5 Tage (allerdings nur, wenn Soja- oder Maisöl verwendet wurde).

■ Diese Remouladensauce verleiht einem Rübensalat die nötige Würze. Mit Kapern schmeckt sie auch gut zu gedämpftem Fisch; mit Knoblauch würzt sie einen Salat mit Löwenzahn und neuen Kartoffeln; mit Paprika ergänzt sie lauwarmes, gekochtes Fleisch; mit Limetten gehört sie zu einer Fischterrine.

PFEFFER

Im März trafen wir in der Nähe von Tai Ninh in Vietnam einen Bauern, den wir bei der Ernte der noch grünen Reben eines Pfefferstrauchs beobachten konnten. Der Reisebegleiter übersetzte meine Bitte um etwas frischen Pfeffer, den ich für die Photos dieses Buches verwenden wollte. Leider trocknete er innerhalb weniger Tage, so dass wir uns für ein anderes Motiv entscheiden mussten.

Obwohl dieses schwarze Gold schon manch einem zu Reichtum verholfen hat, ist die teurere Sorte doch der weiße Pfeffer. Im Gegensatz zum schwarzen wird der weiße Pfeffer erst in reifem Zustand als dunkelrote Beere gepflückt. Anschließend werden Schale und Fruchtfleisch entfernt und ein heller Fruchtkern bleibt übrig. Er ist weniger feurig als der schwarze Pfeffer, der mit der Schale getrocknet wurde, und wird in Frankreich meist bevorzugt.

MIGNONETTE-PFEFFER ist grob zerstoßener weißer Pfeffer.

GRÜNER PFEFFER sind unreif gepflückte Beeren, die frisch, tiefgekühlt, in Salzlake oder in Essig angeboten werden. Diese fruchtige, weniger scharfe Variante harmoniert gut mit Fischterrinen und Salaten, aber auch mit einem Steak mit Estragon.

GRAUER PFEFFER ist schlichtweg eine Mischung aus schwarzem und weißem Pfeffer.

CAYENNEPFEFFER wird aus roten Chilischoten hergestellt.

ROSA PFEFFERKÖRNER, die gefriergetrocknet angeboten werden, sind die Früchte eines kleinen südamerikanischen Baumes, deren Kern einen pikanten Geschmack hat. Sie sind weniger scharf, dafür fruchtiger und sehr dekorativ.

Mit etwas frisch gemahlenem Pfeffer bekommt eine Scheibe Räucherlachs schärfere Konturen. Pfeffer verfeinert aber auch ein Kompott, einen Kuchen oder Fruchtsalat.

Mit einem Koffer voller Düfte besucht uns heute Maurice Maurin. Wir haben alle Sinne geschärft, schließlich wollen wir unsere Kochkünste in einem uns noch unbekannten Bereich entfalten und die Essenzen dieses großen Parfümeurs erschnuppern. Schon bald gilt es nämlich, die Geschäftsleitung der Häuser Dior, Kenzo, Lancôme, Nina Ricci und vieler anderer mit originellen Rezepten zu verführen.
Robert, René, Jean-Claude, Joël, Annie und ich erfahren bei dieser Gelegenheit, dass Irisbutter aus getrockneten Rhizomen entsteht, dass Myrrhe ein Gummiharz ist, das am Baum gewonnen wird, oder dass es sich bei Duftblüten um eine Essenz eines chinesischen Strauchs handelt. Das Menü, das wir aus diesem denkwürdigen Anlass im Pré Catelan serviert haben, möchte ich Ihnen nicht vorenthalten:
Barschblättchen an Irisbutter, Langusten mit Myrrhe, gefüllte Zucchiniblüten, Entenküken-filets mit Birnen und Duftblüten, geeister Nougat, Pfirsichcharlotte, Englische Creme mit zartem Amberduft.

ROSEN

Zum Aromatisieren von Kuchen und Konfekt wählen Sie am besten eine alte Damaszener-Rose, eine Zentifolie oder stark duftende Rosen wie ›Papa Meilland‹ oder ›Mme. Isaac Pereire‹. Mit der *Rosa gallica* var. *officinalis* wird in Provins seit der Zeit der Kreuzfahrer der berühmte Rosenhonig hergestellt. Eine ebenfalls süße türkische Spezialität ist Lokum mit Rosengeschmack. Eis und Cremes lassen sich wunderbar mit Rosenwasser aromatisieren, ähnlich wie mit Orangenblütenwasser. Beides ist in der Apotheke erhältlich. In kristallisierter Form schließlich geben Rosenblütenblätter Ihrem Dessert eine besondere Note. Und eine Überraschung, die farblich und geschmacklich unwiderstehlich ist, möchte ich Ihnen nicht vorenthalten: ein Sorbet aus Rosenblüten.

RINGELBLUMEN

Zögern Sie nicht, kurz vor dem Servieren einige Ringelblumenblüten über einem grünen Salat klein zu zupfen. Ihr Geschmack erinnert an Rapunzel und die gelborangen Farbtupfer werden Sie einfach anlachen. Als Dekoration können Ringelblumenblüten auch kurz in einen leichten Pfannkuchenteig getaucht und zwei Sekunden auf jeder Seite ausgebacken werden.

VEILCHEN

Am Ende des Winters können Sie Ihre Salate mit frisch gepflückten Duftveilchen dekorieren. Allerdings verströmen nicht alle bläulich-violetten Blüten ein zartes Parfüm. Wählen Sie sie deshalb nach dem Duft aus. Im Geschmack erinnern sie an grüne Walnüsse. Kristallisierte oder überzuckerte Veilchen ergeben eine besonders hübsche Dekoration (siehe Seite 28).

SORBET VON ROSENBLÜTEN

500 g Zucker
500 ml Quell- oder Mineralwasser
5 purpurrote, stark duftende Rosen
100 ml Zitronensaft

FÜR 1 LITER SORBET
VORBEREITUNGSZEIT: 10 MIN.
ZEIT ZUM ZIEHEN: 24 STD.
ZEIT ZUM FESTWERDEN: 30 MIN.

■ Wasser und Zucker zum Kochen bringen. Die Mischung von der Kochstelle nehmen und 15 Minuten ruhen lassen. Inzwischen den unteren weißen Teil der Rosenblüten abschneiden. Es werden etwa 40 g Blütenblätter benötigt. Diese in einem Sieb waschen.

■ Die Blütenblätter mit dem noch warmen Sirup vermischen. Alles in einen Plastikbehälter geben und luftdicht verschließen. 24 Stunden im Kühlschrank ziehen lassen.

■ Den Blütensirup durch ein Sieb in die Eismaschine gießen. Mit einem Löffel die rote Farbe aus den Blütenblättern drücken. Den Zitronensaft unterrühren. In 30 Minuten gefrieren lassen. Die Farbe des Sorbets wird von den Blütenblättern bestimmt. Lassen Sie sich überraschen.

■ Das Aroma der Blüten verleiht dem Sorbet einen zarten unaufdringlichen Geschmack.

■ Die Teller mit einigen roten Früchten oder feinen Melonenstreifen dekorieren.

SAFRAN

Diese kleine Krokusart wächst in Griechenland, Italien und Kurdistan wild. In Frankreich wird der Herbstblüher gezüchtet: Für ein Kilo Safran werden etwa 100 000 Blüten benötigt, von denen die Narbenfäden (etwa fünf Kilo) in getrockneter Form das Gewürz ergeben. Dieses teuerste Aroma der Welt ist einzigartig und erfordert im Umgang etwas Fingerspitzengefühl. Im Übrigen muss ich vor der Verwendung selbst gepflückter Wildkrokusse warnen; unsere Herbstzeitlosen sind giftig. Safran ist gemahlen in kleinen Portionen von ein bis zwei Gramm erhältlich, was bereits ausreicht, um Ihrem Gericht eine warme gelbe Farbe zu verleihen. Lösen Sie das Pulver vor der Verwendung in einer erwärmten Flüssigkeit auf. Safranfäden geben ein kräftigeres Aroma, dafür färben sie etwas weniger intensiv. Sie werden vor dem Gebrauch in etwas Flüssigkeit zerstoßen.
So bereiten Sie eine Safransauce: Fünf EL flüssigen Honig erwärmen, den Inhalt einer kleinen Dose Safran und drei EL Weißweinessig einrühren. Eine Stunde ziehen lassen, salzen und pfeffern. An einem kühlen Ort hält sich die Sauce in einem verschlossenen Behälter etwa eine Woche. Wenn Sie einem Gericht nur eine gelbe Farbe verleihen wollen, können Sie auch das preiswertere Kurkuma verwenden, das aus den gelborangen Rhizomen der Gelbwurz gewonnen wird und in der indischen und chinesischen Küche sehr beliebt ist.

SAFRANREISKUCHEN

FÜR 6 BIS 8 PERSONEN · VORBEREITUNGSZEIT: 15 MIN. · GARZEIT: 1½ STD.

20 Safranfäden oder
1 Döschen gemahlener Safran
1 l Milch
1 TL frischer Ingwer, gerieben
150 g Zucker
200 g Rundkornreis aus der Camargue oder italienischer
Butter für die Form
1 großer, leicht saurer Apfel
2 Eidotter
Preiselbeergelee (siehe Seite 60)
Eingemachte Johannisbeeren (siehe Seite 211) und Aquavit

Dieser Safrankuchen ist Hélène gewidmet: In Schweden erblühen die Desserts wie goldene Knospen inmitten eines Schneefeldes.

■ Den Safran in etwas Milch zerstoßen. Zusammen mit der restlichen Milch in eine Kasserolle geben, Ingwer und Zucker hinzufügen und die Milch zum Kochen bringen.

■ Den Reis mehrmals waschen und abtropfen lassen. In die Milch geben, umrühren und bei sehr milder Hitze in 45 Minuten garen. Von der Kochstelle nehmen und 10 Minuten ruhen lassen.

■ Den Ofen auf 170 °C vorheizen, ein Wasserbad bereiten, eine große Gugelhupfform buttern.

■ Den Apfel schälen und würfeln. Zusammen mit den Eidottern unter den Reis mischen. Den Apfelreis im Wasserbad im Ofen 45 Minuten garen. Lauwarm aus der Form lösen.

■ Den Reiskuchen lauwarm oder kalt mit Preiselbeergelee und den Johannisbeeren servieren und dabei den belebenden Farbkontrast spielen lassen. Ein Fingerhut Aquavit pro Person rundet das Dessert ab. Es lässt sich 3 Tage im Kühlschrank aufbewahren.

KRISTALLISIERTE BLÜTEN UND BLÄTTER

VORBEREITUNGSZEIT: 10 MIN. · GARZEIT: 10 MIN.

Wahlweise: Veilchen, Gänseblümchen, Blütenblätter von Rosen oder Ringelblumen, Blüten und Blätter von Kapuzinerkresse, Blätter von Duftpelargonien, Minze etc.
1 Eiweiß
100 g Zucker

■ Als Beispiel nehme ich hier Rosenblütenblätter. Stark duftende und farbenkräftige Blüten auswählen. Den weißen Teil jedes Blatts wegschneiden. Das Eiweiß steif schlagen. Jedes Blütenblatt hineintauchen, so dass es ganz mit Eiweiß überzogen ist, und dann in Zucker wenden. Ein Blech mit Backpapier auslegen und die Blütenblätter darauf ausbreiten. Im geöffneten Backofen bei sehr geringer Hitze trocknen. In einem luftdichten Behälter aufbewahren.

■ Das Verfahren ist bei allen Blütenblättern ähnlich. Berücksichtigen Sie, dass das Aroma von Pelargonien, Minze oder Zitronenmelisse sehr stark ist und das jeweilige Dessert nicht dominieren sollte.

Safranreis-
kuchen

HONIG

Bis auf den Blütenhonig, der im Herbst, einmal im Jahr, produziert wird, hat jeder Honig seine eigene Jahreszeit. In einer Art Wanderung fahren die Imker die Bienenstöcke nachts im Lastwagen weiter, denn die Insekten folgen der jeweiligen Blüte. So entstehen Honigsorten aus einer Blütenart, mit denen wir einige köstliche Rezepte entworfen haben: Entenbrust in Essig mit Kirsch- und Apfelblütenhonig, Kalbsleber mit Waldhonig und Birnen, Bayerische Creme mit weißen Pfirsichen, Kiwis und Lavendelhonig.

Die verschiedenen Honigarten weisen sehr unterschiedliche Konsistenzen auf: Zwischen dem Akazienhonig, der aufgrund seines Fruchtzuckergehalts immer flüssig bleibt, und dem Kleehonig, der durch seinen hohen Glukosegehalt schnell fest wird, entstehen auf vollkommen natürliche Weise alle möglichen Kristallisationsformen. Im Übrigen ist in Frankreich die Erwärmung des Honigs bei der Herstellung verboten.

Wenn Sie ein Glas Honig aus Ihrem Urlaubsort mitbringen, gönnen Sie sich auch einen Plausch mit dem Imker: Er wird Ihnen leidenschaftlich gern von seinen Bienen erzählen. Und schließlich möchte ich Ihnen empfehlen, gelegentlich in Ihren Gerichten einen Teil des Zuckers durch Honig zu ersetzen.

ROSMARINHONIG: im April, eine kräftige, aromatische Sorte.

RAPSHONIG: um die gleiche Zeit, hell und cremig, leicht zu streichen und herrlich süß. Oft in Verbindung mit KLEEHONIG.

AKAZIENHONIG: von April bis Juni, hellgelb, durchsichtig und flüssig, wird von allen Köchen hochgeschätzt.

TANNENHONIG: im Frühling, braun bis bernsteinfarben und mit kräftigem Aroma.

LAVENDELHONIG: der Lieblingshonig unseres Hauses. Er ist heller und besitzt ein spürbares und gleichzeitig angenehm zurückgenommenes Aroma.

HEIDEKRAUTHONIG und KASTANIENHONIG: goldbraun bis rostfarben, geleeartig oder von eher körniger Konsistenz und mit ziemlich starkem Aroma, reich an Mineralstoffen. Gut für jede Art von Gewürzkuchen geeignet.

ORANGENBLÜTENHONIG: stammt aus Israel oder Kalifornien, mildes Aroma.

THYMIANHONIG: dunkel-goldgelb mit starker Eigenart. Verwendung am besten in herzhaft-süßen Gerichten.

LINDENHONIG: ideal zum Süßen von beruhigendem Kräutertee.

ZWIEBELKOMPOTT MIT RAPSHONIG

400 g Gemüsezwiebeln, geschält
4 EL Traubenkernöl
2 EL Cidre-Essig
1 großer EL Rapshonig
Salz und frisch gemahlener Pfeffer

Alles Gute aus der Pflanzenwelt ist im Honig enthalten (Calcium, Kalium, Magnesium und Phosphor). So ist er ein wertvolles Nahrungs- und Naturheilmittel. Sein Zucker lässt sich überdies sehr gut abbauen.

FÜR 4 PERSONEN · VORBEREITUNGSZEIT: 10 MIN.
GARZEIT: 20 MIN.

■ Die Zwiebeln klein schneiden. Das Öl in einem Topf mit dickem Boden oder einem Schmortopf erhitzen, die Zwiebeln zugeben und 20 Minuten auf kleiner Flamme dünsten, ohne dass sie Farbe annehmen. Häufig rühren. Wenn zu viel Flüssigkeit verdampft, den Topf verschließen.

■ Wenn die Zwiebeln am Topfboden ansetzen, den Essig angießen und 1 Minute lang rühren. Vom Herd nehmen und den Honig hinzugeben. Salzen und pfeffern je nach Schärfe der Zwiebeln.

■ Dieses Kompott bildet eine köstliche Beilage zu Geflügel, einer Kaninchenterrine (siehe Seite 192) oder Wild mit geschmorten Trauben.

■ Es kann 3 – 4 Tage im luftdichten Behälter im Kühlschrank aufbewahrt werden.

TEEGEBÄCK MIT AKAZIENHONIG

FÜR 35 BIS 40 STÜCK · VORBEREITUNGSZEIT: 10 MIN. · GARZEIT: 12 MIN. · RUHEZEIT: 30 MIN.

50 g Butter
50 g Akazienhonig
50 g Zucker
30 g Mehl
1 Eiweiß
20 g Mandeln, gehobelt

■ Butter und Honig unter Rühren in einem kleinen Topf schmelzen. Vom Feuer nehmen. Zucker, Mehl, dann das Eiweiß und schließlich die Mandeln hinzufügen. Mindestens 30 Minuten an einem kühlen Ort ruhen lassen.

■ Den Ofen auf 150 °C vorheizen. Ein Blech mit Backpapier auslegen. Mit einem Teelöffel 16 bis 20 Teighäufchen mit genügend Abstand darauf verteilen und mit dem angefeuchteten Rücken des Teelöffels so fein wie möglich ausstreichen. 6 Minuten backen. Sollte das Gebäck nach 3–4 Minuten Farbe annehmen, ist der Ofen zu heiß. Das Blech kurz herausnehmen, die Hitze reduzieren und weiterbacken.

■ Das Gebäck darf nicht zu stark bräunen; sobald es eine goldblonde Farbe angenommen hat, aus dem Ofen nehmen, abkühlen lassen und die dünnen Schindeln vorsichtig vom Papier lösen.

■ Für gewölbtes Gebäck den Teig etwas dicker ausstreichen und die fertigen Schindeln, solange sie noch heiß sind, um den Stiel eines Holzlöffels oder den Griff eines Messers legen und auskühlen lassen.

■ Das köstliche Gebäck hält sich 4–5 Tage an einem trocknen Ort. Im Sommer lässt sich das Rezept wunderbar mit Lavendelhonig und etwa 20 Lavendelsamen im Teig abwandeln.

MANDELN

In einem einzigartigen Tal am Fuße des Berges Sinai entdecken wir die blühenden Mandelbäume von Marmoud. Wir sind unterwegs zum Kloster Sankt Katharina, wo uns die Mönche an ihrem Ort der Besinnung empfangen. Nur das leise Plätschern des Wassers, das hinüber zu den Mandelbäumen fließt, leistet der Stille Gesellschaft.

Weit entfernt von diesem Idyll klettern am Computerbildschirm die Preise für Mandeln in schwindelerregende Höhen. Stürmische Winde, Regen und Überschwemmungen haben die Befruchtung der Blüten am Ende des Winters 1995 verhindert und die Ernte um die Hälfte verringert. Im Norden Spaniens wurden die Blüten im Februar vom Frost überrascht und der Süden kämpft seit Jahren gegen verheerende Dürre. In diesen schweren Zeiten versucht Frankreich die Kultivierung der Mandelbäume wiederzubeleben. Neue Sorten wie die ›Ferragnès‹ wurden auf Qualität hin gezüchtet; ebenso die selbstbefruchtende Sorte ›Lauranne‹. Der Preis ist gewiss noch hoch, aber die Hersteller von Mandelbonbons und Nougat nehmen ihn für ein rein französisches Produkt in Kauf. Mandeln werden vor allem in reifem Zustand Ende August geerntet. Sie enthalten viele Vitamine und Mineralstoffe und sollen die Entwicklung der Hirnfunktionen und des Nervensystems fördern, weshalb sie in pürierter Form auch der Babynahrung zugesetzt werden. Man lagert sie am besten an einem dunklen, trockenen Ort. Ihr Aroma entfaltet sich am stärksten, wenn sie ohne Fett in einer Pfanne leicht erhitzt werden.

Wenn bei den Lenôtres Marzipanmasse hergestellt wurde, verbrannte man sich zwar nicht die Finger, aber ein wenig strafversetzt kam sich mancher Lehrling dann doch vor. Es blieb nur der Sonntagnachmittag, um einen Sack mit 25 Kilo Mandeln mit einem Messer von den samtigen Schalen zu befreien. Manch einer schwört noch heute, es seien Säcke von 100 Kilo gewesen. Die Haut von getrockneten Mandeln lässt sich leicht entfernen. Für 250 Gramm einen Liter Wasser zum Kochen bringen, die Mandeln beigeben und rühren bis zum ersten Aufwallen. Nach zwei Minuten ein Drittel der Mandeln mit einem Sieb herausnehmen, kalt abspülen und auf einem Handtuch verteilen, die Mandel mit Daumen und Zeigefinger aus der heißen Haut pressen. Abspülen und auf einem sauberen Handtuch trocknen lassen. Mit den restlichen Mandeln ebenso verfahren. Das Rezept für unsere Marzipanmasse finden Sie auf Seite 21. In Frischhaltefolie eingewickelt kann sie zwei Monate im Kühlschrank aufbewahrt werden.

Die ersten Mandeln werden in den Monaten Mai und Juni geerntet. Hinter ihrer sanftgrünen, samtigen Schale, die leicht aufgebrochen werden kann, versteckt sich ein milchig weißer, zarter Kern.

FINANCIER MIT HONIG

FÜR 6 PERSONEN · VORBEREITUNGSZEIT: 15 MIN. · GARZEIT: 20 MIN.

70 g Mandeln, gehobelt
170 g Butter
50 g Linden- oder Kleehonig
8 Eiweiß (300 g)
100 g Puderzucker
140 g Mandeln, gerieben
20 g Weizenmehl
20 g Vollwertmehl

■ Den Ofen auf 240 °C vorheizen. Eine antihaftbeschichtete Form von 28 cm Durchmesser oder 20 kleine Souffléförmchen buttern und mit den gehobelten Mandeln auskleiden.

■ Die Butter erhitzen, bis sie nussig duftet, vom Feuer nehmen und den Honig hineinrühren.

■ In einer Schüssel den Puderzucker, die geriebenen Mandeln und die zwei Mehlsorten vermengen. Das Eiweiß ungeschlagen zur Mehl-Mandel-Mischung hinzugeben, dann die weiche Butter-Honig-Mischung unterrühren.

■ Diese Masse in die Form gießen, die sie nur zur Hälfte ausfüllt. 10–12 Minuten backen, den Ofen ausschalten und den Kuchen 10 weitere Minuten im Ofen lassen.

■ Den Backvorgang beobachten, da der Teig relativ schnell Farbe annimmt. Der Kuchen sollte innen weich und unten knusprig sein. Kuchen in kleinen Formen nur etwa 6 Minuten backen. Der Kuchen hält sich gut eingepackt 5–6 Tage.

SYLVIES APFEL-CRUMBLE

Butter für die Form
125 g Mandeln, gerieben
125 g Mehl
125 g Puderzucker
125 g weiche Butter
1,5 kg Kompott von säuerlichen Äpfeln

ZUTATEN WAHLWEISE:
50 g Rosinen
1 Banane, in Scheiben geschnitten
Marmelade
Kompott (Rhabarber, rote Früchte)
Quittengelee
Zimtpulver

FÜR 8 PERSONEN · VORBEREITUNGSZEIT: 15 MIN. GARZEIT: 40 MIN.

■ Den Ofen auf 220 °C vorheizen.
■ Eine Auflaufform von mindestens 2½ Liter Fassungsvermögen – oder zwei kleinere Formen – sorgfältig buttern.
■ Mandeln, Mehl, Zucker und Butter in einer Schüssel mit einem Holzlöffel vermischen, bis das Ganze eine sandige, krümelige Konsistenz erlangt.
■ Das Apfelkompott und wahlweise weitere Zutaten in die Form(en) geben und mit der krümeligen Mischung bedecken.
■ 35–40 Minuten im Ofen backen, bis die Krümel Farbe annehmen. Lauwarm servieren. Die Crème fraîche, die Papa zu diesem gehaltvollen Dessert serviert, ist schon fast zu viel!

ÄPFEL

Die wahren Apfelliebhaber finden sich heute auf dem Brotfest von Plédéliac ein, wo es auch alte Apfel- und Birnbäume zu bewundern gibt. In etwa 40 kleinen Strohnestern werden dort die verschiedensten Obstsorten ausgestellt und von den Experten liebevoll kritisch beäugt. Nur selten trifft man auf einen enttäuschten Blick, weil die Suche nach Großmutters Lieblingsbirne doch auch hier ohne Erfolg blieb. Anne hat in ihrem Korb schon einige besonders schöne Früchte gesammelt.
Früher waren Äpfel oft wurmstichig. Ich erinnere mich noch, wie ich in der Normandie einmal eine verletzte Schwalbe gerettet habe, indem ich sie mit Würmern aus den Äpfeln in unserem Obstgarten gefüttert habe. Nach dem Krieg wurden den Apfelbäume teilweise bis zu 20-mal pro Jahr mit chemischen Spritzmitteln behandelt, bis man erkannte, dass diese Methode in eine Sackgasse führt. Nach dem heutigen Forschungsstand wird ein umweltgerechter Schutz der Bäume gefordert. Die Obstbauern müssen regelmäßig Untersuchungen durchführen, damit Krankheiten und Schädlingsbefall im Vorfeld bekämpft, bzw. verhindert werden können. Die Forschung bietet auch Hilfe und Schulungen an, damit Befall jeglicher Art in Zukunft vermieden werden kann. In Hinblick auf unsere Kinder wäre das wirklich wünschenswert.
Äpfel zählen zu den Herbst- und Winterfrüchten. Als erste erscheinen Mitte August der rote ›Cardinal‹ sowie die ganz leicht säuerlichen ›Reines des Reinettes‹ auf dem Markt. Die Äpfel, die vorher angeboten werden, stammen entweder von der südlichen Hemisphäre oder sind französische Erzeugnisse aus kontrollierter Lagerung. Ich möchte mich nicht gegen den Fortschritt aussprechen, doch meine ich, erfahren zu dürfen, ob der Apfel, den ich kaufe, vier bis fünf Monate in der Kälte gelagert wurde, wodurch er bereits einen Großteil seines Geschmacks und seiner Nährstoffe eingebüßt hat.
Außer zahlreichen Mineralstoffen und Vitaminen der Gruppe B, enthalten Äpfel auch Vitamin C, Provitamin A, Pektin und Ballaststoffe, die zu hohe Cholesterinwerte senken helfen.
Apfelsorten soll es fast tausend geben! Bei Marie-France Tarbouriech konnte ich mir auf der Domaine de Charance bei Gap in den französischen Alpen einige ansehen. So etwa die ›Pomme de Risoul‹ oder die ›Pointue de Trescléoux‹, die sich bis März lagern lässt. Sie erklärte mir, dass jede Sorte eigene Bodenansprüche stellt und dass Golden Delicious zu Unrecht in Verruf geraten sind. Wenn sie in höheren Lagen wachsen, etwa in Freissinouse auf 900 Meter, sind sie durchaus köstlich.
Jede dieser Früchte, ob süß oder säuerlich, ist ein wahres Konzentrat an Vitaminen und Mineralstoffen. Sollten Sie Äpfel aus den Bergen auftreiben können, dann wundern Sie sich nicht über ihre kleine Größe: Die Vegetationsphase in den Alpen ist kürzer, sie sind stärkerer Lichteinstrahlung und ab Ende August bereits niedrigeren Temperaturen ausgesetzt.
Äpfel, die etwas unförmig gewachsen sind und sich daher schlecht schälen lassen, werden am besten wie Quitten mit der Schale gekocht und dann zu Püree oder Gelee verarbeitet.

Jeder wählt sich seinen Lieblingsapfel. Am besten schmecken sie allesamt von Ende August bis Februar. Wenn Sie sie mit der Schale genießen, sollten die Früchte vorher gründlich gewaschen werden.

QUITTEN

Wer liebt es nicht, Anfang Oktober einige schöne, flaumige Quitten in eine Obstschale zu legen, wo sie wochenlang ihren wohligen Duft im Haus verbreiten. Später lassen sie sich dann zu süßen oder herzhaften Köstlichkeiten verarbeiten. Stören Sie sich nicht an ihrer körnigen Beschaffenheit und dem offensichtlich harten Fruchtfleisch. Aus Quitten lässt sich ein einzigartiges, süßes, goldenes Gelee mit betörendem Aroma bereiten. Entdecken Sie zudem die Körnigkeit eines Quittenpürees. Die Früchte sind weit mehr als ein altes Hausmittel bei Verdauungsbeschwerden, sie enthalten reichlich Mineralstoffe, Vitamine und Spurenelemente, Ballaststoffe sowie das Geliermittel Pektin.

QUITTENPÜREE

FÜR 8 PERSONEN · VORBEREITUNGSZEIT: 20 MIN. · GARZEIT: 30 MIN.

2 kg Quitten
4 EL Cidre-Essig oder Apfelessig
25 g Zucker oder 5 EL Honig
25 g Butter
1 TL Salz
Frisch gemahlener Pfeffer

■ Den Flaum von den Quitten abreiben, waschen. Ungeschält achteln. Das Kerngehäuse und körnige Stücke entfernen und für das Gelee beiseite legen.

■ Die Quittenstücke nach und nach in 1 l Wasser geben. Sie sollten kaum bedeckt sein. Essig, Zucker oder Honig beigeben.

■ Im geschlossenen Topf 30 Minuten garen. Die Früchte lassen sich dann leicht mit dem Messer einstechen.

■ Abgießen und den Kochsaft für das Gelee auffangen. Die Früchte durch ein Passiersieb streichen.

■ Die Butter unterrühren und das Püree mit Salz und Pfeffer würzen. Heißes Quittenpüree bildet eine köstliche Beilage zu Geflügel oder Wild. Vergessen Sie nicht, in die Mitte des Pürees in eine kleine Vertiefung etwas Bratensauce zu geben.

■ Das Püree hält sich 2–3 Tage. Da die Quittensaison kurz ist, empfiehlt es sich, weitere Portionen einzufrieren.

QUITTENGELEE

FÜR 6 BIS 8 PERSONEN · VORBEREITUNGSZEIT: 10 MIN. · GARZEIT: 50 MIN. · RUHEZEIT: 24 STD.

Öl
Kochsaft vom Quittenpüree
Kerngehäuse und körnige Stücke
Brauner Zucker
1 EL Sesamkörner

■ Zwei oder drei Aluschalen ölen. Den Kochsaft und die Fruchtstücke 30 Minuten bei leichter Hitze köcheln. Durch ein Sieb passieren, den Saft auswiegen und zurück in den Topf geben. Zwei Drittel des Saftgewichts an Zucker beigeben.

■ Etwa weitere 20 Minuten köcheln. Einen Geliertest machen: Einen Löffel Gelee auf einen kalten Teller geben. Wenn das Gelee schnell fest wird und sich beim Zusammenschieben mit den Fingern Fältchen auf der Oberfläche bilden, ist es fertig. Nach Beendigung der Kochzeit geliert die Masse weiter. Vom Herd nehmen und die Sesamkörner hinzufügen. Das Gelee in die Aluschalen gießen und fest werden lassen.

■ Kurz vor dem Servieren das Gelee würfeln und in Papierförmchen oder auf Sandgebäck reichen. Gut verschlossen lässt sich Quittengelee mehrere Monate aufbewahren.

■ Eine kürzere Kochzeit ergibt ein flüssigeres Gelee, das wie Konfitüre in sterile Gläser abgefüllt wird. Das Aroma kann mit etwas Zitronenschale verfeinert werden.

Quittengelee

DAMASZENERPFLAUMEN, BACKPFLAUMEN AUS AGEN UND ZWETSCHGEN

Eines Tages lese ich auf einer Tafel am Straßenrand: »Kaouech aus dem Garten«. Sollte es wieder eine neue Obstsorte geben? Der Erzeuger aus Sisteron sieht meinen erstaunten Blick und erklärt in bestem Südfranzösisch, dass eine Touristin aus dem Elsass ihm den Namen der köstlichen Pflaumen verraten hat, die er alljährlich in seinem Garten erntet. So wurde, was dem Deutschen eine Zwetschge, dem Elsässer eine *quetsche*, diesem Südfranzosen kurzerhand zur *kaouech*. Sie ist wunderbar reif, saftig und süß. In Wirklichkeit ist es vielleicht eine Perdrigone, eine lokale Variante, die frisch oder getrocknet wie die Backpflaumen aus Agen angeboten wird. Für uns, die wir gelegentlich die seltenen Pflaumen aus der Gegend um Briançon in den Alpen genießen, scheint es doch eine Binsenweisheit, dass Pflaumen gepflückt werden, wenn sie reif sind. Für den Erzeuger ist die Geschichte etwas komplizierter. Bei Pflaumen steigt der Zuckergehalt nach dem Pflücken nur noch wenig an. Damit sie ausreichend süß sind, müssen sie bei der Ernte reif und fest sein. Eine Lagerung im Kühlraum lässt die Pflaumen weich, ihr Fruchtfleisch pappig werden. In einer kontrollierten Atmosphäre halten sie sich besser. Die Lagerungstemperatur von 0,5 °C mag uns zwar kalt erscheinen, sie bekommt den Pflaumen aber ausgezeichnet. Zu Hause können Sie sie im kältesten Winkel des Kühlschranks etwa eine Woche lagern. Ich bedauere, dass die Verkäufer uns so wenig über die besten Lagerungsmöglichkeiten für ihre Produkte informieren.

KONFITÜREN

Die Früchte einige Stunden auf dem Zucker ziehen lassen, in einen Topf abgießen und den Sirup zum Kochen bringen. Nach dem Aufkochen werden die Blasen kleiner, die Temperatur des Sirups beträgt jetzt mehr als 100 °C. Den Sirup 5 Minuten kochen lassen, einen TL der Flüssigkeit entnehmen und in eine kleine Schale mit kaltem Wasser geben. Bei 106 °C entwickeln sich im Wasser zähflüssige Fäden. Bei 109 °C lassen sie sich greifen, bilden aber noch keine Kugel. Eine Temperatur von 109 °C ist im Allgemeinen für das Kochen des Sirups ausreichend. Dann die Früchte hinzugeben, umrühren und erneut zum Kochen bringen. Weitere 5 –15 Minuten kochen lassen, bis wieder eine Temperatur von 106 °C erreicht wird. Sehr wasserreiche Früchte wie etwa Melonen benötigen zwei- bis dreimal soviel Zeit wie etwa Himbeeren. In diesem Fall muss der Sirup bei einer Temperatur von 118 °C gekocht werden: Wird eine Probe ins Wasser gegeben, löst sie sich nun von den Fingern und bildet eine Kugel.
Gläser und Deckel mit kochendem Wasser säubern und auf einem sauberen Tuch abstellen. Die Gläser mit einer Schöpfkelle füllen, verschließen und auf den Kopf stellen.

APFEL-PFLAUMEN-KONFITÜRE

FÜR 5 GLÄSER (À 375 G) · VORBEREITUNGSZEIT: 20 MIN. · RUHEZEIT: 12 BIS 24 STD. · GARZEIT: 35 MIN.

1,5 kg grüne oder goldgelbe Pflaumen
1,2 kg Zucker
500 g Äpfel, Granny Smith
1 Zitrone
2 Zimtstangen
2 EL Dill- oder Fenchelsamen oder
1 Prise Safran

■ Die Pflaumen entsteinen und in einer Schüssel mit dem Zucker mischen. Bei Zimmertemperatur mindestens 12 Stunden ziehen lassen. Die Früchte ziehen in der Zeit Saft: Bei wenig Flüssigkeit noch etwas länger ziehen lassen.

■ Die Pflaumen abgießen und den Saft in einem großen Topf mit dickem Boden auffangen.

■ Die Zitrone dünn schälen und auspressen. Den Saft beiseite stellen. Die Äpfel schälen, achteln und entkernen. Kerngehäuse und Schalen zum Pflaumensaft geben und 15 Minuten kochen, sie dann mit einem Schaumlöffel wieder entfernen.

■ Äpfel, Zitronensaft und -schale sowie Safran (falls verwendet) und Zimt hinzufügen. Weitere 15–20 Minuten kochen, dann die Pflaumen zugeben. Die Masse auf 106 °C erhitzen, den Zimt entfernen.

■ Wenn als Aromen Dill oder Fenchel gewählt wurden, dann diese leicht zerstoßen und erst zum Schluss beigeben. Die Konfitüre in Gläser füllen, verschließen und sofort auf den Deckel stellen. In dieser Konfitüre sorgen die Äpfel für eine leicht saure Note.

GEWÜRZKUCHEN MIT RHABARBER

FÜR 8 PERSONEN · VORBEREITUNGSZEIT: 15 MIN. · GARZEIT: 40 MIN.

Butter für die Form
100 g weiche Butter
150 g Zucker, mit 1–2 TL Vanillepulver aromatisiert
100 g brauner Zucker
1 Ei
300 g Mehl
2 TL Natron
1 EL *quatre épices* (siehe Seite 22)
2 Naturjoghurt
300 g Rhabarberstangen, geschält

■ Den Ofen auf 180 °C vorheizen. Eine Springform buttern.

■ Die weiche Butter mit den beiden Zuckersorten in eine Schüssel geben, die Mischung 1 Minute lang schlagen. Das Ei unterrühren.

■ In einer zweiten Schüssel Mehl, Natron und die *quatre épices* vermischen. Die Hälfte der Mehlmischung mit der Butter-Zucker-Masse verschlagen, einen Joghurt hinzufügen, das restliche Mehl, dann den zweiten Joghurt.

■ Diese Mischung rühren, bis ein glatter Teig entsteht.

■ Die Rhabarberstangen in kleine Stücke schneiden und dem Teig beigeben. Die Masse in die gebutterte Form geben und 40 Minuten im Ofen backen. Bei tiefgekühlten Rhabarberstücken 50 Minuten.

■ Den Kuchen aus der Form lösen und abgekühlt mit einer Coulis von roten Früchten reichen.

■ In der Form hält sich der Kuchen an einem kühlen Ort problemlos 3–4 Tage.

RHABARBERQUARK

FÜR 6 PERSONEN · VORBEREITUNGSZEIT: 20 MIN. · GARZEIT: 30 BIS 40 MIN. · RUHEZEIT: 3 STD.

40 g helle Rosinen
1 EL Obstwasser oder Likör von roten Früchten
500 g Rhabarberstangen, geschält
175 g Zucker
2 Blatt Gelatine
250 g Quark oder Schichtkäse, abgetropft
Puderzucker für die Form

■ In einer kleinen Schüssel die Rosinen in dem Obstwasser oder Likör ziehen lassen. Inzwischen die Rhabarberstangen in Stücke schneiden, in einen Topf geben, den Zucker zufügen und 15–20 Minuten kochen. Über einem zweiten Topf abgießen und den Saft 15–20 Minuten vorsichtig einkochen lassen, bis ein bernsteinfarbener Sirup entsteht.

■ Die Gelatine in kaltem Wasser quellen lassen, ausdrücken. Den Sirup vom Herd nehmen und die Gelatine darin auflösen. Den Sirup mit dem Rhabarber, den Rosinen und dem Alkohol sowie dem Quark vermischen.

■ Eine Schüssel innen anfeuchten und mit Puderzucker bestreuen. Den Rhabarberquark einfüllen und 3 Stunden im Kühlschrank kalt stellen.

■ Das frische Dessert lässt sich am Vortag bereiten. Wenn es gestürzt werden soll, die Gelatinemenge verdoppeln.

Rhabarber wird am besten schnell verarbeitet, sonst wird er weich. Wenn die Ernte recht üppig ausfällt, lassen sich die Stangen auch geschält und in Stücke geschnitten einfrieren.

RHABARBER

Rhabarber bevorzugt ein kühles und feuchtes Klima. In der Provence muss ein Glas Rhabarberkonfitüre somit als Exotikum gelten. Die dekorative Pflanze stammt ursprünglich aus dem Fernen Osten. Ihre Wurzeln erzielten zu früheren Zeiten höhere Preise als Pfeffer oder Nelken. Auch nahm Rhabarber schon bald einen festen Platz unter den Heilpflanzen ein. Engländern ist es zu verdanken, dass Rhabarber, eigentlich ein Gemüse, in die Küche eingeführt wurde. Durch seine Säure verfeinert er süße Marmeladen und Kompott.
Die großen, mehr oder minder roten Blattstiele, die nach Bedarf geerntet werden, gedeihen von Ende Mai bis in den Herbst. Die Pflanze zählt wie Sauerampfer zur Familie der Knöterichgewächse. Die Blätter enthalten Oxalsäure und sind nicht essbar.

EIN GARTEN IN DEN WEISSEN BERGEN

Hoch oben in den Bergen um Casha Pampa entspringt ein Gebirgsbach aus den Felsen und bahnt sich tosend seinen Weg ins Tal. Dorthin sind wir unterwegs. Zwei Tagesmärsche in der Quebrada Santa Cruz trennen uns vom Fuß des legendären Alpamayo, der eine Höhe von 5947 Metern erreicht. Der Duft von Eukalyptusbäumen umgibt uns, das Brausen des Wildbaches im Cañon lässt jedes Gespräch verstummen. Vor uns sehen wir ein riesiges Tor. Es ist der Eingang zum Garten der Giganten.

Dahinter erstreckt sich über 30 Kilometer ein Gletschertal, das von fein ziselierten Bergspitzen umrahmt ist. Tropische und alpine Blumen wechseln sich hier mit verschiedensten Kakteenarten ab, während von den Ästen der Quinoas, dieser Bäume mit leuchtend roter Rinde, bizarre Pflanzen herabhängen, die an die Helme der Inka-Krieger aus längst vergangenen Zeiten erinnern.

Alain wagt sich weiter in die Schlucht vor. An einer Wegbiegung wird er von einem Esel und dessen Kleinem überrascht. An den Mäuerchen, hinter denen sich kleine Felder mit Roggen und abgeerntetem Mais verbergen, sehen wir einige schwarze Schweine. Unter Strohdächern ist Getreide in üppigen bunten Girlanden zum Trocknen aufgehängt.

Weiter oben gehen zwei Quechuas-Indianer gebückt hinter einem einfachen Holzpflug her und machen ein weiteres kleines Stück Land urbar. Die zwei Ochsen schleppen das Gerät mit Mühe. Am meisten beeindruckt mich die Neigung dieses Gartens, der auf 3500 Metern Höhe zwischen zwei Steinlawinen angelegt wurde. Steine gibt es auf dem Feld nach wie vor. Vor dem Ochsengespann geht eine Frau, die mit ihren vielen bunten Filzröcken, dem hohen schwarzen Hut und den schweren, langen, blauschwarzen Zöpfen auf dem Rücken fast ein wenig sonntäglich wirkt. Sie sammelt die Steine auf und stapelt sie zu kleinen Haufen.

Den Bergbauern in allen Teilen der Welt gewidmet …

Alain muss an seine Urgroßeltern denken und die Erzählungen über ihr naturverbundenes Leben als Bergbauern, denen er als Kind immer so gerne gelauscht hatte. Er erinnert sich noch an den Pflug, der an seinem alten Haus in Panaches an der Mauer hing, und weiß, dass vor nicht einmal hundert Jahren das Gebirgsland um Briançon noch mit Ochsen bestellt wurde.

MAISKUCHEN

FÜR 6 PERSONEN · VORBEREITUNGSZEIT: 15 MIN. · GARZEIT: 45 MIN. · RUHEZEIT: 30 MIN.

Maisblätter (ersatzweise Backpapier) für die Form
Maisöl
1 unbehandelte Zitrone
80 g weiche Butter
175 g Zucker
3 große Eier
175 g Maismehl
½ Päckchen Backpulver
3 EL Milch
100 g Haselnüsse, geröstet und zerstoßen
50 g getrocknete Aprikosen

■ Die Maisblätter blanchieren, abtupfen und mit Öl bepinseln. Die Zitronenschale abreiben und die Frucht auspressen. In einer Schüssel die Butter mit dem Zucker, den Eiern, der abgeriebenen Zitronenschale und 3 EL Zitronensaft schaumig schlagen. Das Maismehl mit dem Backpulver und schließlich die Milch unterrühren.

■ 50 g große Haselnussstücke zum Dekorieren beiseite legen. Den Rest mit den klein gehackten, getrockneten Aprikosen in den Teig geben und alles zu einer homogenen Masse verarbeiten. 30 Minuten ruhen lassen.

■ Den Ofen auf 180 °C vorheizen. Eine Kastenform von 1,5 l Fassungsvermögen mit Öl auspinseln und mit den Maisblättern auskleiden. Die Spitzen zeigen dabei nach außen. Den Teig in die Form geben. Mit den restlichen Haselnüssen bestreuen. Die Blätter oben zuklappen, ohne sie anzudrücken, damit der Teig beim Backen aufgehen kann.

■ 45 Minuten backen. Wenn der Kuchen zu schnell Farbe annimmt, mit Alufolie zudecken. Ein buntes und eher säuerliches Kompott, etwa von gemischten Beeren, ergänzt den Maiskuchen vorzüglich.

■ In Alufolie eingewickelt hält er sich 4–5 Tage im Kühlschrank. Die Idee für diesen Kuchen bekam ich in Cuzco, als bei einem indianischen Fest kleines Gebäck gereicht wurde, das über Dampf in Maisblättern gegart worden war.

MAIS

Die zarten, jungen, noch grünlichen Zuckermaiskolben werden mit den Hüllblättern 15 bis 20 Minuten in kochendem Salzwasser gegart. Danach werden sie geschält und heiß, mit einer scharfen Sauce oder mit zerlassener Butter serviert.

In Lateinamerika ebenso wie in den Südstaaten der USA ist Mais schon seit Urzeiten wohl das wichtigste Nahrungsmittel überhaupt. Jeder Indianerstamm züchtet je nach Bodengegebenheiten und Lebensweise des Stammes seine eigene Maissorte. Zwischen den Pflanzenreihen, die bis zu zweieinhalb Meter hoch werden können, wachsen Kürbisse, und an deren Stengeln klettern wiederum Stangenbohnen hoch. Dieses wunderbare Beispiel einer Pflanzengemeinschaft, bei der jede Pflanze der anderen nützlich ist, ist den Indianern seit langem bekannt.
Ich liebe Mais, insbesondere die große weibliche Blüte, aus der später ein prallgefüllter Kolben entsteht, oder die vielen dekorativen Sorten mit ihren mosaikartigen, bunten Körnern. Beim Einkauf sollte Mais noch leicht unreif und cremefarben sein. Er wird am besten kühl gelagert und ziemlich schnell verbraucht. Die Blätter der Kolben lassen sich beim Backen eines Kuchens verwenden.
Eine Entdeckung wert ist auch das eierschalenfarbene Maismehl, das ganz glatt ist und sich weniger gut hält als Weizenmehl. Der Maisgries, der jenseits der Alpen Polenta heißt, wurde im 18. Jahrhundert aus dem Piemont nach Frankreich exportiert und lange Zeit in den Bergen zum Brotbacken verwendet. Als Bindemittel ergibt Maizena oder Maisstärke eine sämigere Konsistenz als Weizenmehl. Eine bestimmte Maissorte eignet sich besonders zur Herstellung von Popcorn. Die höchstens zehn Zentimeter langen Mini-Maiskölbchen werden gerne als Mixed Pickles in Essig eingelegt.
Frischer Mais ist sehr gehaltvoll. Neben Kohlehydraten, Eiweiß und Fett enthalten die Körner Mineralstoffe und Vitamine in ausgewogener Dosierung und – daher der Name Zuckermais – viel Zucker.

POLENTA

FÜR 6 PERSONEN · VORBEREITUNGSZEIT UND GARZEIT: 15 MIN.

1 TL grobes Salz
1 EL Olivenöl
200 g Maisgrieß
1 walnussgroßes Stückchen Butter
Pfeffer aus der Mühle

■ 800 ml Wasser in einem großen Topf zum Kochen bringen. Salz, Öl und den Maisgrieß langsam unter Rühren mit einem Holzlöffel hinzugeben. 10 Minuten kochen, dabei den Grieß kräftig umrühren. Die Butter hinzufügen und mit etwas frisch gemahlenem Pfeffer würzen.

■ Die Polenta auf einem geölten Backblech ausbreiten. 5 Minuten unter dem Grill erhitzen. In Stücke schneiden und mit sautiertem Gemüse und einer Sauce von frischen Tomaten servieren. Nach Geschmack mit etwas geriebenem Beaufort oder Gruyère nachwürzen.

■ Polenta kann 1 Tag im Kühlschrank aufbewahrt werden.

LINSEN

»Rice and dale, Sir.« Mit diesen Worten gibt der nepalesische Expeditionskoch bekannt, dass das Essen serviert ist. Linsen zählen zu den Grundnahrungsmitteln zahlreicher Bergvölker. In Frankreich ist die Hülsenfrucht auf dem besten Wege, sich ihren wohlverdienten Platz zurückzuerobern. Grüne Linsen aus Le Puy besitzen eine sehr feine Schale und sind kaum mehlig. Der Nährwert ist bei allen Linsen gleich, egal ob sie hell, grün oder rot, rund oder oval sind. Bei größeren Sorten empfiehlt es sich, sie je nach Alter vor dem Garen drei bis sechs Stunden in Wasser weichen zu lassen. Die Schale aus Zellulose wird dann leichter verdaulich, der Gehalt an Mineralsalzen, Vitaminen und Proteinen bleibt unverändert. Bei den kleinen leuchtend orangeroten Linsen handelt es sich um indische geschälte rote Linsen. Sie müssen nicht eingeweicht werden und sind bereits nach zehn Minuten gar. Geben Sie dem Kochwasser für Linsen das Salz erst später bei, sonst werden sie hart. Kalkhaltiges Wasser hat einen ähnlichen Effekt. Beim Dampfgaren können Sie je eine klein gehackte Möhre und Zwiebel beifügen. Die Garzeit beträgt hier 20 Minuten. Gewürzt wird mit Sojasauce und fein gehackter Petersilie. Auf Seite 201 wird erklärt, wie man Linsen zum Keimen bringt.

DUO AUS ROTEN UND GRÜNEN LINSEN

FÜR 6 PERSONEN · VORBEREITUNGSZEIT: 15 MIN. · EINWEICHZEIT: 6 STD. · GARZEIT: 15 MIN.

200 g grüne Linsen
10 Knoblauchzehen, ungeschält
1 TL Chinesisches Fünfgewürz
1 TL Paprika
Meersalz
2 kleine graue Schalotten
25 g Butter
200 g rote Linsen
250 ml Quellwasser
1 EL roter Curry
Küchenkräuter oder gekeimte Linsen zum Dekorieren

■ Die grünen Linsen 6 Stunden einweichen, abgießen, mit kaltem Wasser bedecken und die ungeschälten Knoblauchzehen, das chinesische Fünfgewürzpulver und Paprika hinzugeben.

■ Die Linsen 10–15 Minuten kochen. Am Ende der Garzeit salzen. Die Knoblauchzehen herausnehmen, aus der Schale pressen und mit einer Gabel zerdrücken. Das Knoblauchmus zu den Linsen geben. Die Linsen warm halten.

■ Die Schalotten schälen und hacken. In einem Topf in Butter 2 Minuten glasig schwitzen. Die gewaschenen und abgetropften roten Linsen hinzugeben, umrühren und mit Quellwasser bedecken.

■ Den Curry zufügen, 10 Minuten kochen lassen und mit einem gestrichenen TL Salz abschmecken. Behutsam umrühren.

■ Die roten Linsen abgießen und in eine angefeuchtete kleine Schale geben. Leicht andrücken und in die Mitte eines vorgewärmten Tellers in Form einer Kuppel stürzen. Um diese herum einen Ring aus grünen Linsen bilden. Mit Küchenkräutern oder gekeimten Linsen dekoriert servieren.

BOHNEN

Das nahrhafte Gemüse stammt ursprünglich vom amerikanischen Kontinent, es ist bis etwa – 5 °C kälteresistent und lässt sich problemlos lagern. Den Andenvölkern dient es seit Jahrtausenden als Grundnahrungsmittel. Unter den Hülsenfrüchten bilden die Bohnen eine große Gruppe: Ihre Samen können entweder in unreifem Zustand gepflückt oder reif geerntet und jeweils frisch verarbeitet werden. Das ganze Jahr über stehen sie außerdem auch getrocknet zur Verfügung. Dank moderner Züchtungen sind Bohnen heute leichter verdaulich als früher. Sie empfehlen sich durch ihren Gehalt an Eiweiß, Kohlehydraten und Ballaststoffen sowie ihren Reichtum an Vitaminen und Mineralstoffen. Bohnen dürfen niemals roh verzehrt werden. Sie enthalten den gesundheitsschädlichen Eiweißstoff Phasin, der jedoch durch Kochen (mindestens 10 Minuten) oder Milchsäuregärung zerstört wird. Enthülsen Sie frische Bohnen möglichst rasch und lagern Sie sie an einem kühlen Ort. Bei Wärme und Feuchtigkeit verderben sie schnell. Sie können sie auch frisch einfrieren und später verarbeiten oder sie in gegartem Zustand tiefkühlen. Da Bohnen unterschiedlich lang getrocknet werden, beträgt die Einweichzeit zwischen zwei und zwölf Stunden. Pro Person werden etwa 30 bis 50 g rohe Bohnen gerechnet. Bringen Sie sie in kaltem Wasser zum Kochen und lassen Sie sie 45 Minuten bis anderthalb Stunden garen. Fügen Sie nach Belieben Salbei, Bohnenkraut, Thymian, Rosmarin und Gewürze hinzu und salzen Sie erst am Ende der Garzeit.

Die sehr feinen, BLASSGRÜNEN FLAGEOLETS sind unreife Bohnenkerne und kommen wie Dicke Bohnen während einer kurzen Zeit im Sommer frisch in die Küche. Sie bilden die klassische Beilage zur Lammkeule. Die runden oder eiförmigen COCO-BOHNEN, auch Breite Bohnen genannt, gibt es in vielen Farben. Sie sind gehaltvoll, ohne mehlig zu sein, und passen vorzüglich zu Rüben. Ohne die großen, weißen TARBAIS-BOHNEN ist ein echtes Cassoulet nicht denkbar. Die länglichen, glatten LINGOTS sind eher in Nord- und Zentralfrankreich bekannt. FEUERBOHNEN werden oft mit scharfen Gewürzen, Mais und Speck in Rotwein gegart. Sie bilden die Grundlage des mexikanischen Chili con carne. Sehr dekorativ sind die weiß-, rot- oder schwarzgesprenkelten PRUNKBOHNEN.

ENTENMAGEN MIT WEISSEN COCOBOHNEN

300 g große weiße getrocknete Coco-Bohnen (Breite Bohnen)
700 g frische Entenmägen
1 Selleriestange, gewaschen
1 Möhre, geputzt und in runde Scheiben geschnitten
2 Thymianzweige
4 Salbeiblätter
3 große Knoblauchzehen
Salz und Pfeffer aus der Mühle
750 ml Geflügelfond

ZUM SERVIEREN:
Cornichons, Vinaigrette, Kerbelblättchen

Servieren Sie Bohnen einmal anders, etwa zu einem Hirse- oder Gerstengericht oder einfach als Salat mit einer Kräutervinaigrette.

FÜR 6 PERSONEN · VORBEREITUNGSZEIT: 15 MIN.
EINWEICHZEIT: 12 STD.
GARZEIT: 1 STD. 20 MIN.

■ Die getrockneten Coco-Bohnen 12 Stunden in kaltem Wasser zugedeckt in einer Schüssel quellen lassen.

■ Die Entenmägen halbieren, in einen Topf geben, mit Wasser bedecken und zum Kochen bringen. 1 Minute garen, abgießen und mit kaltem Wasser abschrecken.

■ Mägen und Bohnen in einen Schmortopf geben, Sellerie, Möhren, Kräuter, Knoblauch und Pfeffer zufügen, den Geflügelfond angießen und bei offenem Topf 80 Minuten köcheln. Am Ende der Garzeit salzen. Die Mägen sind dann weich, die Bohnen noch ein wenig fest.

■ Die Mägen und Bohnen abgießen und lauwarm mit Cornichons und einer Kerbelvinaigrette reichen.

■ Die Bouillon durch ein Sieb passieren und nachwürzen. Sie wird separat und sehr heiß, mit einigen Kerbelblättchen garniert, gereicht.

■ Im Kühlschrank hält sich das Gericht in der Bouillon 24 Stunden. Die Verwendung eines luftdichten Behälters empfiehlt sich, da die Mägen durch den Sauerstoff der Luft schnell hart werden und zudem eine schwarze Farbe annehmen.

WILD WACHSENDE PILZE

Zu den besonderen Freuden zählt in unserer Familie die Pilzsuche und keiner von uns würde in seiner Küche auf diese Gaben der Natur verzichten. Von Juni bis September lassen sich im Unterholz Pfifferlinge entdecken. Jeder nimmt zum Pilzesuchen einen Korb und ein Messer mit, schließlich reißt man Pilze nicht aus. Bei der Rückkehr werden die verschiedenen Sorten begutachtet und die größten Steinpilze gewogen.
Von den Parasolpilzen oder Riesenschirmlingen verwendet man nur den Hut. Diese Sorte sollte sofort verarbeitet werden. Pfifferlinge hingegen lassen sich zwischen einigen frischen Farnblättern gut vier bis fünf Tage im Kühlschrank aufbewahren. Röhrlinge und Steinpilze müssen sorgfältig verlesen werden, denn sie zählen zu den Lieblingsspeisen der Schnecken. Sortieren Sie sie nach jungen, festen Pilzen ohne Anzeichen von Parasiten, die im Ganzen verwendet werden, und nach größeren, reiferen Exemplaren. Trennen Sie die Stiele von den Hüten und entfernen Sie die Sporen aus dem Hut. Prüfen Sie auch die Festigkeit des Fleisches und schneiden Sie schwammartige oder beschädigte Stellen heraus. Zum Aperitif sollten Sie auf jeden Fall einmal junge rohe Steinpilze probieren: Schneiden Sie sie in dünne Scheiben und servieren Sie sie mit Haselnussöl bepinselt und leicht mit Salz und frischem Pfeffer bestreut.
Knoblauchschwindlinge können drei bis vier Tage im oberen Bereich des Kühlschranks gelagert werden. Sie sollten allerdings in einem luftdichten Behälter verschlossen sein, da ihr Geruch sonst den ganzen Kühlschrank einnimmt. Roh passen sie gut zu Salaten. An einem Juniabend in den Bergen haben wir entdeckt, dass ihr Aroma sich wunderbar unter einer Scheibe Raclettekäse entfaltet. Auf dem Markt lassen sich verschiedene gezüchtete und wild wachsende, heimische und importierte Pilzsorten auftreiben. Auf Seite 108 finden Sie auch einige Erläuterungen zu den gezüchteten Sorten. Gute Pilze können Sie ohne Bedenken auf den Tisch bringen: Sie enthalten viel Ballaststoffe, Mineralstoffe, Spurenelemente und Vitamin B. Eine reichhaltige Ernte können Sie nach drei Sorten trennen: die festeren Pilze für Gemüsebeilagen, die reiferen (die sorgfältig geputzt werden müssen) als Grundlage für Suppen, die etwas harten Stiele zum Kleinschneiden, sie müssen länger gegart werden. Braten Sie die Pilze nach Sorten getrennt einige Minuten in Butter und Öl an. Geben Sie etwas klein gehackten Knoblauch, eine Zwiebel oder Schalotte, Salz und Pfeffer hinzu. Lassen Sie die Pilze rasch abkühlen und frieren Sie sie in Portionen von 200 bis 300 g ein. Vergessen Sie nicht, auf dem Beutel den Verwendungszweck zu notieren. Ein kleiner Rest gebratener Pilze lässt sich, spätestens am nächsten Tag, in einem Omelett verarbeiten.

Waschen Sie Pilze schnell, da sie sich sonst voll saugen, und beschädigen Sie sie beim Waschen nicht. Am besten werden sie nur kurz in einem Sieb unter fließendem Wasser abgespült.

SUPPE VON KNOBLAUCHSCHWINDLINGEN

250 g Zucchini
250 g Möhren, geschält
500 ml Milch
Salz
200 g Knoblauchschwindlinge
Frisch gemahlener Pfeffer
1 EL Traubenkernöl
Kerbelblättchen

FÜR 6 PERSONEN · VORBEREITUNGSZEIT: 10 MIN. GARZEIT: 20 MIN.

■ Zucchini und Möhren waschen und in feine Scheiben schneiden. Die Scheiben in die kalte, gesalzene Milch geben und darin 15 Minuten garen.

■ Die Stiele der Knoblauchschwindlinge entfernen und etwa 20 schöne Köpfe auswählen.

■ Alle anderen Pilzköpfe in den Topf geben und weitere 5 Minuten garen.

■ Den Inhalt des Topfes durch ein feines Passiersieb streichen, abschmecken und eventuell mit Salz und Pfeffer nachwürzen. Die so entstandene Suppe in einer Suppenschüssel warm halten.

■ In einer kleinen Pfanne etwas Öl erhitzen und die zurückbehaltenen Köpfe der Knoblauchschwindlinge 2 Minuten sautieren. Zur Suppe geben und mit einigen Kerbelblättchen bestreuen. Heiß servieren.

PANIERTE PARASOLPILZE

FÜR 4 PERSONEN · VORBEREITUNGSZEIT: 10 MIN. · GARZEIT: 10 MIN.

4 Parasolpilzköpfe
3 Eier
Salz
Frisch gemahlener Pfeffer
3 geröstete Schwedenbrötchen
4 EL Butter und Öl, gemischt

■ Parasolpilze werden nicht gewaschen. Wenn nötig, kann man sie leicht und vorsichtig abbürsten.

■ Die Eier in einem tiefen Teller aufschlagen, salzen und pfeffern und mit einer Gabel kräftig verschlagen.

■ In einem zweiten tiefen Teller die gerösteten Schwedenbrötchen grob zerkrümeln (ich finde, sie schmecken wesentlich besser als fertiges Paniermehl).

■ Öl und Butter in einer oder zwei großen Pfannen erhitzen.

■ Jeden Parasolpilz zunächst von beiden Seiten in der Eiermasse wenden, dann in den gerösteten Brotkrümeln.

■ Die Pilze einige Minuten von jeder Seite braten. Leicht salzen und pfeffern.

■ Dieser Königspilz sollte sofort serviert werden: Er geht auf wie ein Soufflé und ist eine absolute Gaumenfreude.

MANGOLD

Frisch gepflückter Mangold aus dem Garten ist so zart, dass die Stiele nicht einmal abgezogen werden müssen. Er ist reich an Ballast- und Mineralstoffen. Die grünen Pigmente enthalten Provitamin A, Vitamin C und Eisen. Seiner beruhigenden Wirkung wegen wird Mangold schon lange als Heilpflanze geschätzt.

Mangold lässt sich gut im Kühlschrank lagern. Nach zwei Tagen schneidet man die Stiele auseinander und zieht sie beim Putzen ab.

Mangold ist zudem ein hervorragendes Gemüse für die figurbewusste Küche. Genau genommen besteht er aus zwei Gemüsesorten. Die weißen Stiele passen als Beilage zu einem Braten, dessen Sauce sie gut aufnehmen, sie können zu einem Auflauf mit Käse verarbeitet oder lauwarm mit einer pikant abgeschmeckten Vinaigrette gereicht werden. Mit den großen dunkelgrünen Blättern lässt sich eine Form auskleiden oder ein Gericht umwickeln. Sie lassen sich aber auch einfach mit etwas Sahne wie Spinatblätter zubereiten oder püriert als Cremesuppe servieren, schmecken aber würziger und kräftiger als Spinat.
Gartenfreunde werden sich sicherlich für den äußerst dekorativen und auch essbaren chilenischen Mangold begeistern.

MANGOLD MIT APFELKOMPOTTFÜLLUNG

FÜR 6 PERSONEN · VORBEREITUNGSZEIT: 20 MIN. · GARZEIT: 30 MIN.

50 g weiche Butter
1 kg Kochäpfel, geschält und geviertelt
1½ TL Paprikapulver
1½ TL Muskatnuss, frisch gerieben
6 große Mangoldblätter
6 Streifen fetter Speck

■ Den Ofen auf 200 °C vorheizen. Eine Auflaufform mit Butter auspinseln. Die Äpfel mit Paprika und Muskatnuss zu Kompott kochen.
■ Mangoldblätter auswählen, die größer sind als die Speckstreifen. Waschen und einmal gefaltet 4 Minuten dampfgaren. Mit Küchenkrepp abtupfen und jeweils die etwas harte Mittelrippe abziehen.
■ Auf jedes Blatt einen Speckstreifen legen, diesen mit 2 EL Kompott bestreichen. Die Blätter zusammenrollen und in die Auflaufform legen. Mit der restlichen Butter bepinseln und mit Paprika bepudern. 30 Minuten backen.
■ Mit süßen oder säuerlichen Äpfeln, süßem oder scharfem Paprika können Sie Geschmack und Schärfe des Gerichts variieren.

MANGOLDTURBAN MIT POLENTA

FÜR 8 PERSONEN · VORBEREITUNGSZEIT: 30 MIN. · GARZEIT: ETWA 2 STD.

6 große Mangoldblätter
300 g Mangoldstiele
750 ml Gemüsefond
200 g Polenta
4 Eier
Salz
Frisch gemahlener Pfeffer
Chilisauce
Ringform

■ Die Mangoldstiele in Stücke schneiden, in den Gemüsefond geben und 30 Minuten leise köcheln lassen.
■ Den Ofen auf 170 °C vorheizen.
■ Die Mangoldblätter 4 Minuten in einem großen Topf mit kochendem Wasser blanchieren, abgießen und mit Küchenkrepp trockentupfen.
■ Die harte Mittelrippe der Mangoldblätter entfernen. Die leicht eingeölte Ringform mit den Blättern auskleiden.
■ Die Polenta etwa 10 Minuten in 800 ml kochendem Salzwasser unter ständigem Rühren garen.
■ Die Polenta in der Form auf den Blättern verteilen und mit den gut abgetropften, gegarten Stielen bedecken.
■ Die Eier in einer kleinen Schüssel verschlagen, großzügig salzen und pfeffern, mit fünf oder sechs Tropfen Chilisauce würzen. Die Eiermasse über die Mangoldstiele verteilen.
■ Eine Stunde im Ofen garen. Den Turban auf einen großen Teller stürzen.
■ Fein gehackte Wildpilze (siehe Seite 110) oder eine pikante Tomatensauce (siehe Seite 58) sind eine köstliche Ergänzung für dieses Gericht.

Mangold-
turban
mit Polenta

SAUERAMPFER

Wilder Sauerampfer, ein Verwandter des Rhabarbers, bevorzugt feuchte Böden und ist in Europa, Amerika und Asien weit verbreitet. In den Alpen ist er häufig in der Nähe von Nadelwäldern anzutreffen.
Wer keinen wild wachsenden Sauerampfer in seiner Nähe hat, kauft am besten ab März ein Töpfchen für die Fensterbank und pflückt den Sauerampfer nach Bedarf. Er lässt sich auch in Frischhaltefolie im Gemüsefach des Kühlschranks aufbewahren.
Die langen pfeilförmigen Blätter des Sauerampfers enthalten reichlich Oxalsäure. Sie wirken blutbildend und entschlackend, können unter anderem Leber- und Nierenbeschwerden lindern.
Am besten schmecken junge Blättchen vor der Blüte, von denen einige bereits ausreichend sind, um Spinat oder Mangold ein angenehm saures Aroma zu verleihen. Im Limousin vermischt man deshalb Sauerampfer mit Spinat oder Mangoldblättern und bäckt ihn in heißem Fett aus. Gehackte Sauerampferblätter verfeinern Saucen und Mayonnaisen, dienen zum Würzen von Eintöpfen und Gemüsesuppen. Eine Chiffonade aus Sauerampferblättern ist eine schmackhafte und zugleich dekorative Suppeneinlage: Die Sauerampferblätter waschen und trocken tupfen. Die Stiele entfernen, dann die Blätter aufeinanderlegen, eng zusammenrollen und in feine Röllchen schneiden. Probieren Sie außerdem ein Omelett mit blanchierten und in Streifen geschnittenen Sauerampferblättern. Sie können die blanchierten Blätter grob gehackt oder püriert auch zu Fisch- oder Geflügelgerichten reichen. Durch seine angenehme Säure und den elegant bitteren Geschmack ist Sauerampfer äußerst vielseitig verwendbar.
Sauerampfer enthält reichlich Calcium und Eisen sowie Vitamin A und C. Seine Säure wirkt als Zartmacher für zähes Fleisch. Das Fleisch wird einfach vor dem Schmoren mit Sauerampferblättern umwickelt.

QUARKLAIB MIT SAUERAMPFER

400 g frische Sauerampferblätter
200 g weiche Butter
500 g Quark, gut abgetropft
5 Eier
1 gehäufter TL Salz
½ TL frisch gemahlener Pfeffer
Paprikapulver

Garen Sie Sauerampfer etwa zwei Minuten mit Butter in der Pfanne und pürieren Sie ihn. Er lässt sich in kleinen Joghurtgläsern einfrieren und aromatisiert je nach Bedarf Ihre Speisen (man rechnet ein Glas für sechs Portionen).

FÜR 6 PERSONEN · VORBEREITUNGSZEIT: 30 MIN.
GARZEIT: 35 MIN.

■ Den Ofen auf 200 °C vorheizen. Ein Wasserbad vorbereiten. Eine Kasten- (nach Belieben auch eine Ring)form von 1,5 l Fassungsvermögen buttern. Die Sauerampferblätter waschen und die festen Stengel abschneiden.

■ 50 g Butter in einer Pfanne schmelzen, den Sauerampfer zugeben und 5 Minuten bei geschlossenem Deckel dünsten. Vom Feuer nehmen und beiseite stellen.

■ Den Quark in einer Schüssel mit 150 g weicher Butter verschlagen. Die Eier einzeln sowie den Sauerampfer unterziehen. Salzen, pfeffern und mit einer Messerspitze Paprika abschmecken.

■ Die Masse in die Form geben und im Ofen 35 Minuten im Wasserbad garen. Die Garzeit um einige Minuten verlängern, falls der Quark in der Mitte noch etwas flüssig erscheint.

■ Den Quarklaib oder -ring vorsichtig aus der Form lösen und lauwarm als Vorspeise reichen.

■ Pro Person werden zwei Scheiben gerechnet. Dazu passt hervorragend eine heiße Champignons-Duxelle oder auch Räucherlachs, in feine Scheiben geschnitten.

Kartoffeln mit Sauerampfer und geräuchertem Schellfisch

FÜR 6 PERSONEN · VORBEREITUNGSZEIT: 20 MIN. · GARZEIT: 30 MIN.

6 große Kartoffeln mit fester Schale
600 g geräucherte Schellfischfilets
30 g Butter
1 EL Olivenöl
600 g frische Sauerampferblätter
100 g Crème fraîche
Salz
Schwarzer Pfeffer aus der Mühle
1 EL gehackte Petersilie

■ Die Kartoffeln waschen und ungeschält 30 Minuten dampfgaren. Nach etwa 20 Minuten Garzeit die Schellfischfilets zugeben und mitgaren.

■ Von jeder Kartoffel der Länge nach einen Deckel abschneiden und 2 EL des Inhalts herausnehmen.

■ Mit einer Gabel die Kartoffelmasse in einem Schälchen zerdrücken und mit Butter vermischen.

■ Die Schellfischfilets in dünne Scheiben schneiden. Alles über Dampf warm halten. Die Teller vorwärmen.

■ Öl in einer Pfanne erhitzen, die gewaschenen und entstielten Sauerampferblätter zugeben und bei schwacher Hitze zusammenfallen lassen.

■ Die Crème fraîche einrühren und bei offenem Deckel weitergaren, bis ein Mus entsteht. Salzen und pfeffern.

■ Jede Kartoffel mit 2 EL Sauerampfermus füllen und in die Mitte eines vorgewärmten Tellers legen.

■ Die Butterkartoffelmasse und die Fischscheiben ringsherum anrichten. Mit einzelnen Fischstreifen und etwas Petersilie dekorieren und sofort servieren.

■ Das Gericht kann bis zum Servieren etwa eine halbe Stunde über Dampf warm gehalten werden.

Das ganze Jahr über können Sie Löwenzahn verwenden. Wilden im Frühling und Sommer, gebleichten im Herbst und Winter. Nehmen Sie die festen Blätter zu Suppe oder Buttergemüse, die zarten passen in jeden Salat.

LÖWENZAHN

Ich erinnere mich noch genau, wie Alain sich in seiner unnachahmlichen provokativen Art zu unserem Verlobungsessen einen Löwenzahnsalat gewünscht hat. Sofort unkte meine Großmutter, die Ehe würde nicht halten, und mein Vater sah seine liebe Tochter schon mit einem anderen Verlobten, er sagte aber nichts. Der Löwenzahnsalat mit Speck und weich gekochten Eiern mundete uns dennoch allen vorzüglich. Das war im April 1963. Seitdem ist das Gericht zur Familientradition avanciert. Es würde allerdings nur halb so gut munden, wenn man diese kleine robuste Pflanze mit den tiefgezahnten Blättern kaufen müsste. Ich vermute, dass Löwenzahn der am häufigsten gepflückte Wildsalat unserer Zeit ist. Volkstümliche Beinamen wie »Pissblume« und die französische Bezeichnung »pissenlit« (Bettnässer) bezeugen seine stark harntreibende Wirkung. Er regt außerdem die Leber- und Darmtätigkeit an.

Löwenzahn ist ein sehr vielseitiges und wertvolles Nahrungsmittel. Seine Proteine enthalten die essenziellen acht Aminosäuren in ausgewogenen Mengen. Zusätzlich hat er einen ähnlichen Vitamin A-Gehalt wie Möhren und nahezu so viel Vitamin C wie eine Zitrone.
Die goldgelben Blütenköpfe ergeben eine farbenfrohe Dekoration, etwa auf einer Rohkostplatte. Ich liebe auch den »Löwenzahnhonig«, eine Art goldfarbenes, kristallisiertes Gelee, das Jeanine aus unzähligen Blüten bereitet, die sie auf einer Höhe von etwa 2000 Metern pflückt. Natürlich ist Löwenzahn auch als Kulturform erhältlich: Er ist dann zumeist etwas sanfter im Geschmack. Diesen gebleichten Löwenzahn erkennen Sie an den blassgelben Blättern. Da er, ähnlich wie Kapuzinerbart, bei Lichtentzug wächst, besitzt er etwas weniger Vitamine, aber auch weniger Bitterstoffe. Im Kühlschrank hält er sich eingewickelt drei bis vier Tage. Der widerstandsfähigere wilde Löwenzahn lässt sich sechs bis sieben Tage lagern.

KLEINE FLANS MIT LÖWENZAHNSALAT

3 Hand voll Löwenzahn (etwa 150 g)
1 TL Salz
Butter für die Flan-Formen
6 Eier
250 ml Milch
1 gehäufter EL Vollwertmehl
Frisch geriebene Muskatnuss
Frisch gemahlener Pfeffer
3 EL Remouladensauce (siehe Seite 25)

FÜR 6 PERSONEN · VORBEREITUNGSZEIT: 15 MIN.
GARZEIT: 15 BIS 20 MIN.

■ Den Löwenzahn putzen und waschen. Von den kleinen Herzblättern 50 g beiseite legen. Die restlichen Blätter 5 Minuten in kochendem Salzwasser blanchieren, abgießen, gut ausdrücken und klein schneiden.
■ Den Ofen auf 200 °C vorheizen. Ein Wasserbad vorbereiten. Sechs Flanformen großzügig buttern.
■ Die Eier in einer Schüssel aufschlagen und verquirlen. Unter weiterem Schlagen das Mehl hineinsieben. Milch und dann den gegarten Löwenzahn zugeben. Nach Geschmack mit Muskatnuss, Pfeffer und Salz würzen und in die Formen füllen.
■ 12–15 Minuten im Wasserbad garen. Das Innere sollte dabei weich bleiben. Die Herzblätter des Löwenzahns auf Teller verteilen, die Remouladensauce darüber geben. Pro Teller einen Flan aus der Form lösen, auf der Sauce anrichten und heiß servieren.
■ Die Flans können vorbereitet und erst kurz vor dem Servieren gegart werden.

TOPINAMBUR

Von *Helianthus tuberosus* soll es 250 Sorten geben, die sich in Form und Farbe stark unterscheiden. Sie können spindel- oder knollenförmig sein, manchmal wirken sie verwachsen. Topinamburs gibt es in Farbtönen von Rosa und Rot bis Beige oder Grau. Die zwei Meter hohen Pflanzen finden sich oft am Rand alter Gemüsegärten, wo sie eine dichte grüne Hecke bilden. Die aus Nordamerika eingeführte Knolle ist den Sonnenblumen verwandt und heißt im Volksmund auch »Zuckerkartoffel« oder »Erdartischocke«. Im Geschmack ist der Topinambur noch feiner als die richtige Artischocke, außerdem kommt er ohne Heu und Blätter aus, so dass ich ihn wirklich empfehlen möchte. Im Gegensatz zu Kartoffeln besitzen Topinamburs nur eine begrenzte Lagerungsfähigkeit: Im Gemüsefach des Kühlschranks halten sie sich auf Küchenkrepp höchs-tens zwei bis drei Tage.
Die Topinamburknolle ist reich an Ballaststoffen, wirkt appetithemmend und besitzt interessante Mikronährstoffe. Wählen Sie eine sanfte Garmethode, zum Beispiel das Dampfgaren. Schälen Sie die Knollen – wenn überhaupt – dann nach dem Garen und reichen Sie Topinambur lauwarm mit einer Vinaigrette.

TOPINAMBURSALAT MIT PISTAZIENWURST

700 g Topinambur
1 Kochwurst mit Pistazien oder mit Kräutern
1 EL Cidre-Essig
3 EL Haselnussöl
Meersalz
Pfeffer aus der Mühle
2 EL gehackte frische Kräuter
50 g geröstete Haselnüsse, zerstoßen (siehe Seite 66)

FÜR 6 PERSONEN · VORBEREITUNGSZEIT: 15 MIN. EINWEICHZEIT: 15 MIN. · GARZEIT: 30 MIN.

- Die Topinamburs in einer Schüssel mit lauwarmem Wasser bedecken und 15 Minuten ziehen lassen.
- Die Wurst an einigen Stellen mit einer Gabel einstechen, die Topinamburs bürsten und abgießen und beides zusammen 30 Minuten dampfgaren.
- Die Topinamburs schälen und würfeln. Die Wurst enthäuten und in feine Scheiben schneiden.
- Die Zutaten bis zum Servieren über Dampf warm halten.
- Cidre-Essig, Haselnussöl, 1 TL Salz und frisch gemahlenen Pfeffer vermengen. Die Vinaigrette über die Topinamburs gießen, auf Teller verteilen, mit der Wurst und den Küchenkräutern garnieren.
- Zum Schluss den Salat mit einigen gerösteten und zerstoßenen Haselnüssen bestreuen. Lauwarm servieren.

KARTOFFELN

Nach einem unendlichen Anstieg hält unser Bus auf 4250 Metern Höhe. Der Motor qualmt. Wir sind hungrig. Schon kommen Kinder auf uns zu gelaufen und bieten heiße Kartoffeln an, die sie am Straßenrand in einem Lehmofen gebacken haben.
Die Kartoffelknolle enthält Stärke und lebenswichtige Aminosäuren, 22 Mineralstoffe und die Vitamine B und C. Sie sicherte bereits den Vorfahren der Indianer das Überleben, da diese es verstanden, die Kartoffel zu trocknen. Die Indianer ernähren sich auch heute noch von ihr und bereiten sie so zu, dass alle wichtigen Nährstoffe erhalten bleiben. In Industrieländern ist oft von optimierten, so genannten *high-tech*-Kartoffeln die Rede. Vorbei also die Zeit der guten alten Erdäpfel, die Großmutter zentnerweise im Keller lagerte.

Wählen Sie Kartoffeln ohne grüne Stellen: Die Früchte waren der Sonne ausgesetzt und enthalten giftiges Solanin.

Der Anbau beginnt mit der Bearbeitung des Bodens, dann muss dementsprechend eine passende Sorte gewählt werden. Es folgen kontrollierte Bewässerung, Schädlingsbekämpfung und sorgfältige Ernte und Lagerung.
Unter den Konsumenten zeigt sich heute eine größere Bereitschaft zum

Kauf teurerer Produkte wie beispielsweise der ›Ratte du Touquet‹ (einer auch bei uns erhältlichen kleinen, ovalen, festkochenden Sorte). Im Winter erreichen uns Frühkartoffeln aus Nordafrika. In Frankreich ist die Produktion gesetzlich festgelegt: Von April bis Ende Juli werden die Frühkartoffeln geerntet. Da sie empfindlich sind, werden sie in Papiersäcken verkauft, die als Lichtschutz dienen. Gewaschen und abgebürstet werden sie dampfgegart oder kurz sautiert. Die so genannten neuen Kartoffeln sind in Frankreich ab dem 1. August im Handel: Sie sind etwas reifer und robuster. Die reifen Herbstkartoffeln können wochen- und monatelang gelagert werden. Bewahren Sie sie an einem dunklen Ort auf, möglichst in einem Korb, so dass sie atmen können, und verwerten Sie sie innerhalb von zwei Wochen, es sei denn, Sie können sie bei einer Temperatur von 10 °C einkellern.

KARTOFFEL-CRÊPES

FÜR 6 PERSONEN (20 BIS 24 CRÊPES) · VORBEREITUNGSZEIT: 45 MIN. · GARZEIT: 35 MIN.

500 g mehlig kochende Kartoffeln
100 g Mehl
2 Eier
2 Eiweiß
4 EL Crème fraîche mit hohem Fettgehalt
1 EL Salz und frisch gemahlener Pfeffer, vermischt
40 g Küchenkräuter, gehackt
40 g Walnüsse, zerkleinert
1 EL *quatre épices* (siehe Seite 22)
Öl

■ Die gewaschenen Kartoffeln in kaltem Salzwasser zum Kochen bringen und 20 Minuten garen (sie müssen sich leicht mit dem Messer einstechen lassen).

■ Die Kartoffeln pellen und mit einem Rührgerät pürieren. Das Mehl dazugeben und unterrühren. Wenn sich der Teig zu einer Kugel formt, Eier, Eiweiß, Crème fraîche, Salz und Pfeffer einarbeiten.

■ Den Teig in zwei Schüsseln verteilen. Der einen Hälfte Küchenkräuter, der anderen die Walnüsse und *quatre épices* beigeben. Der Teig kann so weit vorbereitet und zugedeckt einige Stunden im Kühlschrank aufbewahrt werden.

■ Eine antihaftbeschichtete Pfanne ölen, bei mittlerer Hitze 4 EL Teig voneinander getrennt in die Pfanne geben. Nach 2 Minuten vorsichtig wenden und auf der anderen Seite 3 Minuten backen. Die Crêpes leicht andrücken, das Innere bleibt sehr weich. Auf einem Teller warm halten.

■ Tischpfannen für Crêpes ermöglichen es, auch während des Backens bei den Gästen zu sein und die Crêpes frisch gebacken und heiß zu servieren.

■ Die fertigen Crêpes können mit zerstoßenen Walnüssen oder mit Küchenkräutern bestreut werden. Auch klein geschnittene Trüffel oder einige Waldpilze ergeben eine hübsche Garnitur.

■ Mit Frühkartoffeln wird der Teig leicht klebrig. Reife Kartoffeln sind daher besser geeignet.

KARTOFFELGRATIN MIT DREI SORTEN SCHAFSKÄSE

FÜR 5 ODER 6 PERSONEN · VORBEREITUNGSZEIT: 20 MIN. · GARZEIT: 40 MIN.

Butter für die Form
500 g mehlig kochende Kartoffeln
3 Eier
1 Knoblauchzehe
100 g Roquefort
200 g Schafsmilchjoghurt
Salz
Frisch gemahlener Pfeffer
30 g Haselnüsse, geröstet (Seite 66)
2 TL Stärkemehl
60 g trockener Schafskäse

■ Den Ofen auf 175 °C vorheizen. Eine Auflaufform großzügig buttern. Die Kartoffeln waschen und in 20 Minuten dampfgaren, anschließend schälen und in einer Schüssel mit der Gabel zerdrücken.

■ Die Eier in einer kleinen Schüssel verschlagen. Die Knoblauchzehe schälen und zerdrücken.

■ Den zerkrümelten Roquefort, Joghurt, Eier und Knoblauch zu den Kartoffeln geben. Salzen und pfeffern. Die gerösteten, zerstoßenen Haselnüsse und das Stärkemehl einarbeiten.

■ Die Kartoffelmasse in die Form geben. Den Schafskäse in Späne schneiden und darüber verteilen.

■ Das Kartoffelgratin 20 Minuten im Ofen garen, bis es goldgelb ist.

■ Das Gratin kann schon am Vortag vorbereitet werden.

■ Mit Frischhaltefolie zugedeckt im Kühlschrank aufbewahren. Vor dem Servieren benötigt das Gratin dann 50 Minuten zum Garen. Zu diesem Gratin passen *diots*, Grillwürste aus der Savoie, die mit Mangold oder Kohl gefüllt sind.

Kartoffel-
Crêpes

GEMÜSEPAPRIKA

Bei uns, in der manchmal etwas grauen Normandie, sind die Gemüsepaprika vor allem ihrer leuchtenden Farben wegen so beliebt. Bei ihrem gelegentlich bitteren Geschmack scheiden sich die Geister schon eher. Auch mag manchem eine rohe grüne Paprika etwas schwer verdaulich erscheinen.

Die Frucht, die zu Unrecht »Paprikaschote« heißt, ist eigentlich eine Beere und stammt ursprünglich aus Südamerika. Sie zählt zwar zur selben Familie wie die Gewürzpaprika, doch besitzt sie kein Capsaicin und ist deshalb mild im Geschmack.

Neben ihrem sensationell hohen Vitamin-C-Gehalt, der selbst den von Zitrusfrüchten übertrifft, besitzen Paprikaschoten als einzige Gemüseart das nach ihnen benannte Vitamin P in beachtlichen Mengen. Vitamin P regt den Blutkreislauf an und steuert den Blutdruck, indem es die Durchlässigkeit der kapillaren Blutgefäße reguliert. Daneben enthalten Paprika auch wichtige Mineralstoffe. Die meisten »eckig-spitzen« Paprikafrüchte werden heute in den Niederlanden unter Glas gezogen: Nach Frankreich werden unreife Früchte exportiert, die eine zufriedenstellende Größe erreicht, aber noch kein Fruchtfleisch produziert haben. Wer reife, gute Früchte sucht, sollte deshalb schwere Paprika wählen. Paprika sind zunächst grün und nehmen mit zunehmender Reife eine rote, gelbe oder orange Farbe an. Bei der Reifung mildert sich ihr Geschmack und erhöht sich ihr Vitamin-C-Gehalt.

Die »länglich-spitzen« Sorten stammen häufig aus Italien oder Spanien: Sie eignen sich am besten für Gerichte im Schmortopf. Zum Grillen wählen Sie eher rote Paprika mit dickerem Fruchtfleisch aus. Paprika lassen sich leicht häuten, wenn sie vorher 15 Minuten unter häufigem Wenden im Ofen gebacken wurden, bis die Haut Blasen wirft. Noch einfacher geht es, wenn Sie sie nach dem Backen zehn Minuten in eine Plastiktüte geben.

Gelbe Paprika sind etwas süßer. Ich verarbeite sie gewöhnlich mit Haut roh oder gegart.

Die dekorativen Gemüsepaprika halten sich in der Obstschale bei Zimmertemperatur etwa acht Tage.

MARINIERTES PAPRIKAGEMÜSE

2 rote Paprika oder 1 rote und 1 gelbe
3 große Knoblauchzehen
4 EL Olivenöl
½ TL frischer Thymian
Salz und frisch gemahlener Pfeffer

Unter allen Gemüsesorten weisen Paprika den höchsten Vitamin-C-Gehalt auf. Bereits 50 g rohe Paprika, etwa in einem bunten Sommersalat, decken ¾ unseres Tagesbedarfs an Vitamin C.

FÜR 6 PERSONEN · VORBEREITUNGSZEIT: 10 MIN.
GARZEIT: 15 MIN. · MARINADE: 24 STD.

■ Die Paprika waschen, halbieren, den Stielansatz herausschneiden, Samen und Scheidewände entfernen.

■ Die ungeschälten Knoblauchzehen zusammen mit den Paprikahälften 15 Minuten dampfgaren.

■ Die roten Paprika nach Belieben enthäuten. Die Früchte in Streifen schneiden, salzen.

■ Die Knoblauchzehen der Länge nach aufschneiden, das Fruchtfleisch entnehmen und mit einer Gabel in einem Topf zerdrücken. Öl, Thymian und Pfeffer zugeben und alles kurz erwärmen.

■ Diese Marinade in einer Schüssel mit den Paprikastreifen vermischen. Abgekühlt und gut zugedeckt 24 Stunden im Kühlschrank ziehen lassen.

■ In einem luftdichten Behälter kann das marinierte Paprikagemüse 4 Tage im Kühlschrank aufbewahrt werden.

■ Die Paprika sind hervorragend als Nascherei zum Aperitif oder als kleine Vorspeise geeignet. Abgetropft lassen sie sich auch zum Auskleiden einer Form verwenden, in der dann Fleisch, Gemüse oder Getreide im Backofen gegart werden.

GEWÜRZPAPRIKA

In Espelette im Baskenland wird am letzten Wochenende im Oktober, wenn die Ringeltauben ziehen, das Pfefferschotenfest gefeiert. Hoch in den Hügeln des Labourd wird die ausgelassene Stimmung im Dorf lediglich von der unvermeidlichen Autoflut etwas gebremst. Die Lebendigkeit der baskischen Traditionen ertönt aus den Gesängen der Männer, die sich um die Kirche versammelt haben. Das warme Timbre ihrer Stimmen dringt bis zu den mit Girlanden roter Pfefferschoten geschmückten Häusern. Diese tragen noch heute die traditionellen Namen wie *etchegorry*, *etcheto* oder *etcheberry* (»rotes Haus«, »kleines Haus«, »neues Haus«). Auf der Skala, die die Gewürzpaprika mit einer Schärfenote von eins bis zehn bewertet, rangieren die Chilis aus Espelette weit unter dem Tabasco, der selbst nur Platz fünf besetzt. In den oberen Rängen thronen die Früchte aus den Anden.

Gewürzpaprika oder Chili – die scharfen Schoten gehören alle zu den *Capsicum*-Gewächsen. Die Paprikaschote von Espelette, das weit verbreitete *capsicum annuum*, wurde im 17. Jahrhundert zunächst mit der Herstellung von Schokolade in Bayonne in Verbindung gebracht. Tatsächlich wurde die aus Mexiko stammende Schokolade ursprünglich mit Chilis gewürzt. Heute werden in der Gegend um Espelette im Schutz der Hügel etwa 200 000 Pflanzen gezogen, die jeweils etwa 25 bis 30 Früchte liefern. Zu Hause lässt sich mit getrockneten Gewürzpaprika, Kastanien und bunten Blättern etwas Herbststimmung ins Zimmer bringen. Ich habe die kleinen Paprikaschoten auch schon als Messerbänkchen zweckentfremdet und mit ihnen einen Kranz an der Eingangstür dekoriert.

Für unsere zarten Gaumen sind die Gewürzpaprika aus Espelette durchaus scharf genug: Sie verleihen einem Schmorgericht oder einer Marinade die nötige Würze und harmonieren auch gut mit Tomaten in einer Piperade.

TOMATENSAUCE MIT GEWÜRZPAPRIKA

1 kg Eiertomaten
1 Knoblauchzehe
1 Zwiebel
1 Selleriestange, gewaschen
2 rote Gewürzpaprika (Chilis)
3 EL Olivenöl
1 TL Zucker
Paprikapulver
2 TL Salz

FÜR 10 PERSONEN · VORBEREITUNGSZEIT: 15 MIN.
GARZEIT: 20 MIN.

■ Die Tomaten kurz überbrühen, die Haut abziehen. Tomaten klein hacken. Knoblauch und Zwiebel schälen, fein hacken. Den Sellerie und die Gewürzpaprika putzen und waschen.

■ Das Öl in einer Kasserolle heiß werden lassen, Zwiebeln und Knoblauch glasig schwitzen. Die Gewürzpaprika, Tomaten und die halbierte Selleriestange mit sautieren. Mit Salz, Zucker und einer Prise Paprikapulver würzen.

■ Die Sauce zugedeckt etwa 20 Minuten köcheln lassen. Die Gewürzpaprika und die Selleriestange entfernen. Im Mixer kann die Sauce bei Bedarf noch püriert werden.

■ Die Tomatensauce passt hervorragend zu Getreidegerichten oder Teigwaren. In einem geschlossenen Behälter lässt sie sich gut 3–4 Tage im Kühlschrank aufbewahren. Im Sommer empfiehlt es sich, eine größere Menge zu bereiten und diese portionsweise einzufrieren.

MYRRHENKERBEL

Am Lautaretpass gegenüber des Meije-Massivs befindet sich ein wunderbares Alpinum, wo alle Gebirgspflanzen dieser Welt versammelt sind. Der Garten ist auch Besuchern zugänglich. Als ich meine Bewunderung für ein besonders kräftiges Exemplar der *Myrrhis odorata*, des Myrrhenkerbels nicht verheimlichen kann, bietet mir der Leiter des Gartens José Lestani einige Setzlinge für meinen eigenen Garten an. Wer aber gleich den ganzen Garten mitnehmen will, dem empfehle ich eher eine Foto- oder Videokamera, mit der die unzähligen Pflanzen und Blüten, die an diesem herrlichen Ort gedeihen, nach Lust und Laune festgehalten werden können.
Der Myrrhenkerbel wird heute nicht mehr gezogen. In feuchten Wiesen und Bergwäldern entdecken wir noch seine großen blassgrünen Blätter, die an Farne erinnern, und die ausladenden weißen Blütendolden. Seine Blätter, Stengel und Samen besitzen einen stark an Anis erinnernden, süßen Geschmack. Kinder können sie wie Bonbons lutschen. Myrrhenkerbel vermag die Säure von Früchten zu mildern und wurde früher Rhabarber- und Johannisbeerkonfitüren und -kompott beigegeben.
Mein amerikanischer Schwiegervater André brachte mir eines Tages hochprozentigen Alkohol (90 % Vol.) aus Italien mit: Ich gab diesem einige Stengel, Blätter und Samen Myrrhenkerbel bei und ließ alles vom Sommer bis Weihnachten ziehen. Heiligabend habe ich diesem Kräuterelixir noch Zuckersirup zugefügt und seitdem genießen wir den köstlichen Likör, der ein wenig an den Chartreuse-Kräuterlikör erinnert.

WERMUT

Auch wenn das Bereiten eines guten Obstwassers keineswegs nur den Bergbauern vorbehalten ist, so scheint diese Tradition bei ihnen doch noch besonders lebendig zu sein: Aus Wildblumen stellen sie ihren eigenen Kräutergeist her, der dann nach einem guten Essen am prasselnden Kaminfeuer gereicht wird. Der Wermutgeist ist eine typische Blüte dieser kleinen Familientradition. Die Gastfreundschaft tut dann ein Übriges und lässt auch den durchfrorenen Wanderer bei einem Gläschen Hausgemachtem wieder richtig warm werden. Das Rezept lässt sich im Übrigen auch erfolgreich mit Engelwurz, Myrrhenkerbel, wildem Fenchel aus der Provence, Verbene, Anis oder Melisse abwandeln.

WERMUTGEIST

20 Blüten vom Wermutkraut
500 ml Alkohol (90 % Vol.)
750 ml Quellwasser
350 g Zucker

FÜR ETWA 1,5 LITER OBSTWASSER
VORBEREITUNGSZEIT: 5 MIN. (OHNE DAS PFLÜCKEN) · RUHEZEIT: 40 TAGE

- Die Blüten in ein Einmachglas geben, den Alkohol angießen, verschließen und mindestens 40 Tage ziehen lassen.
- Das Quellwasser mit dem Zucker 5 Minuten kochen, vom Feuer nehmen. Dem lauwarmen Wasser den gefilterten Alkohol beigeben.
- Den Wermutgeist in Flaschen füllen und mit Freunden genießen.
- Das Rezept kann auch mit 500 ml Alkohol von 40 oder 50 % Vol. (beispielsweise Wodka oder Korn) abgewandelt werden: In diesem Fall nur 400 ml Wasser und ebenfalls 350 g Zucker verwenden.

PREISELBEEREN

An den niedrigen Sträuchern mit kleinen rundlichen, glänzenden Blättern leuchtet das Rot der Preiselbeeren richtiggehend auf. Die Früchte haben einen sauren Geschmack und werden immer zu Konfitüre oder Gelee verarbeitet. Als Beilage zu Wild werden sie als Kompott gereicht.
In den Ländern des Nordens gehören Preiselbeeren zum Rentierbraten, sie passen aber ebenso zu Räucherheringen. Das nordamerikanische Thanksgiving-Fest ist ohne Truthahn und die größeren Verwandten unserer Preiselbeeren, die kanadischen *canneberges* oder die amerikanischen *cranberries* undenkbar.
Preiselbeeren benötigen nur eine Garzeit von etwa sieben Minuten, bis sie gelieren. Dieses Gelee können Sie in kleine Tassen oder Förmchen füllen und es dann zu Dekorationszwecken problemlos stürzen und etwa zu Grießpudding oder Eis, aber auch zu einem Wildgericht reichen. So kommen Sie gleichzeitig in den Genuss der großzügigen Mengen an Vitamin C, die in Preiselbeeren enthalten sind.
Das industrielle Tiefkühlen roter Beeren ist heute bereits weit entwickelt. Die Technik des Schockfrostens bewirkt, dass (im Gegensatz zum privaten Tiefkühlgerät) innerhalb kürzester Zeit extrem niedrige Temperaturen herbeigeführt werden können, wobei nur winzige Kristalle entstehen und die Beeren nach dem Auftauen besonders gut erhalten bleiben.
Da bei selbst gepflückten Beeren nach wie vor die Gefahr einer Übertragung des Fuchsbandwurms besteht, ist es ratsam, die Früchte vor dem Verzehr sehr sorgfältig zu waschen und sie nur gekocht zu genießen.

BLÄTTERTEIGTASCHE MIT PREISELBEEREN

FÜR 6 PERSONEN · VORBEREITUNGSZEIT: 20 MIN. · GARZEIT: 25 MIN.

200 g Preiselbeeren oder Cranberries
200 ml Quellwasser
120 g Zucker
250 g Blätterteig (mit Butter hergestellt)
1 EL Milch
2 EL brauner Zucker

■ Den Ofen auf 240 °C vorheizen. Das Wasser mit dem Zucker 5 Minuten kochen. Die Preiselbeeren hinzugeben und 5–6 Minuten garen. Vorsicht, die Mischung kocht schnell auf.

■ Mit einem Holzlöffel einen Geliertest machen. Wenn die Mischung fest genug ist, sofort den Kochprozess beenden und abkühlen lassen.

■ Den Blätterteig sehr fein ausziehen, ohne eine perfekte runde oder quadratische Form anzustreben. Die gesamte Oberfläche mit einer Gabel einstechen.

■ Das Preiselbeerkompott auf einer Hälfte verteilen. Ringsum einen Rand von 1 cm lassen. Diesen mit Milch bepinseln. Die freie Teighälfte über die Preiselbeeren falten und die Ränder mit den Fingern zusammendrücken.

■ Die Oberseite mit braunem Zucker bestreuen und die Blätterteigtasche 25 Minuten im Ofen backen. Gegen Ende der Backzeit darauf achten, dass der Blätterteig nicht zu stark Farbe annimmt. Eventuell mit Alufolie abdecken. Bei kleinen Taschen die Backzeit um 7–8 Minuten verringern. Das Gebäck lauwarm servieren.

■ Das Preiselbeerenkompott kann in einem luftdichten Behälter bis zu 8 Tagen im Kühlschrank aufbewahrt werden.

WALDERDBEEREN

Auf der Suche nach Walderdbeeren führte uns Myriam im vergangenen Sommer in einen 500 Jahre alten Zirbelkieferwald. Nach stundenlangem mühsamem Sammeln an grasigen Hängen brachten wir schließlich ein Kilo der kleinen Früchte zusammen. Die kostbare Ausbeute sollte einige Gläschen Marmelade ergeben, die wir verschenken wollten.
Doch wie groß war die Enttäuschung, als wir sie probierten. Die Bitterkeit der Walderdbeeren, die kaum spürbar ist, wenn sie frisch verzehrt werden, sondern eher zu ihrem unvergleichlichem Aroma beiträgt, hatte sich durch das Kochen intensiviert. Hatten wir zu wenig Wasser hinzugefügt? Sie hatten kaum Kochsaft abgegeben. Auf jeden Fall ist eine Mischung aus Garten- und Walderdbeeren zu gleichen Teilen für Marmeladen empfehlenswerter.

BROMBEEREN UND MAULBEEREN

Das beste Aroma besitzen Brombeeren, wenn sie noch nicht ganz reif sind. Sie sind auch für Kinderhände leicht zu pflücken und haben eigentlich nur zwei Mängel: Sie wachsen an stacheligen Ranken (mit Ausnahme der gezüchteten Arten) und hinterlassen unschöne Flecken. Kinder helfen gerne beim Pflücken, vor allem wenn der Brombeersaft als Kriegsbemalung dienen darf. Wie alle roten Früchte besitzen Brombeeren reichlich Vitamin B und C. Besonders zeichnen sie sich jedoch durch ihren hohen Gehalt an Provitamin A (Karotin) aus, der höher ist als bei allen anderen Beerenfrüchten.

Der weibliche schwarze Maulbeerbaum bringt himbeergroße Früchte hervor, die gleichermaßen süß und säuerlich sind. Sie lassen sich wie Brombeeren zubereiten. Der dekorative Baum mit großem Laub, der im Kaukasus und in der Mittelmeerregion beheimatet ist, wurde früher gewöhnlich in die Nähe des Hühnerstalls gepflanzt, dem er so Schatten spendete. Ein wenig in Vergessenheit geraten wartet der Maulbeerbaum heute im Biologischen Institut von Porquerolles auf seine Wiederentdeckung.

KNUSPRIGER QUARKKUCHEN MIT WALDERDBEEREN

FÜR DEN TEIG:
Butter für die Form
120 g trockene Butterkekse
60 g Zucker
80 g flüssige Butter

FÜR DEN BELAG:
500 g Quark
60 g weiche Butter
50 g Zucker
30 g Maisstärke
5 Eier
1 unbehandelte Zitrone
550 g Walderdbeeren und/oder andere rote Früchte (Blaubeeren, Himbeeren)

Ringform von 2 l Fassungsvermögen

FÜR 8 PERSONEN · VORBEREITUNGSZEIT: 20 MIN. GARZEIT: 30 BIS 35 MIN.

■ Den Ofen auf 200 °C vorheizen und die Form buttern.

■ Die Kekse zerkrümeln und mit dem Zucker und der zerlassenen Butter mischen. Mit diesem Teig den Boden und die Ränder der Form auskleiden.

■ Für den Belag 100 g Quark mit der Butter mischen, dann den Rest des Quarks, Zucker und Maisstärke hinzugeben.

■ Die Eier einzeln mit der Mischung verschlagen. 1 TL abgeriebene Zitronenschale und 2 EL Zitronensaft unterrühren. 250 g der schönsten Früchte beiseite stellen, den Rest unter die Quarkmischung rühren.

■ Die Quark-Obst-Masse in der Form auf dem Teig ausbreiten. Den Kuchen 10 Minuten im Ofen backen. Die Hitze auf 170 °C reduzieren und weitere 20–25 Minuten backen. Der Kuchen sollte innen noch weich sein.

■ Den Quarkkuchen abkühlen lassen und aus der Form lösen. Die Mitte des Kuchens mit den restlichen Früchten garnieren.

BLAUBEEREN

In den Bergen war die Blaubeerernte früher ein großes Unternehmen. François erzählte mir, wie sein Großvater im Alter von zehn Jahren mit anderen Jungen loszog. Sie liefen barfuß und trugen auf dem Rücken die sogenannte »trousse«, ein großes Leinentuch von anderthalb Metern Seitenlänge. Die älteren Jungen füllten das Tuch mit Blaubeeren, dann knotete er das Tuch zusammen und trug es mit etwa zehn Kilo Früchten den Berg hinunter bis zur Straße, wo die Händler ihm die Früchte abkauften. Dafür bekam er Brot, Käse und einen Liter Milch pro Tag.
Für uns ist das Blaubeerensammeln oft Anlass für einen Spaziergang. Dabei streifen wir stundenlang die kleinen Sträucher mit unseren Metallkämmen ab und freuen uns an dem Geräusch der in die Holzbehälter fallenden Beeren.
Blaubeeren werden heute an Hügeln und Bergflanken gezüchtet und stellen für manche Bergbauern eine ernst zu nehmende Einnahmequelle dar. Auch die Blaubeeren mit weißem Fruchtfleisch erfreuen sich zunehmender Beliebtheit: Die knackige Frucht hinterlässt keine unerwünschten Farbspuren und kann bis zu einer Woche in einem Behälter kühl gelagert werden. In Essig eingelegt ergibt sie eine aromatisch süßsäuerliche Beilage.
Blaubeeren enthalten neben Vitamin B und C auch ein Pigment, das das Sehvermögen bei Nacht verbessert.

CRÈME BRÛLÉE MIT BLAUBEEREN

FÜR 8 PERSONEN · VORBEREITUNGSZEIT: 15 MIN. · GARZEIT: 1 STD. 15 MIN. BIS 1 STD. 30 MIN.

Öl für die Förmchen
200 g eingemachte Blaubeeren, abgetropft, oder frische, gewaschen
250 ml Milch
250 ml Sahne
Einige Blätter Myrrhenkerbel, Zitronenmelisse oder Duftpelargonie mit Zitronenduft, nach Belieben
6 besonders frische Eidotter
75 g Zucker

■ Den Ofen auf 130 °C vorheizen. In einem tiefen Blech ein Wasserbad vorbereiten. Kleine Portionsförmchen ölen. Die Blaubeeren in die Förmchen aufteilen.

■ Milch und Sahne zum Kochen bringen. Nach Belieben die Kräuterblätter als Aroma zugeben und im geschlossenen Topf 5 Minuten ziehen lassen, dann entfernen.

■ In einer Schüssel die Eidotter 2 Minuten mit dem Zucker schaumig schlagen. Milch und Sahne durch ein Sieb auf die Mischung gießen, kurz verschlagen und in die Förmchen verteilen.

■ So sanft wie möglich im Wasserbad garen, damit die Mischung cremig bleibt (im Unterschied zur Crème caramel): Die Temperatur sollte unter 150 °C bleiben, je nach Ofen kann die Garzeit bis zu 15 Minuten länger dauern. Zu dem Dessert, das lauwarm serviert wird, passt etwas Teegebäck.

■ Die Crème brûlée kann am Vortag zubereitet und im Kühlschrank aufbewahrt werden. Kurz vor dem Servieren im Ofen leicht erhitzen oder mit Zucker bestreuen und unter dem heißen Grill an der Oberfläche karamellisieren.

BROMBEERWEIN

FÜR 1 GROSSE FLASCHE · VORBEREITUNGSZEIT: 20 MIN. · GARZEIT: 10 MIN. · RUHEZEIT: 4 TAGE

500 g nicht zu reife Brombeeren
200 g Puderzucker
750 ml Rosé d'Anjou
100 ml Alkohol (90 % Vol.) oder 200 ml Obstwasser (45 % Vol.)

■ Die Früchte in einem Topf mit dem Zucker vermischen, knapp mit Wein bedecken und 48 Stunden im Kühlschrank ziehen lassen. Den restlichen Wein in der verschlossenen Flasche aufbewahren.

■ Die Mischung 5 Minuten erhitzen. Durch ein Passiersieb, dann durch ein feines Sieb streichen. Den restlichen Wein und den Alkohol zugießen. Anschließend durch ein mit einem Mulltuch ausgelegtes Sieb filtern. Den Brombeerwein in eine Flasche füllen, verschließen und im Kühlschrank lagern.

■ Der Wein kann am nächsten Tag genossen werden. Er hält sich etwa 1 Monat.

WALNÜSSE

Im KaDeWe in Berlin, wo die Lenôtre-Produkte auch erhältlich sind, haben unsere Marktforscher immer alle Hände voll zu tun. In Deutschland stellen Brot und Hefegebäck eine Kunst für sich dar und dennoch findet ausgerechnet unsere Bäckerei großen Zulauf. So war es auch ein voller Erfolg, als unsere ersten Rosinen- und Walnussroggenbrote aus dem Holzofen kamen.
Ende September sind Walnüsse zunächst ein Frühobst. Im Herbst liegen sie dann zu hunderten unter den Walnussbäumen. Frische Nüsse besitzen einen hohen Feuchtigkeitsgehalt, sie werden am besten an einem kühlen, gut durchlüfteten Ort gelagert. Die Haut ist etwas bitter und muss entfernt werden. Mit einem kleinen Trick können die Nüsse aber auch ungeschält verzehrt werden: Brechen Sie die Schalen auf, legen Sie die Nusshälften 30 Sekunden lang in kochendes Wasser und lassen Sie sie dann 30 Minuten abtropfen. Erhitzen Sie die Nüsse anschließend unter häufigem Wenden in einer heißen Pfanne. Die Kerne nehmen Farbe an und die Haut löst sich von allein. Brechen Sie den Vorgang nach fünf Minuten ab, wenn die Nüsse zu rauchen beginnen, und lassen Sie sie abkühlen.
Walnüsse sind wahre Energiebomben, sie sind reich an mehrfach ungesättigten Fettsäuren, an Eiweiß und an Vitamin B und E. Für herzhafte Zubereitungen reicht es, die Nüsse in einem guten, hitzebeständigen Öl aufzubewahren. Sie werden gut abgetropft eine Minute lang in der Pfanne erhitzt und anschließend dem Gericht beigegeben.

In einem Glas mit flüssigem Honig eingelegt lassen sich Walnusskerne bis zu einem Jahr im Kühlschrank lagern. Sie können dann bei Bedarf jederzeit die gewünschte Menge entnehmen.

Zu kalten Fleischspeisen passen am besten frische Walnüsse, die mit grobem Salz bestreut, mit frischem Saft von weißen Trauben leicht angefeuchtet und mit frisch gehackten Küchenkräutern gewürzt wurden.
Walnussöl ist reich an zweifach ungesättigten, essenziellen Fettsäuren und kräftigt die Hirnfunktionen. Es lässt sich gut in kleinen lichtundurchlässigen Flaschen aufbewahren und sollte innerhalb von drei Monaten verbraucht werden. Walnusswein ergibt ohne weitere Zutaten einen hervorragenden Aperitif.

WEIHNACHTSGEWÜRZKUCHEN MIT WALNÜSSEN

FÜR DIE ERSTE MISCHUNG:
100 g Walnüsse, gehackt
100 g Haselnüsse, gerieben
250 g helle Rosinen und Korinthen, gemischt
2 EL Rum

FÜR DIE ZWEITE MISCHUNG:
175 g weiche Butter
180 g Puderzucker
2 große Eier
250 g Quark (Fettgehalt 40 %), gut abgetropft und glatt gerührt
Schale einer unbehandelten Zitrone
1 Prise Salz

FÜR DIE DRITTE MISCHUNG:
400 g Weizenmehl
150 g Vollwertmehl
2 Päckchen Backpulver
1½ TL Kardamom, 2 TL *quatre épices* (siehe Seite 22) und
2 TL Mohn, gemischt oder
2 TL Ingwer, 2 TL Zimt und
2 TL gemahlene Vanilleschote

FÜR 2 GEWÜRZKUCHEN VON JE 800 G
VORBEREITUNGSZEIT: 15 MIN. · RUHEZEIT: 1 STD.
GARZEIT 1 STD BIS 1 STD. 10 MIN.

■ In einer großen Schüssel alle Zutaten der ersten Mischung vermengen und 1 Stunde ruhen lassen.
■ Die Zutaten der zweiten Mischung in die Rührschüssel der Küchenmaschine geben und 5 Minuten schaumig rühren.
■ Die Zutaten der dritten Mischung in eine Schüssel geben und ebenfalls gut vermischen.
■ Den Ofen auf 160 °C vorheizen. Das Backblech mit Backpapier auslegen. Die Hälfte der dritten Mischung zügig unter die zweite Mischung rühren. Die andere Hälfte der dritten Mischung mit der ersten vermengen. Anschließend beide Bereitungen kräftig miteinander vermischen. Mit bemehlten Händen zwei längliche Laibe formen und diese auf das Backblech legen.
■ 60–70 Minuten backen. Den Gewürzkuchen abkühlen lassen und mit Puderzucker bestreuen.
■ Gut verpackt hält sich der Weihnachtskuchen bis zu 15 Tage.

Wenn zwischen Ende Juli und etwa Ende Oktober frische Haselnüsse angeboten werden, können noch einmal richtig Energie und Vitamine getankt werden. Bei kühler Lagerung halten sich die Kerne dann gut bis zur Weihnachtsbäckerei.

HASELNÜSSE

Der Duft von Haselnüssen, die im Ofen geröstet werden, lässt mir noch heute das Wasser im Mund zusammenlaufen. Zu Hause bei den Lenôtres war dies der erste Schritt bei der Zubereitung eines Pralinés und niemand ließ sich die Gelegenheit entgehen, eine Nuss zu naschen und sich zu ihrer Qualität zu äußern. In unseren Kleidern blieb dieser herrliche Duft noch tagelang hängen. Eine gute Haselnuss muss ihre Schale richtig ausfüllen. Wählen Sie auch immer die größeren Exemplare aus. Wenn es in der Schale klappert, ist die Nuss trocken. Ein Haselnussstrauch braucht etwa zehn Jahre, bis er Früchte produziert, und trägt dann 40 bis 50 Jahre lang. In Frankreich nimmt die Produktion stetig zu: So lieferte im Jahr 1994 allein der Südwesten bereits 4000 Tonnen. Haselnüsse sind kalorienreich, aber leichter verdaulich als Walnüsse. Ihr Ernährungswert ist groß: Sie sind reich an Lipiden, enthalten zahlreiche Mineralstoffe sowie Vitamin B und einen besonders hohen Anteil an Vitamin E. Haselnüsse sind dem Wachstum förderlich und deshalb besonders in der Ernährung von Kindern und Heranwachsenden wichtig. Trotz des enthaltenen Zuckers werden Haselnüsse auch Diabetikern empfohlen.

GERÖSTETE HASELNÜSSE

GARZEIT: 5 MIN.

150 g Haselnüsse
Antihaftbeschichtete Pfanne

■ Die Haselnüsse 5 Minuten ohne Fett in einer Pfanne auf heißer Flamme rösten, dabei die Pfanne regelmäßig schwenken. Die ganze Küche ist von ihrem Duft erfüllt. Es entsteht leichter Rauch.

■ Die Nüsse in ein etwas raues, sauberes Handtuch geben und die Haut abreiben.

■ Die Nüsse können entweder so verwendet oder in einem kleinen Plastikbeutel mit einem Nudelholz oder einer Flasche zerdrückt werden.

■ In geriebenem Zustand schließlich können die Haselnüsse auch zu Kuchen oder Konfekt verarbeitet werden.

HASELNUSSPLÄTZCHEN

FÜR 60 PLÄTZCHEN · VORBEREITUNGSZEIT: 30 MIN. · RUHEZEIT: 1 STD. · GARZEIT: 40 MIN. PRO BLECH

150 g Haselnüsse, geröstet
200 g Butter
200 g Puderzucker
150 g Mehl
150 g Reismehl
1 großes Eigelb
1 EL Zucker
1 EL *quatre épices* (siehe Seite 22), gemahlen
Feines Salz

■ 50 g zerstoßene Haselnüsse beiseite stellen. Die restlichen Nüsse fein reiben.

■ Die Butter in kleine Stücke schneiden und in der Rührschüssel der Küchenmaschine mit dem Puderzucker und 1 TL Salz ½ Minute auf niedriger Stufe vermengen. Die geriebenen Nüsse, dann das Mehl zufügen. Kurz verkneten, dabei das Mehl mit einem Spatel zur Mitte führen. In die grobe Mischung das Eigelb einarbeiten.

■ Die Hände und die Arbeitsfläche leicht bemehlen.

■ Den Teig in vier oder fünf Kugeln teilen. Diese jeweils zu einer Rolle formen. Die Teigrollen mindestens 1 Stunde im Kühlschrank ruhen lassen.

■ Den Ofen auf 180 °C vorheizen. Auf der sauberen Arbeitsfläche, die *quatre épices* und die zerstoßenen Nüsse mit einem EL Zucker vermischen.

■ Die Teigrollen in gleichmäßige Scheiben schneiden und diese in der Gewürzmischung wenden.

■ Zwei Bleche mit Backpapier auslegen und die Plätzchen darauf verteilen.

■ Die Haselnussplätzchen 20 Minuten backen. Gelegentlich überprüfen, ob die Plätzchen von unten nicht zu viel Farbe annehmen.

■ Die Haselnussplätzchen abkühlen lassen.

■ Die Plätzchen halten sich in einer Dose an einem trocknen Ort bis zu 8 Tage.

Haselnussplätzchen

ESSKASTANIEN UND MARONEN

Esskastanien und Maronen sind frische Früchte, die zwischen Mitte September und Ende November geerntet werden. Sie mögen es kühl und feucht, sollten aber vor dem Schälen höchstens fünf bis sechs Tage im Kühlschrank gelagert werden. Hinter der stacheligen Schale der Esskastanie verbergen sich zwei bis drei Früchte, die durch eine Haut getrennt sind, während die essbare Marone, eine verbesserte Sorte, nur eine einzige Frucht enthält. Im Französischen wurde die Kastanie früher auch »Brotbaum« genannt, da die Zusammensetzung ihrer Früchte der des Weizens ähnlich ist und zur Herstellung von Mehl verwendet werden kann. Kastanien sind in der Tat sehr nahrhaft: Sie enthalten 40 % Kohlehydrate, Proteine, Lipide und Mineralstoffe sowie die Vitamine B1, C und E.
Als der junge Gaston Lenôtre im Jahr 1933 bei Monsieur Alabarbe in der Lehre war, trafen die Maronen aus der Gegend der Ardèche am 1. Dezember ein: Das Kandieren konnte beginnen. Die überbrühten Kastanien wurden zunächst von den Männern geschält, die Frauen entfernten dann mit einem scharfen Messer die Häutchen. Nun konnten sie langsam in die mit Vanille aromatisierte Zuckermasse getaucht werden, die die ganze Küche mit ihrem Wohlgeruch erfüllte.
Heute werden an der Ardèche und in der Corrèze stattliche 11 000 Tonnen schönster Maronen produziert. Wer einen Kamin und eine alte Pfanne besitzt, kann mit ihnen regelrechte Glücksmomente herbeizaubern: Richten Sie im Kamin ein wenig Glut her, schlitzen Sie die Maronen an einer Seite auf und erhitzen Sie sie 10 bis 15 Minuten in einer Pfanne unter häufigem Schwenken. Die heißen Maronen werden von jedem selbst geschält und zu einem kleinen Glas Wermutgeist genossen.

Sammeln Sie die größten und schwersten Esskastanien und bewahren Sie sie bis zum Schälen an einem kühlen Ort in einem Plastikbeutel auf.

MARONENKROKETTEN

FÜR 6 PERSONEN · VORBEREITUNGSZEIT: 30 MIN. · GARZEIT: ETWA 30 MIN.

250 g Maronen, geschält (siehe Seite 69)
200 ml Milch
1 TL Dillsamen
Salz
Frisch gemahlener Pfeffer
60 g Butter
80 g Mehl
3 Eier
Frittieröl

■ Die Maronen in der Milch mit den Dillsamen und je ½ TL Salz und Pfeffer etwa 15 Minuten garen. Bei Bedarf etwas Flüssigkeit beigeben. Vom Feuer nehmen und beiseite stellen.

■ Einen Brandteig bereiten: 200 ml Wasser mit der Butter und 2 TL Salz zum Kochen bringen. Vom Feuer nehmen und das Mehl auf einmal zugeben. Kräftig mit einem Holzspatel rühren, bis ein sehr glatter Teig entsteht. ½ Minute lang erneut unter Rühren erhitzen, bis sich der Teig vom Topfboden löst. Den Teig bei schwacher Hitze noch ½ Minute lang weiterrühren. Er soll dadurch trocken, aber nicht rissig werden. Den Teig in eine vorgewärmte Schüssel umfüllen und die Eier einzeln kräftig unterschlagen.

■ Die Maronen abgießen. 50 g davon zerkleinern und beiseite stellen. Die restlichen pürieren und in den Brandteig einarbeiten. Dann die beiseite gelegten Maronen zufügen.

■ Das Öl in einer Fritteuse erhitzen. Mit zwei Teelöffeln Teigbällchen formen und in Portionen von fünf Bällchen in das heiße Fett geben, ohne dass sie sich berühren. 3 Minuten frittieren, dann wenden. Sie nehmen relativ schnell Farbe an. Auf Küchenkrepp abtropfen lassen.

■ Die Kroketten passen gut zum Aperitif, können aber auch mit Preiselbeer- oder Apfelkompott als Beilage zu Wild, Fisch oder Geflügel gereicht werden.

■ Der Teig kann einige Stunden im Kühlschrank aufbewahrt werden. Die fertigen Kroketten können auch eingefroren und später ausgebacken werden.

KANDIERTE MARONEN

VORBEREITUNGSZEIT: 40 MIN. · GARZEIT: 40 BIS 50 MIN.

1,2 kg Maronen
750 g Puderzucker
1 Vanilleschote
1 EL frisch geriebener Ingwer

■ Zunächst ein Verfahren zum Schälen der Maronen, bei dem man sich nicht die Finger verbrennt und die Maronen auch nicht zu Brei werden:

■ Die Maronen waschen. Mithilfe eines kleinen spitzen Messers an einer Seite aufritzen, vom hellen Fleck bis zur Spitze. In einem kleinen Topf Wasser zum Kochen bringen. 300 bis 400 g Maronen hinzugeben und aufkochen lassen. Jeweils fünf bis sechs Früchte mit einem Schaumlöffel entnehmen und in einen Plastikbeutel füllen. Einige Minuten warten, bis sie feucht, aber nicht mehr kochend heiß sind, und sie dann schälen. Jetzt lässt sich problemlos sowohl die Außenschale als auch die innere gelbe Haut entfernen. Das Verfahren wiederholen, bis alle Maronen geschält sind.

■ 500 ml Wasser mit dem Zucker, der längs aufgeritzten Vanilleschote und dem Ingwer zum Kochen bringen. Die Maronen hinzugeben.

■ 30–40 Minuten simmern lassen. Ein Teil der Früchte wird glasig, der Sirup nimmt eine goldene Farbe an.

■ Die kandierten Maronen mit etwas Sirup in sterilisierte Gläser füllen, verschließen und auf den Deckel stellen.

■ Kandierte Maronen können etwa 2 Monate an einem kühlen Ort gelagert werden. Sie bilden eine köstliche Ergänzung zu einem Birnensorbet mit heißer Schokoladensauce.

EIN PARADIES IN DEN TROPEN

Jinky stellt ihren mit Bananenblättern ausgekleideten Korb neben sich und bündelt mit wenigen geschickten Griffen einige Zwiebeln, die sie soeben aus der Erde gezogen hat. Dann erntet sie sechs Süßkartoffeln und wählt ein paar wunderbar reife Mangos und Papayas aus. Sie schneidet noch zwei Ananas mit besonders dekorativen Kronen und pflückt in Reichweite Avocados vom Baum. Ihr Korb ist jetzt eine wahre Augenweide.

An der Straßenkreuzung hupt der Bus schon, sie erreicht ihn in letzter Sekunde. Er ist übervoll, doch sie setzt sich auf das flache Dach und nimmt den Korb zwischen die Knie.

Es ist jetzt sechs Uhr morgens. Die Sonne erhebt sich über einer fernen Bergspitze und scheint zwischen den Kokospalmen hindurch. Der ausgiebige Regen der vergangenen Nacht hat große Pfützen hinterlassen, die der Busfahrer zur großen Freude der Fahrgäste allesamt geschickt zu umschiffen versucht.

Ringsum zeigt sich eine großartige Landschaft. Ein wahrer Garten Eden, grün und üppig, der das ganze Jahr über von der Sonne verwöhnt wird. Zumindest gilt dies bis zum nächsten Taifun. Dieser wird die kleinen Landparzellen wieder verwüsten, die Palmen wie Streichhölzer umknicken und Karawanen von Obdachlosen in die Großstädte treiben. Inseln wie diese, auf der Jinky mit ihrem kleinen Sohn Thomas lebt und die Früchte ihres paradiesischen Gartens erntet, lassen sich überall in den tropischen Meeren entdecken.

Den Frauen gewidmet, die ihren Garten umsorgen wie ihre Kinder…

Jinky bietet nun auf dem Markt ihr frisch gepflücktes Obst und Gemüse zum Verkauf an. Ein großer Strohhut schützt sie vor der Sonne. Sie schält eine Ananas, führt das Messer spiralförmig um die Frucht, entfernt die Augen und schneidet die Frucht in dünne Scheiben, die sie auf schmale Holzspieße aufreiht und als frische, saftig-süße Köstlichkeit anbietet. Nichts wird mit den Fingern berührt, ein großes Bananenblatt schützt die Frucht.

Während sie nach Kunden Ausschau hält, freut sie sich schon darauf, am Abend den kleinen Thomas wieder zu sehen, der den Tag in der Obhut der Großmutter verbracht hat. Sie wird ihn auf den Arm nehmen und in den Garten tragen. Ein Gutenachtlied und eine Massage mit Blütenöl wird ihn später in seiner Bambuswiege sanft einschlummern lassen.

MEERESALGEN

Seit einigen Jahren werden im bretonischen Hafen Guilvinec immer weniger köstliche Seezungen, glänzende Makrelen und stachlige Rochen gefangen. Etwa 15 Fischer haben sich daher zunehmend auf die Zucht einer japanischen Köstlichkeit, der Wakame-Algen verlegt. Ein Schiff allein bringt jährlich bereits zwölf Tonnen Algen nach Guilvinec, etwa die ›Laitue de mer‹ mit zartgrünen großen Blättern oder die korallenrote ›Dulse‹. Vor meinem Besuch in Guilvinec zählten Algen für mich zu den exotischen Pflanzen. Als Kind hatte ich mit meinen Eltern schon algenumhüllte Sushis gegessen. Das war auf dem Fischmarkt von Tokio um acht Uhr morgens. Die Fertigkeit des Kochs hatte uns damals stärker beeindruckt als der Geschmack seiner Speisen, obwohl ich rohen Fisch durchaus mag. Bei den Pazifikvölkern ist die Algenfischerei eine alte Tradition, die ich ihnen hoch anrechne: Sie verstehen es, diese Meeresalgen zu verarbeiten und ernten sie zuhauf in der Nähe ihrer unzähligen Inseln. In westlichen Kulturen ist hingegen wenig bis nichts über die kulinarische Verwendung von Algen und ihren Nährwert bekannt. Ihr Reichtum an Mineralstoffen, Spurenelementen, essenziellen Aminosäuren und Vitaminen sollte uns jedoch überzeugen (wer sich nicht sicher ist, beginnt mit wenigen Gramm pro Tag). Ernährungsbewussten wie auch Neugierigen möchte ich die Verarbeitung von getrockneten, gepressten Algenplatten in einem Gemüsefond empfehlen. In der Bretagne werden Algen auch zu Seeteufelleber gereicht, die in ihrer Finesse einer *foie gras* in nichts nachsteht.
Ich möchte noch darauf hinweisen, dass Algen nicht an jeder beliebigen Stelle gesammelt werden können. Die Gewässer, in denen sie leben, müssen sauber sein. Die Ware, die im Handel angeboten wird, unterliegt ständigen Gesundheitskontrollen, ähnlich wie Muscheln oder Austern.

SAUCE VON MEERESALGEN

FÜR 4 PERSONEN · VORBEREITUNGSZEIT: 10 MIN. · GARZEIT: 10 MIN.

200 g Champignons, geputzt
15 g Butter
2 EL fein gehackte Schalotten
2 EL Zitronensaft
2 EL getrocknete, gepresste Meeresalge (›Laitue de mer‹)

■ Die Pilze in dünne Scheiben schneiden. Die Butter in einem Topf schmelzen, die Schalotten hinzugeben und unter Rühren 5 Minuten glasig schwitzen. Mit 4 EL Wasser ablöschen, Zitronensaft, Pilze und Algen hineingeben. Zugedeckt 5 Minuten dünsten.

■ Die Sauce passt zu pochierten oder gegrillten Fischgerichten, zu hellem Fleisch und zu gekochtem oder gedämpftem Gemüse: Blumenkohl und Brokkoli, Möhren und Mairüben, Bohnen, Zucchini, Chayoten und Lauchgemüse.

ALGEN-BLINIS

FÜR ETWA 30 BLINIS · VORBEREITUNGSZEIT: 30 MIN. · RUHEZEIT: 1 STD. · GARZEIT: ETWA 20 MIN.

250 ml Milch
15 g frische Hefe
3 Eier
4 EL getrocknete, gepresste bunte Algen
250 g Mehl
2 EL Öl
2 TL Meersalz
60 g Butter, geschmolzen
1 EL Zucker
Zitronensaft
Öl zum Backen
Antihaftbeschichtete Pfanne

■ 200 ml Milch in einem Topf anwärmen, vom Feuer nehmen und die Hefe darin auflösen. Die Eier trennen. Das Eigelb und die Algen in den Topf geben.

■ Das Mehl in eine große Schüssel geben, den Topfinhalt dazugießen und alles kräftig verschlagen. Öl und Salz, die lauwarme Butter und die restliche Milch unterschlagen. Zugedeckt 1 Stunde gehen lassen.

■ Das Eiweiß mit 3 Spritzern Zitronensaft steif schlagen. Den Zucker unterziehen, damit die Schneemasse steif bleibt. Mit einem Holzlöffel den Schnee unter den Teig heben.

■ Die leicht geölte Pfanne erhitzen. Vier Teighäuflein hineingeben, ohne dass sie sich berühren. Auf mittlerer Flamme 2 Minuten backen. Die Blinis wenden, wenn an der Oberfläche Blasen erscheinen, und weitere 1–2 Minuten backen, bis sie eine goldgelbe Farbe annehmen und weich sind. Auf diese Weise den gesamten Teig backen.

■ Die Blinis werden mit Crème fraîche und Zitronenvierteln zu Fisch und Fischrogen oder geräuchertem Fleisch gereicht. Sie können am Vorabend bereitet und eingewickelt über Dampf aufgewärmt werden.

Algen-Blinis

AVOCADOS

Meine erste exotische gastronomische Entdeckung fand in einem großen Esszimmer in der Normandie statt. Der Herr des Hauses, Paul Derly, ein begeisterter Reisender und Entdecker von pflanzlichen Raritäten, hielt in seinen großen Händen eine Frucht, von deren Vorzügen er uns vorschwärmte. Er lud uns ein, sie mit etwas Mayonnaise als Vorspeise zu verzehren. Ich war damals noch klein und wartete das Urteil meines Vaters ab. Der stellte zahlreiche Fragen, schälte die Frucht, kostete sie mit gebotener Langsamkeit und machte sich einige Notizen. Einige Zeit später hatte die Avocado auch in Paris ihren ersten Auftritt. Mittlerweile ist uns die Sorte ›Hass‹ schon wohl vertraut. Die Frucht mit der runzligen Schale hat eine rundliche Form und festes Fleisch, und lässt sich daher gut in Scheiben aufschneiden. Die birnenförmige Sorte ›Fuerte‹ zeigt eine glatte, grüne Haut. Ihr zartes Fleisch wird besonders gern zu Pürees oder Saucen verarbeitet.

Die nahrhaften Avocados besitzen neben mehrfach ungesättigten Fettsäuren auch reichlich Provitamin A, Vitamin B, E und K sowie Mineralsalze und Spurenelemente.

Die aufgeschnittenen Früchte oxydieren sehr schnell und werden am besten gleich mit etwas Zitronensaft bepinselt. In Asien reicht man sie mit Zucker bestreut als Nachspeise. Genießen Sie sie schlicht mit Salz und Pfeffer und etwas Limettensaft, der den leicht haselnussartigen Geschmack intensiviert. Probieren Sie sie gelegentlich auch mit in Essig eingelegten Haricots de mer *(Himantalia elongata)*. Dazu die Haricots abtropfen lassen und den Essigsud beiseite stellen. Mit einem Kartoffelausstecher kleine Kugeln aus dem Avocadofleisch stechen und diese einige Minuten in dem Essigsud ziehen lassen. Die Avocadokugeln am Tellerrand anrichten, die Haricots de mer in die Mitte geben, nachwürzen und gekühlt zu kleinen lauwarmen Kartoffeln reichen.

AVOCADOCREME MIT ANSCHOVIS

3 Avocados
100 g Zwiebeln
6 Anschovisfilets in Öl
Saft von 1 Zitrone
½ TL Chilisauce
Salz und Pfeffer aus der Mühle

Um unschöne braune Stellen zu vermeiden, kaufen Sie Avocados am besten noch nicht ganz reif und lassen Sie sie zu Hause in der Obstschale oder in Zeitungspapier eingewickelt nachreifen.

FÜR 6 PERSONEN · VORBEREITUNGSZEIT: 10 MIN.

■ Die Avocados halbieren, den Kern und die Schale entfernen.

■ Die Zwiebeln schälen und klein schneiden. Das Avocadofleisch mit den Zwiebeln, den abgetropften Anschovisfilets und dem Zitronensaft mischen. Mit Chilisauce, Salz und Pfeffer abschmecken.

■ Die Avocadocreme bis zum Servieren kühl stellen.

■ Zusammen mit geschälten Pampelmusenschnitzen auf kleinen Endivienblättern oder auf mexikanischen Chips ergibt diese Sauce, die ein wenig an die mexikanische Guacamole erinnert, eine köstliche Nascherei zum Aperitif.

AVOCADOS MIT PALMENHERZEN UND CASHEWS

2 große reife Avocados
100 g eingelegte Palmenherzen, ersatzweise 1 frische Fenchelknolle
4 grüne Oliven
10 Cashews
1 EL Olivenöl
Einige Spritzer Zitronensaft
Meersalz
Frisch gemahlener Pfeffer

FÜR 4 PERSONEN · VORBEREITUNGSZEIT: 10 MIN.

■ Die beiden Avocados halbieren und entkernen. Das Fleisch kreuzweise einschneiden, ohne die Schale zu verletzen. Mit Zitronensaft beträufeln, damit es sich nicht verfärbt.

■ Die Palmenherzen (oder die Fenchelknolle) und die entsteinten Oliven fein schneiden. Einige Cashews zum Dekorieren beiseite legen, die restlichen zerstoßen. Palmenherzen, Oliven und Cashews mit dem Öl vermischen. Salzen und pfeffern. Die halbierten Avocados mit der Mischung füllen und garnieren. Kühl servieren.

■ Die Vorspeise kann etwa 1 Stunde zuvor bereitet werden, die Avocados müssen dann aber reichlich mit Zitronensaft beträufelt werden. Wenn keine Palmenherzen zur Hand sind, erfüllt eine klein geschnittene Fenchelknolle den gleichen Zweck.

Avocados mit Palmenherzen und Cashews

CHAYOTEN

Lianen schlängeln sich über unsere Köpfe hinweg und die Früchte, die in Reichweite hängen, erinnern an verbeulte große grüne Birnen. Wir sind zu Besuch im Gewächshaus von Maurice Lançon in der Nähe von Angoulême. Er zieht Kürbis- und Nachtschattengewächse und andere bunte, undefinierbare Pflanzenkuriositäten. Chayoten zählen zu den Kürbisgewächsen und heißen auf den Antillen nach Kolumbus *christophines*. Sie empfehlen sich in vielerlei Hinsicht für den Speiseplan. In Größe und Gewicht (im Schnitt etwa 400 g) eignen sie sich hervorragend für ein bis zwei Personen. Auf dem französischen Markt werden sie von Oktober bis Januar angeboten (auf dem deutschen eher selten). Sie halten sich mehrere Wochen. Die geschälten Früchte können, in Scheiben geschnitten, roh zum Aperitif oder als Salat gereicht werden. Sie schmecken aber auch gebraten, als Auflauf oder gefüllt sehr gut. Chayoten besitzen wenig Kalorien, sie sind etwas fleischiger als Zucchini und verlieren beim Garen weder ihre grüne Farbe noch ihre glatte, feste Beschaffenheit. Ihr erfrischender, leicht süßlicher Geschmack harmoniert mit allerlei pikanten Gewürzen wie auch mit Zwiebeln und Knoblauch. Bei diesem Gemüse fällt fast kein Abfall an, da sogar der große Samen essbar ist.

SAUTIERTE CHAYOTEN MIT SOJASPROSSEN

FÜR 5 BIS 6 PERSONEN · VORBEREITUNGSZEIT: 10 MIN. · GARZEIT: 5 MIN.

2 Chayoten
1 Zwiebel, geschält
2 EL Olivenöl
100 g Sojabohnensprossen
2 EL Sojasauce
Pfeffer aus der Mühle

■ Die Chayoten wie Birnen vierteln. Schälen, in Scheiben schneiden, dann in Stifte. Die Samen beiseite legen.

■ Die Zwiebel klein hacken. Öl in einer Pfanne erhitzen, die Zwiebel glasig schwitzen. Die Chayoten und die Sprossen 5 Minuten bei mittlerer Hitze mitdünsten. Dabei mit zwei Holzlöffeln rühren.

■ Die Sojasauce zugeben und das Gemüse mit frisch gemahlenem Pfeffer würzen.

■ Die Chayotensamen klein schneiden und unter das Gemüse mischen. Das Chayotengemüse noch heiß auf vorgewärmten Tellern servieren.

■ Dieses einfache Rezept lässt sich natürlich noch verfeinern. Etwa mit klein gehackten Winterzwiebeln oder Champignons, die mitgegart werden, oder indem die Chayoten mit einer rosa gebratenen Scheibe Lachs serviert werden.

CHAYOTENTERRINE MIT WINTERZWIEBELN

FÜR 5 ODER 6 PERSONEN · VORBEREITUNGSZEIT: 20 MIN. · GARZEIT: 50 MIN.

2 Chayoten (à 400 g)
Butter für die Form
3 Eier
200 ml Crème fraîche
2 EL gehackte Winterzwiebel
1 TL Salz
Pfeffer aus der Mühle

■ Die Chayoten waschen und in 30 Minuten dampfgaren. Etwas abkühlen lassen, dann der Länge nach vierteln und schälen. Dabei dem Verlauf der Schale folgen.

■ Den Ofen auf 200 °C vorheizen. Eine Kastenform buttern, die Chayoten würfeln und in die Form schichten. Die Eier mit der Crème fraîche, der Zwiebel, Salz und Pfeffer verschlagen und über die Chayoten geben.

■ 30 Minuten im Ofen backen. Die gelbgrüne, leicht goldene Terrine sollte innen weich bleiben. Heiß aus der Form lösen und in Scheiben geschnitten mit einer scharf gewürzten Tomatensauce (siehe Seite 58) oder einem Chutney (siehe Seiten 92 und 154) servieren.

■ Das Gericht kann vollständig am Vortag bereitet werden. Die Scheiben nach Wunsch mit Sauce überziehen und in der Mikrowelle erhitzen.

PORTULAK

Ich entdecke Serge in seinem Gemüsegarten. Er ist beim Jäten und zeigt mir stolz den Kübel voll Unkraut, das er heute schon ausgerissen hat. Stehengeblieben ist aber der Portulak, ein durchaus erwünschtes Wildkraut, das seine dicken, fleischigen Stengel und Blätter gerne weit auf dem Boden ausbreitet. Ein kleines Menü ist schnell zusammengestellt: Eier aus dem Hühnerstall, sautierter Portulak mit Schalotten und ein Salat aus dem Garten, gewürzt mit einigen rohen, jungen Trieben Portulak. Das Kraut findet sich im Übrigen, genau wie Gänsefuß, auf der Karte seines Restaurants »La Serre« in Saint-Rémy-de-Provence.
Portulak gehört zum typisch provenzalischen gemischten Salat *mesclun*. Weitaus länger ist er bereits in Asien und Afrika beliebt, vielleicht weil sich die milde Pflanze auch gut als Bindemittel für Suppen verwenden lässt. Portulak ist zudem reich an Proteinen, Vitamin A, B und C und Mineralstoffen, vor allem Eisen.
In Frankreich lassen sich die fleischigen Blättchen südlich der Loire vom Sommer bis zum Herbst pflücken. Ihr lateinischer Name *Portulaca oleracea* deutet auf ihre Herkunft aus dem Gemüsegarten hin, wo sie sich dementsprechend wohl fühlt. Ernten Sie die Blättchen nach und nach, so macht Ihnen der Portulak den ganzen Sommer über Freude.

NEUSEELANDSPINAT

Die Anpassungsfähigkeit exotischer Pflanzen an unsere Breitengrade ist seit langem bekannt. Und dennoch war ich überrascht und zugleich begeistert, als ich bei einem Besuch auf der Insel Noirmoutier üppig wachsenden Neuseelandspinat entdeckte.
Die ursprünglich aus Neuseeland und Australien stammende Pflanze zählt zu den Eiskrautgewächsen, ist also trotz ihres Namens mit unserem Spinat botanisch nicht verwandt. Sie ist weniger anspruchsvoll als Spinat, gedeiht auch bei wärmeren Temperaturen gut und enthält weniger Oxalsäure, was sie bekömmlicher macht. Doch ähnelt sie in ihrem Nährwert und auch im Geschmack durchaus dem Spinat. Dünsten Sie die Blätter wie Spinat und reichen Sie Neuseelandspinat mit einer sahnigen Tomatensauce als Vorspeise oder als Beilage zu frischem Fisch aus dem Atlantik.

SÜSSKARTOFFELN

Ans Ende der Welt reise ich mit einem wunderbaren Buch im Gepäck: *»Le Potager d'un Curieux«* (»Der Gemüsegarten eines Neugierigen«) aus dem Jahr 1893, das bei Yvonne Laffitte in Marseille neu aufgelegt worden ist. Es bereitet mir große Freude, in die Gedankenwelt eines Wissenschaftlers, der vor hundert Jahren lebte, einzutauchen. Ich lese über die Süßkartoffel, die Batate, die im Buch als »Kumara« bezeichnet wird. Ich erfahre, dass bei den Maoris die Ernte der Bataten den Frauen gänzlich untersagt war. Der Verfasser weiß dem sofort hinzuzufügen, dass auch französische Gärtner am Ende des vorigen Jahrhunderts von dem schlechten Einfluss des Frauenzimmers auf die Ernte der Melonen und Pilze zu berichten wussten.
Süßkartoffeln sind für herzhafte wie auch für süße Gerichte geeignet. Hinter der hellbraunen bis roten Schale versteckt sich lachsfarbenes bis weißes Fleisch. Je intensiver die Farbe ist, umso höher ist auch der Zuckergehalt. Bataten werden gewaschen und abgebürstet und dann 20 Minuten oder länger dampfgegart, je nach Größe und Verwendung. Gegart und ohne Schale püriert ergeben sie beispielsweise ein einfaches süßes Dessert für den Kindertisch. Süßkartoffeln werden bei Zimmertemperatur in der Obstschale gelagert.

FLAN VON SÜSSKARTOFFELN MIT SCHOKOLADENSTÜCKCHEN

FÜR 6 PERSONEN · VORBEREITUNGSZEIT: 15 MIN. · GARZEIT: 50 MIN.

600 g Süßkartoffeln mit roter Schale
60 g Sahne
2 Eier
2 EL Rum
1 TL gemahlene Vanilleschote
1 gehäufter EL brauner Zucker
Schwarzer Pfeffer aus der Mühle
Butter und Mehl für die Form
60 g Zartbitterschokolade, in kleine Stücke zerstoßen

■ Die Kartoffeln waschen, 30 Minuten dampfgaren. Pellen und in Scheiben schneiden. In einer Schüssel mit einer Gabel zerdrücken oder mit einem Kartoffelstampfer zerstampfen. Sahne, die verschlagenen Eier, Rum, Vanille und Zucker unterrühren und mit etwas frischem Pfeffer abschmecken.

■ Den Ofen auf 200 °C vorheizen. Eine Springform oder Auflaufform buttern und mehlen. Die Masse in die Form geben. Die Schokoladenstücke gleichmäßig verteilt jeweils zur Hälfte in die Kartoffelmischung stecken.

■ Den Flan 15–20 Minuten im Ofen backen. Der Flan hat nun eine orange Farbe angenommen und ist mit den geschmolzenen Schokoladenstücken übersät.

■ Lauwarm mit etwas Teegebäck oder Kokosmakronen servieren.

■ Die Masse kann auch auf Portionsformen, die mit Maisblättern ausgekleidet sind, verteilt werden. Die Backzeit verringert sich in diesem Fall.

■ Der Flan kann vorbereitet und vor dem Servieren lediglich im Backofen oder in der Mikrowelle aufgewärmt werden.

SOUFFLÉ VON SÜSSKARTOFFELN

FÜR 8 PERSONEN · VORBEREITUNGSZEIT: 30 MIN. · GARZEIT: 1 STD.

600 g Süßkartoffeln (Malaga)
100 ml Milch, falls benötigt
40 g Butter
2 EL dunkler Rum
3 TL Chinesisches Fünfgewürzpulver (Seite 86)
Butter für die Form
3 Eier
½ Päckchen Backpulver
2 EL Zucker
Rum zum Flambieren

■ Die Süßkartoffeln waschen und in zwei oder drei Stücke schneiden. 20 Minuten dampfgaren.

■ Die Kartoffeln pellen und zerstampfen. Bei mehligen Kartoffeln etwas Milch zugeben. Die Butter, den Rum und das Fünfgewürzpulver unterrühren.

■ So weit kann das Gericht am Vortag zubereitet werden.

■ Den Ofen auf 200 °C vorheizen. Eine Souffléform von 2 l Fassungsvermögen sorgfältig buttern.

■ Die Eier trennen. Das Eigelb und das Backpulver in die Masse einarbeiten. Das Eiweiß steif schlagen. Gegen Ende den Zucker beigeben. Den Eischnee in zwei Portionen unterheben.

■ Die Masse in die Souffléform füllen und 60 Minuten im Ofen garen.

■ Das Soufflé sollte sofort und sehr heiß serviert werden.

■ Zum Servieren 8 EL Rum in einem kleinen Topf erhitzen, am Tisch über das Soufflé geben und flambieren.

Flan von Süßkartoffeln mit Schokoladenstückchen

CHINAKOHL

Bei CHINA- oder JAPANKOHL handelt es sich tatsächlich um eine Kohlsorte, obwohl er ja eher wie ein großer Salat wirkt. In asiatischen Feinkostgeschäften findet man ihn zumeist in Plastikfolie ohne den grünen Teil der großen Blätter. Der kleinere PAK-CHOI SHANGHAI erinnert eher an Mangold, wobei die perlmuttfarbenen, fleischigen Stiele sich schön von den leicht gekrümmten, dunkelgrünen Blättern abheben. Diese chinesischen Varianten, die in Europa kultiviert werden, besitzen den gleichen Nährwert wie andere Kohlsorten. Im Gemüsefach des Kühlschranks lassen sie sich fünf bis sechs Tage lagern. Im Geschmack sind sie leicht süß und werden entweder roh als Salat (wobei ihre Vitamine erhalten bleiben), knapp dampfgegart oder in Streifen sautiert verzehrt. Als Rohkost wird Chinakohl am besten erst kurz vor dem Servieren mit der Salatsauce vermischt, so dass er bissfest bleibt. Zum Würzen eignen sich Reisessig, Sojasauce, Winterzwiebeln und Ingwer. Die Blätter des Pak-Choi lassen sich zudem auch gut als Kohlrouladenhülle für Schalentiere oder Fischfilets verwenden.

CHINAKOHL MIT ANANAS

300 g Chinakohl
½ Naturjoghurt
3 EL Zitronensaft
2 EL Chilisauce
1 gestrichener TL Salz
Pfeffer aus der Mühle
½ Ananas (vorzugsweise die Sorte ›Victoria‹)

FÜR 4 PERSONEN · VORBEREITUNGSZEIT: 15 MIN.

■ Lediglich die zarten Innenblätter des Chinakohls verwenden, die Außenblätter können für eine spätere Gemüsepfanne aufbewahrt werden.
■ Den Kohl der Länge nach halbieren, dann in Streifen schneiden.
■ Den Joghurt mit Zitronensaft und Chilisauce vermischen. Mit Salz und frisch gemahlenem Pfeffer würzen.
■ Die Ananas spiralförmig rundschälen und in Scheiben schneiden. Die Viktoria-Ananas hat ein zartes Mittelstück. Bei einer Ananas mit holziger Mitte muß diese herausgestochen werden.
■ Kurz vor dem Servieren die Kohlstreifen mit der Sauce in einer großen Schüssel vermengen. Mit den Ananas-»Sonnen« dekorieren. Mit frisch gemahlenem Pfeffer würzen.
■ Die bereits geschnittene Ananas und der Chinakohl können einzeln verpackt etwa 2 Stunden kühl gelagert werden. Erst kurz vor dem Servieren würzen.

VANILLE

Von ihren Reisen brachten uns die Eltern immer eine kleine Überraschung mit. So waren auch die winzigen, aus Vanilleschoten geflochtenen Figuren für uns bestimmt. Seitdem bürgt der süßlich schwere Vanilleduft in den Eis- und Süßspeisen unserer Familie für Qualität.

Vanille stammt aus den Fruchtschoten der tropischen Vanilleorchidee, deren Lianen bis zu 100 Meter lang werden. Ihre reifen Früchte zeigen sich als lange dicke Schoten von goldgelber Farbe. Sie werden gepflückt, dann blanchiert und in Bündeln von 300 bis 400 zum Trocknen aufgehängt. Auf Madagaskar, Réunion, den Komoren und Tahiti werden alljährlich mehr als 1 000 Tonnen produziert. Die Inseln setzen sich mit aller Kraft gegen die unlautere Konkurrenz des Vanillins zur Wehr, eines künstlichen Aromastoffs, der für Joghurt und andere Süßspeisen verwendet wird.

Meine Lieblingsschoten stammen von der Insel Réunion: Sie sind schwarz, sehr süß und besitzen ein herrliches Aroma, das sich besonders schnell entfaltet.

Vanilleschoten können eingefroren oder noch besser in einem luftdichten Glasbehälter dem Zucker als natürliches Aroma beigegeben werden.

Schon vor ihrer endgültigen Verwendung in einer Süßspeise verleiht eine Vanilleschote dem Zucker, in dem sie aufbewahrt wird, ihr besonderes Aroma.

INGWER

Der weiße Ingwer ist der beste. Der Wurzelstock einer in Indien und Jamaika beheimateten Schilfpflanze wächst inzwischen auch in Frankreich. Frischer Ingwer ist in letzter Zeit sehr populär geworden und in allen Supermärkten oder in asiatischen Feinkostgeschäften erhältlich. Aufbewahren lässt er sich gut eine Woche im Gemüsefach des Kühlschranks oder geschält, gewürfelt und in einem Glas mit heißem Essig übergossen mehrere Wochen. Sie können die Würfel auch in einem kleinen Beutel tiefkühlen.

In seinen Heimatländern gilt Ingwer als wirksames Heilmittel, etwa gegen Erkältungen oder bei Magen- und Kopfschmerzen. Als Gewürz ist er in allen asiatischen Ländern unentbehrlich und in jeder Curry-Mischung enthalten. Seines süßlich-scharfen Geschmacks wegen ist er äußerst vielseitig verwendbar. So lassen sich mit Ingwer manche Kuchen verfeinern. Ähnlich wie Minze verleiht er Geflügel- oder Fischgerichten einen »kühlen« Hauch und passt auch gut zu Zitrusfrüchten, Mango und Kokosnuss. Ingwer besitzt eine belebende Wirkung und sollte daher bei langen Nächten zur Mitternachtssuppe gehören.

Frischen Ingwer erkennt man an seiner hellen Farbe und an der glatten Struktur seiner Schale. Er sieht prall und saftig aus. Ingwer lässt sich bei Zimmertemperatur höchstens drei bis vier Wochen lagern, danach wird er leicht faserig.

APRIKOSENSAUCE MIT INGWER

FÜR 6 PERSONEN · VORBEREITUNGSZEIT: 10 MIN. · GARZEIT: 20 MIN.

1 unbehandelte Orange
120 g Zwiebeln, geschält
400 g reife Aprikosen
1 EL Olivenöl
1 TL frischer Ingwer, gerieben
½ TL Kardamomsamen
1 Prise Salz
Frisch gemahlener Pfeffer

■ Die Orange waschen, abtupfen. Die Schale fein reiben und die Frucht auspressen. Die Zwiebeln klein schneiden. Die Aprikosen entsteinen.

■ Das Öl in einem Topf erhitzen, die Zwiebeln hinzugeben und 5 Minuten unter Rühren glasig schwitzen.

■ Die Aprikosen, den Saft und die Schale der Orange, Ingwer und Kardamom zugeben, salzen und pfeffern. Die Mischung 15 Minuten unter Rühren köcheln lassen, doch Vorsicht, die Masse setzt leicht an.

■ Die Aprikosensauce lässt sich 8 Tage im Kühlschrank oder 3 Monate im Tiefkühlfach aufbewahren.

■ Ich empfehle sie heiß zu Duftreis, zu Bulgur, der in Grapefruitsaft gequollen ist, oder zu einer Apfel-Blätterteig-Tarte.

SCHNITTKNOBLAUCH

Der chinesische Schnittlauch *(Allium tuberosum)* oder Schnittknoblauch wird in Asien sehr geschätzt. Die bis zu 40 cm hohe Pflanze mit den hohlen Stengeln ist etwas weiter entwickelt und fleischiger als der hiesige Schnittlauch. Sie wird mit den noch geschlossenen weißen Blütenknospen angeboten und passt in kleine Ringe geschnitten gut zu sautiertem Gemüse, dem sie ein mildes Knoblaucharoma und eine grüne Farbe verleiht. Im Gemüsefach des Kühlschranks lässt sie sich bis zu 14 Tage gut aufbewahren. Im Winter, wenn unser Schnittlauch sich nur schwer auftreiben lässt, können Sie Schnittknoblauch für eine Fischterrine oder eine Pilzsuppe verwenden.

CURRY

Die Bezeichnung Curry, die aus der Zeit der britischen Kolonialherrschaft in Indien stammt, meint sowohl die Gewürzmischung als auch diverse Gerichte, die mit ihr gewürzt werden. Curry-Gerichte werden mit Fleisch, Fisch oder Gemüse bereitet und immer in einer scharf-würzigen Sauce serviert. Die Gewürzmischung, auch *masala* genannt, kann ein Pulver oder eine Paste sein. Jeder indische Koch stellt sie anders zusammen, so dass Aroma und Schärfe und auch die Farbe variieren – etwa von Safrangelb bis Kaki. Curry mit einem großen Anteil an Kurkuma ist gelborange. Koriandersamen fügen der Mischung eine erfrischend pfeffrige Note hinzu. Kreuzkümmel verleiht ihr Kraft und Ingwer eine angenehme Wärme. Den Chillies verdankt sie die nötige Schärfe, dem Fenchel eine anisartige Frische. Sie enthält auch Pfeffer, Muskatnuss und Muskatblüte, Zimt, Nelken, Kardamom und Lorbeerblatt. Um ihr Aroma voll zu entfalten, werden die Gewürze vor dem Mahlen trocken in der Pfanne angeröstet.

ZUCCHINISUPPE MIT CURRY

FÜR 8 PERSONEN · VORBEREITUNGSZEIT: 15 MIN. · GARZEIT: 30 MIN.

1 unbehandelte Orange
2 kg Zucchini, geputzt
1 Zwiebel, fein gehackt
2 EL Olivenöl
1 Glas Quellwasser
1 EL Currypulver
1 TL feines Meersalz
2 Naturjoghurt
1 EL gehackte Küchenkräuter

■ Die Orange schälen. Die Schale fein hacken, die Frucht auspressen. Die ungeschälten Zucchini reiben.

■ Das Olivenöl in einem Topf mit dickem Boden erhitzen und die Zwiebel darin glasig schwitzen, nach 5 Minuten die Zucchini hinzufügen.

■ 5 Minuten unter Rühren dünsten, den Orangensaft, die abgeriebene Schale und das Quellwasser beigeben. Den Deckel auflegen und 20 Minuten garen.

■ Die Zucchinisuppe pürieren, mit Curry und Salz abschmecken. Je nach Jahreszeit warm, aber nicht heiß, oder lauwarm bzw. auch kalt servieren.

■ Dazu wird in kleinen Schälchen Joghurt mit Küchenkräutern (Schnittlauch usw.) gereicht, den jeder nach Geschmack zur Suppe genießt.

■ Ihre Gäste werden die Zusammenstellung dieser Suppe, die einen Hauch von Exotik verströmt, sicher nur schwer erraten.

SEEZUNGENFILETS INDISCH

FÜR 6 PERSONEN · VORBEREITUNGSZEIT: 45 MIN. · GARZEIT: 35 MIN.

100 g Äpfel, Granny Smith, geschält
60 g Tomatenfruchtfleisch
2 Zwiebeln, geschält
70 g grüne Paprika
4 EL Olivenöl
750 ml Fischfond
2 TL Currypulver
1 Prise Cayennepfeffer
Salz
Frisch gemahlener Pfeffer
700 g Seezungenfilets
250 ml Sahne

■ Äpfel, Tomaten, Zwiebeln und Paprika klein würfeln. Das Öl in einer Pfanne erhitzen, Zwiebeln und Paprika 5 Minuten sautieren, den Apfel zugeben und weitere 5 Minuten schmoren. Dann die Tomate beifügen und nochmals 5 Minuten schmoren lassen.

■ Inzwischen den Fischfond mit Curry und Cayenne aufkochen. Salzen und pfeffern nach Geschmack. Die Fischfilets in Streifen schneiden. Den Fond von der Kochstelle nehmen, die Seezungen hinzufügen und zugedeckt 2 Minuten ziehen lassen. Die Fischstücke mit einem Schaumlöffel herausheben und in sechs tiefen Tellern oder flachen chinesischen Schalen warm stellen.

■ Den Fischfond 5 Minuten bei großer Hitze reduzieren, dabei einige Male kräftig rühren. Kurz von der Kochstelle nehmen, die Sahne hinzugießen und erneut unter Rühren aufkochen. Die Gemüse und den Apfel zum Fisch fügen, die heiße Sauce darüber geben. Sehr heiß servieren.

■ Bei Bedarf kann die Sauce vor dem Hinzufügen der Sahne noch mit einigen kleinen chinesischen Nudeln eingedickt werden.

Seezungen-filets indisch

KUMQUATS

Kumquat bedeutet soviel wie kleine Goldorange. Die Chinesen, die den säuerlichen Geschmack sehr schätzen, verwenden sie für viele ihrer Saucen. Die kleinen zwei bis vier Zentimeter großen, goldenen Zitrusfrüchte sind je nach Sorte eher rund und sehr süß wie die ›Narumi‹ oder oval und etwas säuerlicher wie die ›Nagami‹. Bei dem Verzehr roher Früchte empfehle ich, diese 30 Sekunden in kochendes Wasser zu tauchen und dann die bitter schmeckenden Kerne zu entfernen.

Kumquats schmecken mir persönlich am besten kandiert, ähnlich wie Orangenschalen. So lassen sie sich auch an einem kühlen Ort einen Monat lang aufbewahren. Ergänzt durch Kokosmakronen (siehe Seite 86) ergeben sie ein einfaches und doch wundervoll exotisches Dessert. Zusammen mit frischem Ingwer werden sie als aromatische Backzutat verwendet oder mit Orangen zu Marmelade eingekocht. In asiatischen Feinkostgeschäften finden sich auch gezuckerte kandierte Kumquats. Wenn Sie diese für Gebäck verwenden möchten, lassen Sie sie am besten einen halben Tag in Orangensaft ziehen, so dass sie etwas weich werden.

ZITRONENGRAS

In einen richtigen Geflügelfond gehört für mich auf jeden Fall Zitronengras. Es handelt sich um *Cymbopogon citratus*, ein bis zu einem Meter hohes Gras mit spitzen, scharfen Stengeln, dessen große Horste ich zum ersten Mal im Norden Thailands gesehen habe.

In Asien wird die aromatische Pflanze, deren wichtigster Bestandteil das ätherische Zitronengrasöl ist, zum Würzen von Suppen, Currygerichten und anderen pikanten Speisen verwendet. Die Zwiebeln und frischen Blätter werden geschält und fein geschnitten. Getrocknete Blätter kann man zu einem kleinen Strauß binden und einer Suppe beigeben, um sie nach dem Garen wieder zu entfernen.

Probieren Sie Zitronengras auch als Tee. Hier entfaltet sich sein feines Aroma besonders gut. Notfalls lässt sich Zitronengras durch Zitronenmelisse oder Zitronenschalen ersetzen.

BOUILLON VON HÜHNERFLÜGELN MIT ZITRONENGRAS

600 g Hühnerflügel
2 frische Zitronengraszwiebeln
2 Winterzwiebeln
1 Möhre, geschält
1 Gewürzpaprika oder Chili
1 kleines Stück frischer Ingwer (walnussgroß)
2 Kaffir-Limettenblätter oder ½ unbehandelte Limette
1 EL grobes Meersalz (beim Pochieren zufügen)

FÜR 6 PERSONEN · VORBEREITUNGSZEIT: 10 MIN.
GARZEIT: 1 STD. 30 MIN.

■ Die Flügel 5 Minuten in Wasser kochen, abgießen und abtropfen lassen. Die Zitronengraszwiebeln, die Winterzwiebeln und die Möhre stifteln.

■ Das Gemüse mit den Flügeln in 2 l Wasser geben. Die Gewürzpaprika oder Chili in Stücke schneiden, den Ingwer fein würfeln und zusammen mit den Kaffir-Limettenblättern oder der halben Limette in den Topf geben. Zum Kochen bringen und auf die Hälfte einkochen lassen. Durch ein mit Filterpapier ausgelegtes Sieb gießen.

■ Die Bouillon als Kochflüssigkeit zum Pochieren von Gemüse, Meeresfrüchten oder Geflügelfilets verwenden. Erst beim Pochieren salzen.

■ HINWEIS: Kaffir-Limettenblätter bekommt man frisch oder tiefgefroren in asiatischen Lebensmittelläden.

VARIANTE

■ Die Hühnerflügel durch eine tranchierte Wildente ersetzen. Nach 30 Minuten die Bruststücke, die bereits gar sind, entnehmen und die restliche Brühe 1 weitere Stunde auf sehr kleiner Flamme köcheln. Das zarte Fleisch in feine Streifen schneiden. Inzwischen in der Bouillon Sojasprossen und zerkleinerte und mit Zitrone gesäuerte Champignons *al dente* kochen. Etwas gehackte Zwiebel, das in Streifen geschnittene Entenfleisch und einige Spritzer Sojasauce runden diese leichte, aromatische chinesische Suppe ab.

■ HINWEIS: Für eine klassische Hühnerbrühe benötigen Sie Hühnerflügel, einen Kalbsknochen, eine mit Nelken gespickte Zwiebel, die grünen Teile einer Lauchstange, Pfefferkörner und ein Bouquet garni. Das Verfahren ist das gleiche, wie oben angegeben.

■ Die Bouillon kann auch für spätere Verwendungen in Portionen von einem halben Liter eingefroren werden.

KOKOSMAKRONEN MIT FÜNFGEWÜRZPULVER

FÜR 30 BIS 40 STÜCK · VORBEREITUNGSZEIT: 15 MIN. · GARZEIT: 30 MIN.

2 Backbleche
100 g Kokosraspeln
4 Eiweiße
120 g Zucker
20 g Mehl
2 EL Schale von Zitrusfrüchten, abgerieben (zum Beispiel Mandarine und Limette)
1 gehäufter EL Chinesisches Fünfgewürzpulver (Seite 86) oder 1 EL Anissamen
40 g Butter, zerlassen

■ Den Ofen auf 175 °C vorheizen. Die Bleche mit Backpapier auslegen.
■ Die Kokosraspeln mit 100 g Zucker, Mehl, den abgeriebenen Schalen und dem Fünfgewürz vermischen.
■ Das Eiweiß schnittfest schlagen. Gegen Ende nach und nach den restlichen Zucker beigeben.
■ Die Kokosraspelmischung über den Eischnee geben und von oben nach unten mit einem Spatel unterheben. Dabei die Schüssel drehen und so behutsam vorgehen, dass der Eischnee seine Konsistenz nicht verliert. 2 EL dieser Mischung mit der zerlassenen Butter vermengen, diese dann unter den Eischnee ziehen.
■ Mit zwei Teelöffeln kleine Häufchen versetzt auf die Backbleche verteilen. 30 Minuten im Ofen backen.
■ Sollten die warmen, noch weichen Makronen beim Herausnehmen aus dem Ofen am Papier haften, etwas Wasser zwischen Backpapier und Blech geben.
■ Die Makronen härten beim Abkühlen aus und halten sich an einem trocknen Ort bis zu 8 Tage.

FLAN MIT KUMQUATS UND LIMETTEN

FÜR 8 PERSONEN · ZWEI TAGE ZUVOR VORZUBEREITEN · VORBEREITUNGSZEIT: 30 MIN. · GARZEIT: 45 MIN.

ZUM KANDIEREN:
1 Limette
15 Kumquats
200 ml Quellwasser
100 g Zucker

FÜR DEN FLAN:
750 ml Milch
4 Eier
120 g Zucker
50 g Maisstärke
1 Limette
Keramikform von 1,5 l Fassungsvermögen

■ 2 Tage vor der Bereitung des Flans Kumquats und Limette kandieren. Die Früchte in kochendem Wasser 5 Minuten blanchieren, dann abgießen und abtropfen lassen. Die Limette in Scheiben schneiden. Die Früchte in einem Topf mit dem Quellwasser und dem Zucker 1 Stunde köcheln lassen. Die Früchte an 2 aufeinander folgenden Tagen erneut 10 Minuten sieden. An einem kühlen Ort in einem Glas können sie dann im Sirup 1 Monat aufbewahrt werden.
■ Den Ofen auf 200 °C vorheizen. Ein Wasserbad bereiten.
■ Die Milch in einem großen Topf zum Kochen bringen. Die Eier mit dem Zucker schaumig schlagen. Zuerst die Stärke, dann etwas kochende Milch unterrühren. Die Mischung in den Topf zur Milch geben. Unter ständigem Schlagen zum Kochen bringen, den Limettensaft hinzugießen. 1 Minute aufkochen, von der Kochstelle nehmen und 1 weitere Minute schlagen.
■ Die kandierten Kumquats abtropfen lassen und in Scheiben schneiden. Zwölf Scheiben zum Dekorieren beiseite legen. Den Rest und die kandierten Limettenscheiben klein würfeln. Unter den Flan mischen. Die Form von innen anfeuchten. Die Masse hineingeben und etwa 45 Minuten im Ofen im Wasserbad garen. Mit den kandierten Kumquatscheiben dekorieren. Den Flan auf Zimmertemperatur abgekühlt servieren.
■ Der Flan kann 48 Stunden im Kühlschrank aufbewahrt werden.

CHINESISCHES FÜNFGEWÜRZPULVER

Diese ausgewogene Gewürzmischung ist eine Entdeckung wert. Sternanis und Fenchelsamen verleihen ihr das Anisaroma, Nelken machen sie kräftig, Kassiazimt sorgt für die nötige Süße und der säuerlich-scharfe Sichuanpfeffer rundet die Mischung ab. Fünfgewürzpulver passt zu Fischfond, aber ebenso zu exotischem Gebäck.

Ein Vorschlag für »Hühnerfilet Peking«: Zwei Löffel lauwarmen Honig mit einem Löffel Fünfgewürzpulver und etwas frisch geriebenem Ingwer vermischen. Sechs ungehäutete Hühnerbrustfilets damit bestreichen. Die Filets sechs Stunden marinieren. Mit der Haut nach unten in einer Antihaftpfanne sanft braten.

Kokosmakronen mit Fünfgewürzpulver

BANANEN

Bananenstauden sind großartige Grünpflanzen, deren Blätter sich langsam entrollen und deren Stengel kräftig genug ist, die Blütenstände mit 200 bis 300 Bananen zu tragen. Wenn Sie die Gelegenheit haben, genießen Sie wie ich den Anblick der hinuntergeneigten, sich öffnenden roten Blütenähre und der Bananenhände, die ihre Finger dem Licht entgegenstrecken. Allerdings habe ich in den Ursprungsländern niemals eine einzige reife, gelbe Frucht an den Stauden gesehen. Eines Morgens konnte ich dann in Thailand beobachten, wie ein kleines Mädchen sich der großen Pflanze mit dem seidigen Stengel näherte, ein Blatt anhob und darunter den abgetrennten Fruchtstand entdeckte, der am Fuß der Staude gelagert war. Hier reiften also die Bananen heran. Ihr Vater erklärte mir, dass die Büschel unreif mit der Machete geerntet werden, da sie an der Pflanze faulen würden. Wie gern hätten wir einige von diesen kleinen Früchten mitgenommen, deren Fleisch fast so saftig wie das einer Mango war.

In Frankreich werden wir bis Februar von Afrika aus beliefert, danach beziehen wir die Bananen von den Antillen. Die Früchte werden am besten bei Zimmertemperatur in einer Obstschale gelagert, sie mögen weder große Kälte noch Temperaturschwankungen. Reife Bananen besitzen einen hohen Anteil an gut verdaulichen Kohlehydraten, sind also vorzügliche Energiespender und daher für Kinder besonders geeignet. Sie stillen den kleinen Hunger zwischendurch und können dank ihrer festen Schale überallhin mitgenommen werden. Bananen enthalten neun Vitamine (relativ hoch ist ihr Vitamin-A-Gehalt) und so viel Kalium und Magnesium wie kaum eine andere Frucht.

Die Frécinette, die auch als ZWERGBANANE oder Domenico bekannt ist, verwöhnt mit saftig weichem, mild aromatischem Fruchtfleisch. Ihre kleinen Fruchtbüschel ergeben eine wunderbare Tischdekoration. Die ROSA BANANE ist etwas trockener und besitzt eine ocker- bis rosafarbene Schale. Sie eignet sich besonders gut zum Braten.

Bananen können frisch oder gegart, mit Salz, Gewürzen oder Zucker verzehrt werden. In tropischen Ländern werden sie auch über Holzkohle gegrillt, dann in einer Holzform platt gedrückt und in eine Mischung aus Rohrzucker und karamellisierter Kokosnuss getaucht. Mit den Blättern der Staude lassen sich Speisen einwickeln oder Servierteller auskleiden.

Vor dem Auspressen die Limette auf einem Brett rollen, damit sie etwas weicher wird, oder sie eine Minute lang in kochendes Wasser tauchen. Nach einer solchen Behandlung lässt sie sich leicht auspressen und ergibt wesentlich mehr Saft.

LIMETTEN

Limetten, die in Frankreich auch »grüne Zitronen« heißen, haben eine dünne Schale und äußerst saftiges Fruchtfleisch: Limetten enthalten 55% Saft, Zitronen »nur« 30%.

In Thailand werden für Suppen und Curry-Gerichte die wundervoll aromatischen Blätter der KAFFIR-LIMETTE verwendet. Sie sind meist tiefgefroren in asiatischen Lebensmittelläden erhältlich.

Limetten werden am besten bei Zimmertemperatur gelagert. Sie enthalten etwas weniger Vitamin C als Zitronen, aber auch etwas weniger Säure. Mit ihrem kräftigeren Aroma können sie etwas Abwechslung in Salatsaucen und Fischmarinaden bringen und natürlich auch Cocktails zusätzliche Frische verleihen. Die unbehandelte Schale ist ein vorzügliches Würzmittel.

LIMETTEN-MERINGEN

FÜR 16 MERINGEN · VORBEREITUNGSZEIT: 10 MIN. · GARZEIT: 45 BIS 50 MIN.

2 Limetten
4 Eiweiß
150 g Zucker

■ Den Ofen auf 150 °C vorheizen. Die Limettenschale fein abreiben.

■ Die Eier mit vier Tropfen Limettensaft zu Schnee schlagen. Wenn der Schnee steif wird, 2 EL Zucker hinzugeben, kräftig weiterschlagen und nach und nach den restlichen Zucker einarbeiten, bis das Eiweiß Spitzen bildet und schnittfest und glänzend ist. Dann die abgeriebene Limettenschale unterziehen.

■ Ein Blech mit antihaftbeschichtetem Backpapier auskleiden, darauf mit einem Esslöffel die Meringen setzen.

■ Die Form der Meringen kann dabei ruhig etwas unregelmäßig und originell sein. Wichtig ist nur, dass die Meringen nicht zerdrückt werden.

■ Die Limetten-Meringen 45–50 Minuten im Ofen backen: Außen nehmen sie einen Hauch von Farbe an, innen sind sie noch ein wenig weich.

■ Wer keinen Umluftofen verwendet, sollte die Bleche gelegentlich herausziehen und umgedreht wieder in den Ofen schieben, damit sich die Hitze besser verteilt. Die Meringen noch heiß vom Papier lösen.

■ Die Meringen halten sich 5 Tage an einem trockenen Ort.

FLAMBIERTE BANANEN MIT KUMQUATS

FÜR 6 PERSONEN · VORBEREITUNGSZEIT: 10 MIN. · GARZEIT: 1 STD. 10 MIN.

12 Kumquats
50 g Zucker
100 ml Quellwasser
6 rosa Bananen (oder andere festfleischige)
40 g Butter
1 abgeriebene Orangenschale
1 kleines Glas weißer Rum

■ Die Kumquats in kochendem Wasser 5 Minuten blanchieren. Inzwischen in einem zweiten Topf den Zucker in etwas Wasser auflösen.

■ Die Kumquats abgießen und in den Sirup geben. Auf sehr kleiner Flamme etwa 1 Stunde garen.

■ Die Früchte mit einem Schaumlöffel herausheben, vorsichtig halbieren und die Kerne entfernen. Die Hälften wieder zurück in den Sirup geben.

■ Einen Teller im Ofen anwärmen. Die Bananen schälen und der Länge nach halbieren. Die Butter mit der abgeriebenen Orangenschale in einer großen Pfanne erhitzen, die Bananenhälften auf der runden Seite 2 Minuten heiß braten. Die Bananen vorsichtig wenden, die Kumquats mit dem Sirup zufügen.

■ Alles erhitzen und auf dem vorgewärmten Teller anrichten.

■ Den Rum in einem dekorativen kleinen Topf erhitzen. Bei Tisch über die Bananen geben und flambieren.

SORBET VON ANANAS UND PAPAYA

FÜR 1 L SORBET · VORBEREITUNGSZEIT: 10 MIN. · GARZEIT: 2 MIN. · RÜHRZEIT: 30 MINUTEN

200 ml Quellwasser
200 g Zucker
1 Ananas (800 g)
1 Papaya (400 g)
100 g kandierte Ananas, gewürfelt
Saft von ½ Limette

■ Das Wasser mit dem Zucker zum Kochen bringen. Den Sirup in eine Schale geben. Diese in eine Schüssel mit Eiswürfelwasser stellen und den Sirup abkühlen.

■ Die Ananas waschen und über einem tiefen Teller schälen. Dabei den Saft auffangen. Die Ananas vierteln und den harten Strunk herausschneiden. Die Papaya schälen und die Kerne entfernen. Die Ananas und die Papaya in Stücke schneiden und das Fruchtfleisch mischen.

■ Die kandierten Ananaswürfel, den Limetten- und den aufgefangenen Ananassaft sowie den Sirup unter das gemischte Fruchtfleisch rühren.

■ Die Masse in die Eismaschine geben und rühren, bis sie gefroren ist. Das Sorbet in Kugeln auf feinen Ananasscheiben anrichten. Dazu passen wunderbar die Limetten-Meringen (siehe Seite 89).

■ Das Sorbet hält sich bis zu 1 Monat im Tiefkühlfach.

PAPAYAS

Mir waren zunächst nur die gelben Papayas bekannt. Ihr orangerotes Fruchtfleisch erinnert an süße Melonen und schmeckt am besten mit etwas Limettensaft beträufelt. Die schwarzen Kerne sind bitter und pfeffrig.
Auf den Philippinen hat man mir empfohlen, Papayas vor dem Frühstück zu verspeisen, da sie die Verdauung anregen und reich an Vitamin C, A und B sind. Für Vorspeisen oder Desserts wähle ich sehr reife Papayas aus, die mit etwas säuerlichen Früchten gut harmonieren.
Auf einem chinesischen Markt habe ich dann eines Tages eine große grüne Papaya gekauft. In diesem Stadium ihrer Reife werden sie nur als Kochgemüse verwendet. Ich habe sie quer in Scheiben geschnitten und blanchiert. Dann habe ich sie mit Frühlingszwiebeln in der Pfanne kurz gedünstet und mit etwas Sojasauce abgeschmeckt. Diese Gemüsepapayas sind auch für Aufläufe, etwa mit Zucchini oder Chayoten, gut geeignet. Aufgrund ihrer ovalen Form lassen sie sich halbieren, füllen und überbacken.
Papayas enthalten ein eiweißspaltendes Ferment, das Papain, das für medizinische Zwecke und als Fleischzartmacher verwendet wird. Diese Eigenschaft können Sie auch zu Hause nutzen und Fleischstücke mit zerdrückter Papaya einreiben. So werden sie nicht nur wunderbar mürb, sondern auch zart exotisch aromatisiert.

ANANAS

Die Ananas stammt wohl ursprünglich aus Lateinamerika und wurde auf Guadeloupe von Christoph Columbus entdeckt. Nach Europa kam sie erst im 19. Jahrhundert von den Azoren. Mittlerweile beziehen wir sie ganzjährig, hauptsächlich aus afrikanischen Ländern. Sie zählt zu den größten Früchten, die in Europa verzehrt werden. Die Ananas entsteht aus den Blüten der *Bromelia ananas*, auch *Ananas comosus* genannt. Diese ideale Winterfrucht liefert uns zahlreiche Mineralstoffe und die Vitamine C, A, B und E. Geben Sie ihr den schönsten Platz in der Obstschale, achten Sie dabei aber auf ihre Druckempfindlichkeit. Bei einer Temperatur um 15 °C kann sie noch etwas nachreifen. Gelagert werden sollte sie etwas kühler, aber niemals unter 5 °C. Der Zucker soll sich besser verteilen, wenn sie mit der Blattkrone nach unten gelagert wird.
Eine Ananas wird am besten unter fließendem Wasser abgebürstet und dann mitsamt der Blattkrone längs halbiert. Nun kann sie wie eine Melone in Viertel oder Achtel geteilt werden. Mit einem scharfen Messer wird die Schale vom Fruchtfleisch getrennt. Auch der Mittelstrunk wird entfernt, da er außer bei kleinen, sehr süßen Sorten wie der ›Victoria‹, die nur 500 g wiegt, meist zu hart ist. Das Fruchtfleisch wird nun in kleine Stücke geschnitten, die dann leicht gegeneinander versetzt auf der Schale präsentiert werden. Die süße Ananas besitzt genügend pikante Säure, um sich auch für herzhafte Gerichte zu eignen. Das Rezept für Melonenchutney mit Zwiebeln (siehe Seite 154) können Sie auch mit frischen Ananaswürfeln abwandeln.

ANANAS-KRAPFEN

½ Päckchen Tempura-Mehl
20 Eiswürfel
300 g Ananas (oder andere exotische Früchte), geschält und in Stücke geschnitten
3 l Erdnussöl

Zu meinen Lieblingsspeisen gehören leicht in etwas Butter sautierte Ananaswürfel. Sie werden mit frisch geriebenem Ingwer pikant gewürzt und auf thailändischem Duftreis dekorativ angerichtet.

FÜR 4 PERSONEN · VORBEREITUNGSZEIT: 15 MIN. GARZEIT: 15 MIN.

■ Tempura ist eine Mehlmischung japanischen Ursprungs auf der Basis von Maisstärke, Reis- und Weizenmehl, die in Japan für zarte Teighüllen verwendet wird. Sie ist in asiatischen Feinkostgeschäften erhältlich.
■ 500 ml Eiswasser in eine Schüssel geben, die Eiswürfel hinzufügen und alles 15 Minuten in den Kühlschrank stellen. Einen Teller anwärmen und etwas Küchenkrepp bereithalten.
■ Die Ananas in Scheiben schneiden, dann würfeln. Auf Küchenkrepp abtropfen lassen. Das Öl in einem Frittiertopf erhitzen. Den Ofen auf 175 °C vorheizen.
■ Das Tempura-Mehl in eine Schüssel geben und nach und nach das Eiswasser hinzufügen, bis eine Art flüssiger Pfannkuchenteig entsteht. Ein paar Teigklumpen stören hier ausnahmsweise nicht.
■ Jedes Obststück mit einer Gabel schnell in den Teig tauchen und den überschüssigen Teig abschütteln.
■ Die Ananaskrapfen in kleinen Mengen in den Frittiertopf geben.
■ Mit einer Schaumkelle wenden. Die kleinen Krapfen sollten beim Frittieren keine Farbe annehmen.
■ Auf Küchenkrepp abtropfen lassen. Während der weiteren Garzeit die fertigen Krapfen im Ofen warm halten.
■ Bei gewürzten Krapfen, die als exotische Beilage zu Schweinebraten oder einem Grillspieß passen, werden die Fruchtstücke vor dem Eintauchen in den Teig mit Cayenne, geriebener Muskatnuss oder Ingwerpulver bepudert.
■ Gern überlasse ich Ihnen nun die Qual der Wahl: Bereiten Sie Ihre Lieblingskrapfen süß oder lieber pikant mit Mango, Papaya, Banane, Aprikose, Apfel oder Birne, Chayote, Kürbis, Zucchini, Aubergine, Champignon, Zwiebel, Sellerieblättern, Petersilienblättern oder sogar Ringelblumenblüten oder ist gar Ihre Lieblingsvariante in dieser Liste noch nicht enthalten?

PAPAYA-CHUTNEY MIT KUMQUATS

Frischer Ingwer (etwa walnussgroß)
100 g Kumquats
1 große Zwiebel
2 EL Öl
50 g helle Rosinen
Quellwasser
500 g Fruchtfleisch von gelben, relativ festen Papayas
3 EL Honig
100 ml Cidre-Essig
Frisch gemahlener Pfeffer

FÜR 2 GLÄSER (375 G) · VORBEREITUNGSZEIT: 15 MIN. · GARZEIT: 30 MIN.

■ Den Ingwer schälen und in kleine Würfel schneiden. Die Kumquats 5 Minuten blanchieren. Abgießen, vierteln und die Kerne entfernen.

■ Die Zwiebel schälen, in dünne Scheiben schneiden und 2 Minuten in Öl glasig schwitzen. Die Kumquats, den Ingwer und die Rosinen dazugeben, knapp mit Quellwasser bedecken und 10 Minuten im offenen Topf garen.

■ Die Papayas würfeln. Mit dem Honig und dem Essig ebenfalls in den Topf geben und den Topfinhalt weitere 15–20 Minuten garen. Gegen Ende der Garzeit mit Pfeffer abschmecken und alle Zutaten mit einem Holzlöffel gut vermischen.

■ Das kochende Chutney in zwei sterilisierte Gläser füllen. Die Gläser verschließen und auf den Deckel stellen.

■ Im Kühlschrank kann das Chutney bis zu 2 Monate aufbewahrt werden.

■ Die goldgelbe Farbe des Chutneys und der angenehm ausgewogene Geschmack harmonieren besonders mit Terrinen und kalten Fleischgerichten.

MANGOS

Wollen wir verfolgen, aus welchen Ländern die Mangos zu uns gelangen, müssen wir uns auf eine Weltreise begeben: Im Frühling stammen die grünen oder gelbroten Früchte auf unseren Märkten aus Zentralafrika, Indien und Venezuela, im Sommer aus Mexiko, später aus Israel und Ägypten, im Herbst aus Brasilien und im Winter werden sie schließlich aus Südafrika und Peru importiert. Der Genuss der süßen Frucht entführt uns in eine andere Welt, denn stärker noch als Ananas oder Kiwis gelten Mangos als der Inbegriff des Exotischen.

Grüne Mangos können roh, gekocht oder sautiert als Gemüse verzehrt werden. Auf dem Höhepunkt ihrer Reife, wenn die Frucht bei leichtem Druck etwas nachgibt, sind sie ein wunderbares Dessert. Mangos finden sich in allen Schattierungen von Gelb bis Violett. Auch ist ihre rote Farbe nicht immer ein Zeichen der Reife: So bleiben etwa die Sorte ›Amélie‹, die von den Antillen stammt, oder die kleine grüne Mango aus Asien immer grünlich-gelb und schmecken dennoch köstlich. Es empfiehlt sich, bei Mangos auf den Preis zu achten, denn von den teuren Früchten, die per Flugzeug geliefert werden, bis zu jenen, die im Schiff nachreifen, gibt es erhebliche Unterschiede. Mangos enthalten mehr Provitamin A als alle anderen Früchte. Auch ihr Vitamin-C-Gehalt ist beachtlich, hinzu kommen zahlreiche Mineralstoffe. Unreife Früchte reifen bei Zimmertemperatur nach. Unterhalb von 12 °C kann sich das Fruchtfleisch schwarz färben. In Thailand werden Mangos geschält, der Länge nach in Scheiben geschnitten und auf kleinen Holzspießen gereicht. Etwas Aufsehen können Sie mit folgender Servierweise erregen: Die zwei Fruchthälften mit einem großen, scharfen Messer vom flachen Kern trennen. Das Fleisch gitterförmig einschneiden, ohne die Schale zu berühren. Jede Hälfte umstülpen, so dass die Würfel sich voneinander lösen und ein orangefarbenes Mosaik bilden. Unbedingt ausprobieren sollten Sie auch: Mangowürfel in Vanillesirup pochiert, leicht mit fein gehacktem Basilikum bestreut und mit Erdnusseis und Schokoladenstäbchen serviert.

In einer Obstschale bei Zimmertemperatur reifen die grünen oder orangefarbenen, glatten Früchte langsam heran und verwöhnen Sie dabei mit ihrem angenehmen, zarten Duft.

MANGO-LAUCH-PFANNE

1 Mango (die bei leichtem Druck nicht nachgibt)
½ TL Koriandersamen, gemahlen
Meersalz
Pfeffer aus der Mühle
2 EL Sesamöl
2 Lauchstangen (weißer Teil), gewaschen

ZUM DEKORIEREN:
4 große Basilikumblätter
Koriandersamen

FÜR 4 PERSONEN · VORBEREITUNGSZEIT: 15 MIN. RUHEZEIT: 30 MIN. · GARZEIT: 7 BIS 8 MIN.

■ Die Mango schälen und in Stifte schneiden. 30 Minuten in einer kleinen Schüssel mit den gemahlenen Koriandersamen, einer Prise Salz und Pfeffer ziehen lassen.

■ Den Lauch in feine Scheiben schneiden. In einer geölten Pfanne 5 Minuten auf kleiner Flamme dünsten. Dabei mit einem Holzlöffel umrühren. Die Mangostifte hinzugeben und weitere 2 – 3 Minuten unter ständigem Rühren garen.

■ Das Gemüse in einer vorgewärmten Schüssel anrichten und mit einigen klein geschnittenen Basilikumblättern und Koriandersamen dekorieren.

■ Als Beilage zu dieser Mango-Lauch-Pfanne empfehle ich Duftreis aus Thailand. Das Gemüse kann bis zu 1 Stunde vorher geschnitten werden. Das Garen findet erst unmittelbar vor dem Servieren statt.

MANGO-SORBET MIT ZITRUSFRÜCHTEN

160 ml Quellwasser
160 g Zucker
1 Limette
Eiswürfel
3 Orangen
400 g Mango-Fruchtfleisch
100 g kandierte Kumquats

FÜR 1 L SORBET · VORBEREITUNGSZEIT: 15 MIN. GARZEIT: 5 MIN. · GEFRIERZEIT: 30 MIN.

■ Das Wasser mit dem Zucker erhitzen. Die abgeriebene Limettenschale hinzugeben und vermischen.

■ Den Sirup schnell herunterkühlen, indem der Topf in eine Schüssel mit Wasser und Eiswürfeln gestellt wird.

■ Die Limette und die Orangen auspressen. Das Fruchtfleisch der Mangos mit dem Saft der Zitrusfrüchte vermischen. Den abgekühlten Sirup hinzugeben. Die Masse in eine Eismaschine geben und rühren, bis sie halbgefroren ist.

■ Die kandierten Kumquats würfeln und unter das Sorbet mischen, noch bevor es ganz fest wird. Das Sorbet in geeisten Schalen oder in ausgehöhlten Hälften von Zitrusfrüchten servieren (siehe Seite 159).

Mango-Lauch-Pfanne

PASSIONSFRÜCHTE

Das aromatische Gold, das sich hinter der runzligen gelben oder braunen Schale der Passionsfrucht verbirgt, wird vor allem für Konfekt und Desserts verwendet. Aber auch der Saft dieser nahen Verwandten der Maracuja ist sehr beliebt. Mit ihrem hohen Gehalt an Vitamin C und B12 sowie an Eisen und Calcium ist die Passionsfrucht zudem ein äußerst gesunder Genuss. Die halbierte Frucht offenbart ein großes Kerngehäuse mit einer Vielzahl kleiner Kerne, die von gallertartigem Fruchtfleisch umgeben sind. Es kann entweder mit einem Teelöffel gegessen oder durch ein feines Sieb gestrichen werden. Der Geschmack der blumig duftenden Passionsfrucht ist würzig und säuerlich und erinnert an eine Mischung aus Himbeeren, Erdbeeren und Pfirsichen. Sie lässt sich wunderbar für Sorbets, Coulis oder eine Früchtemousse verwenden, wobei sie das Aroma anderer Früchte noch unterstreicht.

Für ein erfrischendes exotisches Frühstück: Mischen Sie 2 EL Fruchtfleisch einer Passionsfrucht mit Kernen und 1 TL braunen Zucker mit einem gekühlten Naturjoghurt.

PASSIONSFRUCHT-KARAMELLEN

FÜR 400 G KARAMELLEN · VORBEREITUNGSZEIT: 15 MIN. · GARZEIT: 15 MIN.

Holzkistchen
Alufolie
Öl zum Bepinseln
200 g sehr frische Sahne
1 großer EL Honig
3 EL Saft von Passionsfrüchten
200 g Zucker
1 Butter (walnussgroß)
Cellophan

■ Ein Holzkistchen mit Alufolie auskleiden und die Folie mit Öl bepinseln (etwa die Holzschachteln, in denen getrocknete Feigen angeboten werden).

■ Die Sahne und den Honig zum Kochen bringen. Den Passionsfrüchtesaft und den Zucker zugeben. 10 Minuten auf höchster Stufe kochen, bis die Mischung eine Temperatur von 125 °C erreicht. (Als Test: mit einem Löffel der Mischung einen Tropfen entnehmen und in kaltes Wasser geben. Der Tropfen bildet eine kleine Kugel, wenn er zwischen Daumen und Zeigefinger bewegt wird.) Nun die Butter einarbeiten, die Masse in das Holzkistchen gießen und abkühlen lassen.

■ Die Masse aus der Holzform lösen. Ein großes Messer mit glatter Schnittfläche und auch die Arbeitsfläche ölen. Die Masse in Streifen von 10 x 1,5 cm schneiden. Diese wiederum zu quadratischen Karamellen zerkleinern und einzeln wie Bonbons in Cellophan einwickeln.

■ Die Karamellen oder die Masse können eingewickelt etwa 10 Tage im Kühlschrank aufbewahrt werden.

LITSCHI UND RAMBUTAN

An den Obstständen in Thailand werden im Frühling Berge von Litschis und Rambutans angeboten. Die Farbe der kleinen kugelförmigen Früchte variiert von kräftigem Rosa bis Dunkelrot, wobei Litschis eine schuppige Schale besitzen, während Rambutans mit ihren zotteligen Borsten fast etwas komisch wirken. Als Tischdekoration ziehen sie garantiert das Interesse auf sich. In Europa werden die Früchte aus der Familie der Seifenbaumgewächse im Winter und Frühling angeboten. Beide besitzen einen ausgesprochen feinen Geschmack, der an Rosen und Muskatellertrauben erinnert. Sie harmonieren durchaus mit Gewürzen, nur sollten diese nicht zu kräftig sein. Auch zu Rum passen sie gut. Sie enthalten Vitamin C und Mineralstoffe und werden daher am besten im Kühlschrank aufbewahrt, aber höchstens zwei bis drei Tage. Zu lange Lagerung lässt sie schwarz und trocken werden und bringt Sie um den Genuss ihres wunderbar saftigen, süßen Fruchtfleisches. Wenn Sie die Früchte nicht einfach roh verzehren mögen, können Sie auch zuvor den großen Kern entfernen und sie mit etwas Rohrzucker in Rum ziehen lassen. Wenn sich keine frischen Früchte auftreiben lassen, sind Litschis in Sirup eine akzeptable Alternative.

LITSCHIS MIT GEWÜRZEN

FÜR ETWA 30 FRÜCHTE · VORBEREITUNGSZEIT: 15 MIN. · RUHEZEIT: 1 BIS 2 TAGE

500 g Litschis, schwer, tiefrosa, ohne dunkle Stellen
2 EL Blütenhonig
½ Vanillestange
1 EL Chinesisches Fünfgewürzpulver (Seite 86)

■ Litschis waschen und schälen. Über einer Schüssel entkernen, dabei den Saft auffangen. Die Früchte mit dem Saft in einen Plastikbehälter geben.

■ Den Honig mit der gleichen Menge Wasser in einem kleinen Topf erhitzen. Die längs aufgeritzte halbe Vanilleschote und das Fünfgewürzpulver hinzugeben. Kurz bevor sie kocht, die Mischung über die Früchte gießen.

■ Den Behälter verschließen und die Litschis 1–2 Tage (höchstens 3) im Kühlschrank ziehen lassen.

■ Die Litschis gekühlt als Dessert servieren.

CASHEWNÜSSE

Der Cashew-Baum, der auf den Antillen entdeckt wurde und ursprünglich im Amazonas-Becken beheimatet ist, gedeiht auch in anderen tropischen Regionen. Die nierenförmige Nuss wird hauptsächlich aus Indien, Ostafrika und Brasilien nach Europa importiert. Sie wächst am unteren Ende einer rötlichen, birnenförmigen Frucht ohne Kerne, dem Cashewapfel, und ich träumte immer davon, eines Tages in diese saftige, aromatische Frucht beißen zu dürfen.
Unterwegs in einem Jeep halte ich Ausschau nach der roten Frucht. Es stellt sich aber heraus, dass sie klein ist und ganz oben im Baum wächst. Ein Bauer ist uns mit einem langen Stock behilflich und ich kann mich dem lang ersehnten Genuss hingeben. Die Schale der Nuss enthält jedoch ein ätzendes Öl, so dass sie vor dem Verzehr geröstet und geschält werden muss. Dies geschieht aber bereits in den Ursprungsländern. In Indien werden Cashews für herzhafte Gerichte wie Ragouts oder Gemüsebeilagen und auch für Gebäck verwendet. Ich röste die Kerne nach Bedarf wie Haselnüsse, denen sie hinsichtlich ihres Nährwerts ähneln.

PARANÜSSE

Die stark ölhaltigen Paranüsse haben eher einen leichten Kokosgeschmack. Es handelt sich um eckige Samen, die aus dem Inneren einer großen, bis zu drei Kilo schweren Frucht stammen. Da der in Südamerika nur wild vorkommende Baum bis zu 45 Meter hoch werden kann, beginnt die Ernte der Nüsse erst, wenn die Früchte heruntergefallen sind.

Erdnussbutter ist unbestritten ein Lieblingsbrotaufstrich der Kinder. Die einen bevorzugen sie glatt und cremig, die anderen lieben sie mit knusprigen Stückchen. Die Größeren erfreuen sich ebenso an einem feinen Erdnussnougat.

ERDNÜSSE

Wer in Frankreich gern Pastis trinkt, kennt auch das kleine Schälchen gesalzener Erdnüsse, das dazu gereicht wird. Die nahrhafte Hülsenfrucht stammt ursprünglich aus dem tropischen Südamerika, wo sie an etwa 70 cm hohen Pflanzen wächst. Eine botanische Eigenart ist es, dass die Blüten einen langen Fruchtstiel entwickeln, der sich zur Erde krümmt, so dass die Frucht im Erdreich gedeiht. Und je nach der Farbe des Bodens, in dem die Erdnuss wächst, nimmt auch ihre Schale eine andere Färbung an.
Aus den kleinfruchtigen Sorten wird vorwiegend Speiseöl gewonnen. Das relativ geschmacksneutrale Erdnussöl lässt sich sehr stark erhitzen und wird in der asiatischen Küche, unter anderem für Wok-Gerichte, gerne verwendet.
Erdnüsse haben einen hohen Gehalt an Vitamin B und E, an Eiweiß und Kohlehydraten. Eine Besonderheit ist ihr Gehalt an Vitamin K, das die Blutgerinnung fördert.
Die Verwendung von Erdnüssen in der Küche ist äußerst vielseitig. Ich persönlich gebe sie gern zerstoßen zum Salat. Natürlich können sie auch in der Pfanne geröstet, gesalzen und gezuckert verzehrt werden. Und vielleicht mögen Sie Erdnüsse ja auch karamellisiert:
Das Rezept hierzu können Sie von den Pistazien übernehmen (siehe Seite 186).

CHINESISCHER RETTICH MIT ERDNUSSSAUCE

FÜR 2 DUTZEND PORTIONEN · VORBEREITUNGSZEIT: 15 MIN. · GARZEIT: 4 MIN.

- 2 EL Erdnussöl
- ½ Zwiebel, in Scheiben geschnitten
- 20 Erdnüsse, ungesalzen, geschält und enthäutet
- 20 g Kokosraspeln
- 2 bis 3 EL Sojasauce
- 1 bis 2 TL Reis- oder Cidre-Essig
- 24 feine Scheiben chinesischer oder schwarzer Rettich

■ Das Öl in einer Pfanne erhitzen, die Zwiebelscheiben und die Erdnüsse zugeben. Unter Rühren 2 Minuten sanft anschwitzen, die Kokosraspeln untermischen und unter Rühren weitere 2 Minuten garen.
■ Die Mischung in einem Mörser oder im Mixer unter Zugabe von Sojasauce und Essig zerkleinern. Die Masse wird mehr oder weniger teigig.
■ Jede Rettichscheibe mit etwas Sauce garnieren, in der Mitte falten und mit einem kleinen Holzspieß verschließen. Bis zum Servieren kühl lagern.
■ Die kleine chinesische Köstlichkeit wird zum Aperitif gereicht. Sie passt aber auch gut zu pochiertem oder dampfgegartem Fisch.
■ Die Sauce lässt sich an einem kühlen Ort im luftdichten Behälter bis zu 8 Tage lagern. Sie bildet auch eine gute Grundlage für Salatsaucen.

PEKANNÜSSE

Pekannüsse stammen aus Nordamerika und wurden zuerst von einem Indianerstamm in Illinois entdeckt. Die glattschalige rotbraune Nuss des hohen Pekanbaums ist mit der europäischen Walnuss verwandt. Ihr angenehm süßer Geschmack entfaltet sich in der berühmten nordamerikanischen Pekantorte.

ZUR VERWENDUNG VON NÜSSEN

Nüsse jeglicher Art können ohne Fett kurz in der Pfanne geröstet und dann über einen Salat oder in eine Suppe gegeben werden. Je nach Größe kann man sie im Ganzen lassen oder grob zerstoßen.
Sie können auch gewürzt, gesalzen oder gezuckert zum Aperitif gereicht oder zum Dekorieren verwendet werden. Hierzu verfahren Sie mit allen Nüssen folgendermaßen: Ein Eiweiß eine Minute mit der Gabel schlagen. Nach Belieben 1 TL Gewürze, grobes Salz oder braunen Zucker einarbeiten. 200 g Nüsse mit der Masse vermischen, auf ein Blech mit Backpapier legen und in den auf etwa 100 °C vorgeheizten Ofen geben.
Nach 5 Minuten den Ofen ausschalten und die Nüsse im Ofen abkühlen lassen. Bei trockener Lagerung halten sich diese Nüsse etwa 2 Wochen.

KOKOSNÜSSE

Kokospalmen sind mächtige schlanke Bäume, die ihr Haupt aus langen Fiederblättern majestätisch über tropischen Stränden wiegen. Botanisch zählen sie wie die meisten Landpflanzen zu den *Angiospermae*, den Bedecktsamern, zu denen auch Lilien oder Weizen gehören. Die schwimmfähigen Kokosnüsse fallen gelegentlich auch ins Meer, wo sie dann von der Strömung zu neuen Ufern getrieben werden. So bilden die Kokospalmen einen grünen Gürtel, der die gesamte Welt umspannt. Der Baum ist sehr fruchtbar und liefert bis zu 70 Jahre lang alle zwei Monate Kokosnüsse.

Die frisch gepflückte Kokosnuss müssen Sie zunächst mit einer Machete von der glänzenden, grünen fleischigen Fruchthülle befreien. Dann stechen Sie mit einem Nagel und einem Hammer zwei der Augen am äußeren Ende der Nuss ein, führen einen Strohhalm hinein und können bereits ein süßes, durststillendes Getränk, das Kokoswasser, genießen. Am besten schmeckt es nach einem Bad im Meer bei einer Wassertemperatur von 28 °C!

Wenn die Frucht trocknet, wird die Schale braun und strohig, das weiße Fruchtfleisch wird fest, nur in der Mitte hört man beim Schütteln noch etwas Flüssigkeit. Legen Sie die Nuss zum Öffnen am besten in eine feste Plastikschüssel, fangen Sie zunächst die Flüssigkeit auf und zerschlagen Sie dann die harte braune Schale in der Mitte mit einem Hammer. Schälen Sie die dünne braune Haut ab und genießen Sie das äußerst nahrhafte Fruchtfleisch. Dieses kann auch geraspelt für herzhafte Gerichte oder für Gebäck verwendet werden. Die Kokosmilch können Sie jetzt selbst bereiten, indem Sie kleine Fruchtfleischstücke knapp mit Wasser bedecken und dieses dann durch ein Tuch filtern, das dabei kräftig ausgedrückt wird.

Die Kokosraspeln werden am besten im Kühlschrank aufbewahrt, da sie sonst ranzig werden und etwas nach Seife schmecken. Kokosmilch finden Sie im Handel in flüssiger oder getrockneter Form sowie als Kokosmasse. Sie wird in der asiatischen Küche gerne für Curries verwendet, verfeinert aber auch Suppen und Saucen.

REIS MIT KOKOSMILCH

250 g thailändischer Duftreis
160 g Kokosraspeln
1 Cayenneschote
15 g Butter
2 Zwiebeln, geschält und klein gehackt
1 Würfel Geflügelbrühe
2 TL Limettenschale

ZUM DEKORIEREN:
30 g Kokosraspeln
Bananenblätter
Kleiner Korb

Die harte Schale gut waschen, die Augen mit einem harten, spitzen Gegenstand einstechen und das Kokoswasser naturbelassen oder als Rumpunsch genießen.

FÜR 4 PERSONEN · VORBEREITUNGSZEIT: 10 MIN. GARZEIT: 15 MIN. · RUHEZEIT: 30 MIN.

■ Den Reis in einem Sieb waschen und 30 Minuten in kaltem Wasser quellen lassen.

■ Inzwischen die Kokosmilch bereiten: In einem Topf 800 ml Wasser zum Kochen bringen und in eine Schüssel über die Kokosraspeln gießen. Zugedeckt 15 Minuten ziehen lassen. Die Mischung durch ein Passiersieb geben, das Fruchtfleisch ausdrücken und 600 ml Kokosmilch auffangen.

■ Die Cayenneschote zwischen zwei Löffeln oder in einer Plastiktüte zerbröseln. (Falls Sie sie mit den Händen berührt haben, diese nicht mit den Augen oder Lippen in Kontakt bringen!)

■ Die Butter in einem gusseisernen Topf erhitzen und die Zwiebeln mit 2 EL Wasser 1 Minute glasig dünsten. Den abgetropften Reis beigeben, 1 Minute umrühren, dann die Kokosmilch, den Brühwürfel, die abgeriebene Limettenschale und den Cayenne hinzufügen.

■ Zudecken und wenn möglich auf einer elektrischen Herdplatte 10-15 Minuten köcheln lassen. Die Platte ausschalten und den Reis bis zum Servieren zugedeckt weiterquellen lassen.

■ Die restlichen Kokosraspeln in einer antihaftbeschichteten Pfanne etwas Farbe annehmen lassen. Den Reis in eine vorgewärmte Schüssel geben und mit den Kokosraspeln dekorieren.

■ Der Reis kann in einem kleinen Korb, der mit Bananenblättern ausgelegt ist, serviert werden.

■ Der sehr aromatische Reis passt gut zu festfleischigen Fischfilets, die 30 Minuten in Zitronensaft mariniert wurden (der Reis kann etwas warten, nicht aber die Fischfilets, da sie im Zitronensaft »garen«).

EIN GEMÜSEGARTEN IM VAL D'ARGENT

Ich treffe Charles in seinem Garten an. Er steht gebückt über einer Reihe Erdbeerpflanzen, herrlichste kleine Monatserdbeeren. Der sandig-steinige Boden scheint ihren Bedürfnissen genau zu entsprechen. Im Mai hat er sie gesetzt, dann unter den Blüten etwas Strohmulch ausgebreitet und nun erwartet er mit Spannung die ersten kleinen, wunderbar aromatischen Früchte. Solange sie nicht eine tiefrote Farbe angenommen haben, rührt er sie nicht an, denn Erdbeeren reifen nicht nach.

Er steht auf und nimmt seinen Spaten. Seit über zehn Jahren benutzt er ihn nun, der Griff hat sich schon nach seiner Hand geformt. Er streift die Erde ab und blickt zum Himmel. Dort schiebt sich eine dunkle Wolke vor die Sonne. Bei dem Wind dürfte es spätestens in einer Stunde regnen. Die Luft wird schon kühler. Vielleicht wird es sogar hageln. Wenn im Juli ein Unwetter heraufzieht, kreisen die Schwalben im Tiefflug über dem Boden, die Hühner scharren ein Loch in die Erde und plustern sich darin auf und die Gemüsebauern betrachten mit besorgter Miene ihre Felder. Charles wirft einen Blick auf seinen Talisman, drei Hufeisen, die in der Form eines Kleeblatts über dem Stall hängen, als Erinnerung an die drei Kaltblüter auf dem Hof seines Großvaters. Er ruft seine Großneffen, Alexis und Florent, die völlig in ihre Schneckenzucht versunken sind. Heute Morgen hat er mit der Sense etwas Luzerne geschnitten, die die Kinder an die Kaninchen verteilt haben. »Kommt, jetzt wischen wir dem Gewitter eins aus!« Charles greift einen großen ovalen Korb aus Maschendraht, der auf der kleinen Steinmauer steht. Gemeinsam pflücken sie noch rasch einige Früchte. Mit den Kirschen wird Marie eine ihrer köstlichen Torten backen. Die reifen Himbeeren lässt sie etwas ziehen, um mit ihnen seinen Lieblingsaperitif zu zaubern, während draußen die ersten Blitze zucken. In zwei Tagen kommt sein Cousin aus dem Département Maine-et-Loire vorbei, dann ist es gut, etwas Köstliches im Haus zu haben. Charles hofft, dass der Cousin vielleicht in einem Anflug von kulinarischer Begeisterung einige Geheimnisse seiner Zucht von violetten Ritterlingen preisgeben wird. Dieser Pilz, der gruppenweise in Nadel- und Laubwäldern vorkommt, wird seit einiger Zeit auch in Kultur gezogen. Zwar stellt er die Züchter noch vor manche Probleme, doch scheint der Cousin auf einer Mischung von Weizenstroh und Sägemehl mit Erträgen von mehr als 15 Kilo schon beachtliche Erfolge zu verzeichnen. Nein! Er ist auf keinen Fall bereit, uns in sein Geheimnis einzuweihen, das müssten wir doch verstehen! Nach so vielen Monaten der misslungenen Versuche – aber unter Cousins …

Den Meistern der Pflanzkunst gewidmet …

SPARGEL

Die schnell wachsende Staude besitzt einen ausdauernden Wurzelstock, der jedes Frühjahr eine Vielzahl von Sprossen treibt. Je nach Anbaugebiet durchbrechen die Spargelspitzen zwischen März und Ende Juni die Erde. Das übrige Jahr zeigen sich die hoch gewachsenen, reich verzweigten Spargel als zarte filigrane Pflanzen in wechselndem Farbenspiel.
Manche mögen den Spargel am liebsten mit violetter, noch geschlossener Spitze. Der aromatische Kopf war bereits kurze Zeit der Sonne ausgesetzt. Andere bevorzugen die weißen, milderen Stangen, die in Erddämmen vor Licht geschützt wachsen. Der »falsche« grüne Spargel gedeiht etwas oberhalb des Hügelbeets, ist kurze Zeit der Sonne ausgesetzt und bildet einen ährenförmigen Kopf aus. Die vierte Sorte ist der »echte« Grünspargel, der auf ebenen Beeten bei vollem Licht wächst. Das karotinreiche Gemüse besitzt eine schlanke Form und muss nur selten geschält werden. Nie geschält wird der feine Wildspargel oder Mini-Grünspargel, *Asparagus acutifolius*, dessen zarte Stangen mit ausgeprägten Ähren im Mai angeboten werden.
Spargel wird in ein feuchtes Tuch eingewickelt im Gemüsefach des Kühlschranks aufbewahrt, wo er sich drei bis vier Tage hält. Die Lagerung in Läden bedürfte oft einiger Verbesserung, denn Spargel braucht Feuchtigkeit. Zudem wäre die Angabe des Datums, an dem der Spargel gestochen wurde, für den Verbraucher nützlich. Ein weiteres Problem ist der rasante Preisanstieg: In Deutschland wird Spargel, vor allem der erste, als Delikatesse sehr geschätzt und dementsprechend hoch bezahlt. Der Exportpreis für die übrig bleibenden Stangen ist ähnlich schwindelerregend.
Schälen Sie Spargel am besten zweimal mit einem Sparschäler, schneiden Sie das untere Ende großzügig ab und lagern Sie die Stangen während des Putzens in Wasser, damit sie nicht austrocknen. Der zarte Geschmack des Spargels verlangt, dass er nur mit frischen Kräutern und nicht zusammen mit anderem Gemüse zubereitet wird.

> Spargel sollte immer möglichst bald nach dem Kauf verzehrt werden, denn frisch gestochen ist er am zartesten. Das ballaststoffreiche Gemüse verliert beim Lagern an Feuchtigkeit und wird von Tag zu Tag etwas härter.

Eine Mousselinesauce ist natürlich das i-Tüpfelchen bei weißem Spargel, während Olivenöl und Zitronensaft besser zu violettem oder grünem Spargel passen.
Spargel harmoniert mit Fisch, mit einem Omelette und auch mit Kalbszunge oder -kopf zu einer Sauce Gribiche (einer Vinaigrette mit hart gekochtem Ei, Cornichons, Kapern und Kräutern). Auch püriert oder als Soufflé schmeckt Spargel köstlich. Colette Lenôtre liebt ihn heiß serviert mit Orangenbutter, und Gaston empfiehlt hier ausnahmsweise keinen Wein, außer vielleicht einen Savennières.

SPARGELSPITZEN MIT FORELLENROGEN

FÜR 6 PERSONEN · VORBEREITUNGSZEIT: 30 MIN. · GARZEIT: 15 MIN.

- 100 g Crème fraîche
- 30 grüne oder violette Spargel, geschält
- 3 EL Traubenkernöl
- Salz
- Frisch gemahlener Pfeffer
- ½ Bund Kerbel
- 20 Schnittlauchstengel
- 200 g Quark
- ½ Zitrone
- 6 Salatblätter
- 200 g Forellenrogen

■ Die Crème fraîche in der Schüssel, in der sie geschlagen wird, in den Kühlschrank geben. Die Spargelspitzen etwa 8 cm lang abschneiden und zur Seite legen. Den restlichen Spargel in Stücke schneiden und 10–12 Minuten unter gelegentlichem Rühren in Traubenkernöl andünsten, ohne dass er Farbe annimmt. Wenn er weich ist, leicht salzen und kräftig pfeffern, abtropfen lassen und im Mixer pürieren. Wenn die Masse faserig ist, zusätzlich durch ein Passiersieb streichen. Abkühlen lassen.

■ Kerbel und Schnittlauch fein hacken. Den Quark mit Zitronensaft und Kräutern vermengen, salzen und pfeffern. Den Kräuterquark im Kühlschrank aufbewahren.

■ Kurz vor dem Servieren die Spargelspitzen 3 Minuten in reichlich kochendem Salzwasser garen und abgießen. Die Crème fraîche schlagen und das Spargelpüree unterziehen. Bei Bedarf nachwürzen.

■ Jeden Teller mit 1 EL Forellenrogen in einem Salatblatt, 2 EL Spargelpüree, 2 EL Kräuterquark und Spargelspitzen garnieren.

SPARGEL-BAVAROIS

FÜR 6 PERSONEN · VORBEREITUNGSZEIT: 15 MIN. · GARZEIT: 25 MIN. · RUHEZEIT: 3 STD.

400 g weißer Spargel, geschält oder 350 g grüner Spargel
600 ml Milch
Meersalz
4 Blatt Gelatine
6 Eidotter
Pfeffer aus der Mühle
Kerbelzweige

ZUM DEKORIEREN:
Tomatenwürfel
Wildspargel, gegart (nach Wunsch)
Salatblätter (nach Wunsch)
6 Portionsförmchen

■ Den Spargel waschen und die Spitzen abtrennen. Die Stangen in Stücke schneiden und (bei weißem Spargel) 20 Minuten in gesalzener Milch garen (grünen Spargel nur 12–14 Minuten). Die Spitzen in einem Siebeinsatz über den Stangen in 8–10 Minuten dampfgaren (grüne Spitzen in 5–6 Minuten), dann beiseite stellen. Die Stangen durch ein Passiersieb streichen, so dass die faserigen Teile zurückbleiben. Das Püree in der Milch wieder zum Kochen bringen.

■ Die Gelatine in kaltem Wasser quellen lassen. In einer Schüssel die Eidotter 2 Minuten cremig schlagen, dann die kochende Spargelmilch unter Schlagen hinzugeben. Die Masse wieder in den Topf füllen und unter ständigem Rühren mit einem Holzspatel erneut erhitzen, aber nicht kochen. Wird die Creme dickflüssig, diese vom Feuer nehmen. 30 Sekunden weiter rühren, pfeffern. Nun die ausgedrückte Gelatine unterrühren.

■ In jedes Förmchen einige Kerbelzweige legen, dann die Spargelmasse darüber geben. Mindestens 3 Stunden im Kühlschrank fest werden lassen. Die Bavarois aus der Form lösen und stürzen. Nach Wunsch auf Salatblättern anrichten. Die Teller mit den Spargelspitzen und nach Belieben mit Wildspargel und Tomatenwürfeln dekorieren.

■ Die Bavarois können am Vortag zubereitet werden. Sie passen wunderbar zu kaltem Fisch. Bei der Verwendung grünen Spargels bekommt das Gericht mehr Farbe und die Garzeit reduziert sich um ein Drittel.

Frische, im Ofen getrocknete und in einem Glas trocken aufbewahrte Sellerieblätter verleihen Ihren Suppen ein köstliches Aroma.

SELLERIE

Sellerie zählt wie Engelwurz oder Schnittsellerie zu den Doldenblütlern und wurde aus dem Knotenblütigen Sellerie gezüchtet. Die Pflanzen besitzen alle einen starken Duft, einige Blätter reichen bereits aus, um einem Gericht Aroma zu verleihen. Alle Teile des Sellerie sind zum Verzehr geeignet: Die Stiele und die Blätter des Stauden- oder Bleichsellerie, die Samen, die am pikantesten schmecken, und auch die Knolle des Knollensellerie. Das gesunde, kalorienarme Gemüse ist reich an Vitaminen und Mineralstoffen und ist daher hervorragend für die figurbewusste Küche geeignet.
Wählen Sie einen dicht gewachsenen STAUDENSELLERIE aus, mit fleischigen Stielen und hoch aufgeschossenen Blättern. In ein feuchtes Tuch eingewickelt hält er sich drei bis vier Tage im Kühlschrank. Anstatt die Stangen zu schälen, brechen Sie sie zwei- oder dreimal durch und ziehen Sie die Fasern ab. Selleriestangen werden roh mit etwas Salz verzehrt, in Stücken zu einem Sellerie-Apfel-Salat vermischt oder mit etwas Roquefort zum Aperitif gereicht. In Stücke geschnitten kann Staudensellerie auch geschmort werden. Ähnliche Zubereitungsarten wie bei Fenchel haben sich bewährt: als Curry, mit Fisch, Oliven oder Zitrone etwa.

Bei der Wahl eines KNOLLENSELLERIE ist eher das Gewicht als die Größe ausschlaggebend. Im Gemüsefach des Kühlschranks hält er sich bis zu einer Woche. Die Knolle wird mit einem Sparschäler geschält, gewaschen und in große Scheiben geschnitten. Damit die Cremefarbe erhalten bleibt, sollten die Selleriescheiben sofort mit Zitronensaft beträufelt werden. Die aufgeschnittene Knolle hält sich in Frischhaltefolie eingewickelt ein bis zwei Tage. Mit einer klassischen Remouladensauce ergibt roher gewürfelter Knollensellerie einen köstlichen Salat. Er kann aber ebenso in Dampf, Milch oder Wasser gegart und püriert werden. Durch die Zugabe von etwas Öl vermeiden Sie, dass das Fruchtfleisch oxydiert.
Kehren wir zum aromatischen SCHNITTSELLERIE zurück. Seine Blätter verleihen einer Gemüsebouillon oder einem Fleischfond die nötige Würze. Schnitt- und Knollensellerie werden auch für die Herstellung von Selleriesalz verwendet. Sie können es selbst aus Salz und einigen getrockneten Sellerieblättern bereiten. Den größten Anteil an Spurenelementen, Calcium, Magnesium, Kalium, Eisen und Mangan erhalten Sie bei der Verwendung von Meersalz. Bewahren Sie dieses Salz in einem Steingutgefäß auf und stellen Sie es gelegentlich in die Sonne, damit die Feuchtigkeit entweichen kann.

STAUDENSELLERIE MIT OLIVEN

1 Staudensellerie
2 große rote Schalotten
2 EL Olivenöl
4 EL Tomatensauce natur
1 Zweig Thymian
Salz
Frisch gemahlener Pfeffer
100 g grüne Oliven

FÜR 6 PERSONEN · VORBEREITUNGSZEIT: 20 MIN.
GARZEIT: 25 MIN.

■ Die Selleriestangen abziehen, die Blätter und das Ende entfernen. Die Stangen vor dem Waschen in kleine Stücke schneiden.
■ Die Schalotten schälen und klein schneiden. Kurz in etwas Olivenöl anschwitzen. Die Selleriestücke hinzugeben und unter Rühren mit einem Holzlöffel 5 Minuten sanft garen.
■ Die Tomatensauce, Thymian, Salz und Pfeffer, dann die Oliven und ein halbes Glas Wasser hinzufügen. Im geschlossenen Topf 20 Minuten köcheln lassen. Warm oder lauwarm servieren.
■ Das Gericht kann am Vortag bereitet und im Kühlschrank aufbewahrt werden. Kurz vor dem Servieren erhitzen.

ROTBARBENGRATIN MIT KNOLLENSELLERIE

20 g Butter
250 g Knollensellerie
½ Zitrone
1 Knoblauchzehe
250 ml Milch
Salz
Frisch gemahlener Pfeffer
Muskatnuss
300 g Rotbarbenfilets
2 EL Crème fraîche
2 Eidotter

FÜR 4 PERSONEN · VORBEREITUNGSZEIT: 10 MIN. GARZEIT: 35 MIN.

■ Den Ofen auf 200 °C vorheizen. Eine Auflaufform buttern. Den Sellerie schälen und grob reiben, etwas Zitronensaft hinzufügen und in die Form geben.

■ Die Knoblauchzehe schälen und auspressen. Die Milch in einen Topf gießen, den Knoblauch hinzufügen, die Milch erhitzen und kochend über den Sellerie geben. Salzen, pfeffern und mit Muskatnuss würzen.

■ Die Form mit Alufolie abdecken und das Gemüse 30 Minuten im Ofen garen. Die Form aus dem Ofen nehmen, die Rotbarbenfilets auf den Sellerie geben. Die Crème fraîche mit dem Eigelb vermischen und den Fisch damit nappieren. Unter dem Grill 3–4 Minuten garen, ohne dass der Fisch Farbe annimmt. Sofort heiß servieren.

■ Wenn das Gericht vorher zubereitet wurde, erhitzen und dann wie oben den Fisch garen.

SELLERIE-MANDEL-MOUSSE MIT SELLERIECHIPS

FÜR 4 PERSONEN · VORBEREITUNGSZEIT: 20 MIN. · GARZEIT: 25 MIN.

1 Sellerieknolle
100 g Crème fraîche
20 g Mandeln, gemahlen
¼ TL Salz
¼ TL frisch gemahlener Pfeffer
¼ TL chinesisches Fünfgewürz oder gemahlener Sternanis
250 ml Erdnussöl

■ Die Knolle schälen, etwa 12 feine Scheiben abschneiden und beiseite legen. Die restliche Knolle in Stücke schneiden und in 20 Minuten dampfgaren.

■ Die Selleriestücke im Mixer pürieren, Crème fraîche, Mandeln, Salz, Pfeffer und Fünfgewürz hinzufügen.

■ Kurz vor dem Servieren das Öl auf etwa 175 °C erhitzen (etwas weniger als für Pommes frites). Die Selleriescheiben kurz frittieren, auf Küchenkrepp abtropfen lassen. Die so entstandenen Selleriechips mit Salz bestreuen und frisch frittiert mit etwas Sellerie-Mousse reichen.

■ Die Mousse passt gut zu Fisch oder Geflügel. Sie lässt sich problemlos vorbereiten und braucht dann nur über Dampf oder in der Mikrowelle erhitzt werden.

ZUCHTPILZE

In einem unterirdischen Garten gedeihen drei Sorten ZUCHTCHAMPIGNONS, der weiße, der rosafarbene und der Cremechampignon oder Braune Egerling, denen die Dunkelheit ihren milchigen Teint und die zarte Haut bewahrt. Bereits seit dem Mittelalter wird der Wiesenchampignon *(Psalliota campestris)* gezogen. Heute haben die Kalktuffkeller aus der Gegend um Saumur (Maine-et-Loire) weitgehend die unterirdischen Pariser Steinbrüche als Zuchtstätte abgelöst. Die Champignonzucht spielt in Frankreich eine bedeutende Rolle: Mit 20 000 Tonnen pro Jahr ist Frankreich nach den USA und China der dritte Produzent weltweit und der wichtigste europäische Erzeuger von Champignons. Viele Jahre wurde der berühmte *champignon de Paris* geschält, klein geschnitten, gehackt und zu lange gegart. Bei unnötigen Waschverfahren büßte er seinen zarten Geschmack ein. Damit auch Ballaststoffe, Spurenelemente und Vitamin B erhalten bleiben, muss er mit Sorgfalt behandelt werden. Nach Möglichkeit sollten die Köpfe der Champignons nicht gewaschen und nicht geschält werden. Man sollte sie nur leicht mit Zitrone säuern, damit sie nicht braun werden.

Die Pilzzucht ist eine Kunst für sich! Aus den Sporen, die in den Lamellen enthalten sind, wird im Labor der Myzel hergestellt. Das Fadengeflecht, auf dem die Pilze wachsen, entwickelt sich auf einem Unterbau von Getreide (gekochtem und sterilisiertem Roggen und Hirse). Mit diesem so genannten weißen Saatgut, das tonnenweise produziert wird, bestückt man einen speziell bereiteten Kompost. Dafür werden Weizenstroh und Pferdemist vorbereitet und etwa drei Wochen fermentiert. Dieser Kompost wird anschließend pasteurisiert, um Parasiten und Insekten zu vernichten. Erst dann kann das weiße Saatgut ausgebracht werden.

Zuchtpilze werden ganzjährig im Handel angeboten. Der ursprünglich aus Japan stammende SHIITAKE wird inzwischen auch als *lentille de chêne* in Frankreich gezüchtet und vertrieben. Er gedeiht auf totem Holz und ist gut haltbar, da er eher vertrocknet als verdirbt. Für die Erforschung seiner, in China bereits seit Jahrhunderten bekannten, Heilwirkungen wird die Optimierung der Zuchtbedingungen mit großem Eifer vorangetrieben. Der zerkleinerte Shiitake bleibt auch beim Garen weiß und kann ungeputzt und vollständig verwertet werden. Sein Geschmack erinnert ein wenig an den des Steinpilzes, auch wenn sein Aroma nicht ganz so intensiv ist. In einem Frikassee zu kleinen Wildspargelspitzen schmeckt Shiitake hervorragend.

Der leicht nussige Geschmack roher Champignons harmoniert mit Sahne und Frischkäse, aromatischem Öl und Kräutern. Als Gemüse lassen sie sich problemlos und schnell zubereiten.

AUSTERNPILZE wachsen büschelartig zusammen auf Baumstümpfen und brauchen Licht, um zu gedeihen. Ihre Farbe und Form kann vielfältig variieren. Der rundlich muschelartige Kopf ist feiner im Geschmack als der Stiel, so dass beide am besten getrennt zubereitet werden. Die grauen Pilze mit austernförmigem Kopf schmecken besser als die trichterförmigen gelben. Die rosafarbenen hingegen haben festeres Fleisch.

Von allen Zuchtpilzen kann nur der Champignon roh verzehrt werden. Allgemein liefern Pilze wenig Energie, sind aber reich an Ballast- und Mineralstoffen, Vitaminen und Spurenelementen.

GEMÜSEPFANNE MIT SHIITAKEPILZEN

FÜR 6 PERSONEN · VORBEREITUNGSZEIT: 10 MIN. · GARZEIT: 8 MIN.

8 Shiitakepilze, geputzt
1 mittlere Zucchini
1 kleine Salatgurke
½ Bund Wildspargel
1 Zwiebel, geschält und geachtelt
1 EL Traubenkernöl
100 g mageren Speck, in Streifen geschnitten
Pfeffer aus der Mühle

■ Die Pilze ganz kurz waschen und jeden in vier bis sechs Scheiben schneiden.

■ Die Zucchini und die Gurke waschen und ungeschält in Stifte schneiden. Die Spargelenden abbrechen, die Spargel waschen und, mit Ausnahme der Köpfe, in 1 cm große Stücke schneiden.

■ Die Zwiebel 2 Minuten im Öl glasig schwitzen, ohne dass sie Farbe annimmt. Zucchini, Gurken, Pilze, Spargelstücke und Speckstreifen zugeben. Alles 5 Minuten schmoren, dann pfeffern.

■ Die Gemüsepfanne heiß servieren. Sie schmeckt köstlich zu kleinen Kartoffelcrêpes (siehe Seite 54).

■ Anstelle der Shiitakepilze können auch Austernpilze und statt des Wildspargels auch der weiße Teil von zwei jungen Lauchstangen, in Ringe geschnitten, verwendet werden.

DUXELLES

ALS BEILAGE FÜR 6 PERSONEN · VORBEREITUNGSZEIT: 10 MIN. · GARZEIT: 15 MIN.

1 unbehandelte Zitrone
400 g Stiele von weißen oder hellen Zuchtchampignons (oder von Shiitakepilzen), geputzt
50 g Butter
1 graue Schalotte (etwa 70 g), geschält und gehackt
Salz und frisch gemahlener Pfeffer

■ Vier oder fünf dünne Streifen Zitronenschale abschneiden. Die Zitrone auspressen. Die Pilze in Streifen schneiden und in einer Schüssel mit dem Zitronensaft vermischen.

■ Die Butter in einem Topf zerlassen, die Pilze, Schalotten und Zitronenschalen hinzugeben. Zunächst im geschlossenen Topf, dann ohne Deckel unter gelegentlichem Rühren 10 Minuten dünsten, bis die Flüssigkeit verdampft ist. Vom Herd nehmen, abschmecken und abkühlen lassen.

■ Bereiten Sie die Duxelles an dem Tag, an dem Sie auch die Pilzköpfe verarbeiten. In einem luftdichten Behälter hält sie sich 3 Tage im Kühlschrank. Sie schmeckt hervorragend kalt, vermischt mit 80 g Frischkäse oder Mayonnaise, in Artischockenböden angerichtet, oder warm zu gegrilltem Fisch.

SALAT VON AUSTERNPILZEN MIT ZITRONE

FÜR 4 PERSONEN · VORBEREITUNGSZEIT: 15 MIN. · GARZEIT: 20 MIN.

600 g Austernpilze, geputzt
3 Tomaten
2 Knoblauchzehen
1½ Zitronen
1 Zwiebel, geschält
2 EL Olivenöl
1 TL Thymian
Salz und Pfeffer aus der Mühle

■ Die Pilze in feine Scheiben parallel zu den Lamellen schneiden.

■ Die Tomaten vierteln. Den Knoblauch schälen und klein schneiden. Die Zitronen auspressen.

■ Die Zwiebel hacken und 1 Minute im Öl glasig schwitzen. Die Pilze, Tomaten, Knoblauch, Zitronensaft und Thymian hinzugeben. Im geschlossenen Topf 10–15 Minuten leise köcheln. Dann salzen und pfeffern.

■ Das Gericht kann lauwarm oder kalt, als Gemüse oder als Salat gereicht werden.

■ In einem luftdichten Behälter hält es sich bis zu 3 Tage im Kühlschrank.

■ Das Rezept kann durchaus mit anderen Zuchtpilzen abgewandelt werden.

GURKEN

Gurkenkulturen im Gewächshaus haben sich schnell durchgesetzt, um Pilz- und Schädlingsbefall zu vermeiden, der die Erträge der intensiven Freilandkulturen um die Hälfte zurückgehen ließ. Der Unterglasanbau wird nun in ganz Europa praktiziert, häufig an Gerüsten. Er setzt eine hoch entwickelte Technik und tägliche Kontrollen voraus, damit das vegetative Gleichgewicht erhalten bleibt. Gewächshausgurken (SALATGURKEN, SCHLANGENGURKEN) sind hellgrün und besitzen eine dünne Schale. Um die Samenbildung zu vermeiden, werden Sorten mit ausschließlich weiblichen Blüten gezogen, denn Gurken können ohne Befruchtung und Samenbildung Früchte entwickeln. Durch optimal dosierte Nährstoffe wird die Entwicklung der Blätter zugunsten der Früchte reduziert. Dies konnte früher nur durch die Pflanzengröße beeinflusst werden. Durch eine genaue Stickstoffdosierung wird heute vor allem der Nitratausstoß vermieden. Gewaschene und abgebürstete Gurken sind bestens zum rohen Verzehr geeignet, vor allem mit Schale und Saft, da diese Mineralsalze und Vitamine enthalten. SCHMORGURKEN sind Freilandgurken mit dunkelgrüner dicker Schale und zahlreichen Kernen. Sie kommen gegen Ende des Frühlings auf den Markt. Nach dem Schälen werden die Kerne entfernt. Anschließend lässt man die Gurke mit etwas grobem Salz Wasser ziehen, vor allem wenn sie roh verwertet wird, da diese Sorte weniger leicht verdaulich ist als die Salatgurke. Vom Norden Europas bis zum Balkan werden Gurken sehr geschätzt und gern mit Knoblauch, Dill, Minze, Essig und Zitrone kombiniert.

Eine Salatgurke mit der Schale raspeln. 200 ml Crème fraîche aufkochen, mit Dijon-Senf, Salz und Pfeffer und etwas Zitronensaft würzen. Mit der Gurke vermischt als Beilage reichen.

GURKENSALAT MIT MINZE

FÜR 6 PERSONEN · VORBEREITUNGSZEIT: 10 MIN.

2 kleine Salatgurken
4 EL Sonnenblumenöl
Saft von 1 Zitrone
1 TL Dijon-Senf
8 Minzeblätter, klein gehackt
Salz und Pfeffer aus der Mühle
Längliche Radicchioblätter
50 g gesalzene Erdnüsse
50 g rohe junge Erbsen (nach Wunsch)

■ Die Gurken waschen und ungeschält der Länge nach vierteln. Die Enden entfernen. Die Viertel in kleine Scheiben schneiden.

■ In einer Salatschüssel das Öl mit Zitronensaft, Senf und den klein gehackten Minzeblättern vermischen. Die Gurke hinzufügen.

■ Den Gurkensalat mit Pfeffer und wenig Salz abschmecken; die Erdnüsse salzen den Salat zusätzlich.

■ Die bunten Radicchioblätter auf die Teller verteilen und den Salat darauf anrichten. Mit zerstoßenen und ganzen Erdnüssen und, wenn zur Hand, mit einigen frischen Erbsen dekorieren.

■ Den Salat höchstens eine halbe Stunde zuvor bereiten, damit die Gurken bissfest bleiben.

■ Statt der länglichen Blätter von Radicchio di Treviso können auch die Blätter des häufiger erhältlichen runden Radicchio di Chioggia verwendet werden.

GURKENCREME MIT KNOBLAUCH

FÜR 3 BIS 4 PERSONEN · VORBEREITUNGSZEIT: 15 MIN. · RUHEZEIT: 3 STD.

2 Salatgurken
2 Blatt Gelatine
4 EL Zitronensaft
2 Knoblauchzehen, geschält und zerdrückt
100 g Schafsmilchjoghurt
1 EL feines Meersalz
Pfeffer aus der Mühle

■ Die Gurken waschen, ungeschält klein schneiden, mit Salz bestreuen und 2 Stunden Wasser ziehen lassen. (Mit etwas Tomatensaft und Stangensellerie ergibt das Gurkenwasser ein erfrischendes Getränk).

■ Die Gelatine in kaltem Wasser quellen lassen.

■ Die Gurke im Mixer pürieren. Zitronensaft, Knoblauch und frisch gemahlenen Pfeffer beifügen. Durch ein Sieb streichen und 100 ml Saft auffangen.

■ Den grünen Saft erhitzen, ohne ihn kochen zu lassen. Die ausgedrückte Gelatine darin auflösen.

■ Den Gurkensaft mit dem Gurkenpüree vermischen, dann den Joghurt hinzufügen. 2 Stunden im Kühlschrank kühl stellen.

■ Die Creme passt gut zu Toast und lässt sich auch in ausgehöhlte Tomaten füllen: Eine köstliche Art, die Vitamine und Mineralstoffe zu genießen, die uns Gurken und feines Meersalz bieten.

GRÜNE BOHNEN

In den letzten Jahren hat sich das Angebot an grünen Bohnen stark verändert. Heute verlangt niemand mehr »Bohnen ohne Fäden« oder bricht eine Bohne probeweise. Doch gibt es heute nicht nur fadenfreie Bohnen, bei manchen Sorten, wie der ›Easy Pitch‹, müssen auch die Enden nicht mehr entfernt werden. Die dünnen Keniabohnen sind ganzjährig erhältlich, aber ich persönlich ziehe die französischen, die von Juni bis September angeboten werden, vor. Feine oder rundere, grüne oder violett gesprenkelte Stangenbohnen, die an einem Gerüst wachsen, und auch die niedrigeren Buschbohnen schmecken am besten, wenn sie jung gepflückt werden.

Den Gartenfreunden möchte ich hier eine Pflanze empfehlen, die den Rückenproblemen ein Ende bereitet: die Stangenbohne. Eine dekorative Pflanze, deren Früchte zum größten Teil in angenehmer Streckhaltung weit über dem Boden geerntet werden können.

Auf keinen Fall möchte ich tiefgekühlte grüne Bohnen empfehlen: Sie schmecken einfach nicht. Frische, aber niemals feuchte Bohnen werden in Papier eingewickelt im Gemüsefach des Kühlschranks aufbewahrt. Kochen Sie sie in reichlich Salzwasser (1 EL grobes Salz pro Liter). Die Buschbohnen dürften nach fünf Minuten gar sein, die übrigen nach acht Minuten. Beenden Sie die Garzeit, wenn die Bohnen noch etwas Biss haben (außer bei Eintopfgerichten) und schrecken Sie sie kurz ab.

Zarte Stangenbohnen enthalten einige Samen. Wenn sie jung gepflückt werden, lassen sich die fadenfreien Bohnen leicht brechen. Wachs- oder Butterbohnen haben gelbe Hülsen. Sie können sie der Länge nach halbieren oder in kleine Stücke schneiden und mit einer gehackten Zwiebel kurz in Öl garen. Schmecken Sie die Bohnen mit Petersilie oder Kerbel ab. Stangenbohnen mit flachen, breiten Hülsen heißen ›Coco‹-Bohnen oder Breite Bohnen. Sie lassen sich gut schräg schneiden, halten beim Kochen die Form und sind sogar im Winter erhältlich. Sie können sehr lang werden, wie die Fortex-Stangenbohne mit einer Länge bis zu 35 cm.
Es soll mehr als 36 000 Sorten der Gattung *Phaseolus* geben, darunter bereits 32 000 der *Phaseolus vulgaris*. In Anbetracht dieser Mengen finden Sie auch einiges über Bohnen im Kapitel »Ein Garten in den Weißen Bergen«.

GRÜNE BOHNEN MIT TOMATEN

FÜR 6 PERSONEN · VORBEREITUNGSZEIT: 20 MIN. · GARZEIT: 20 MIN.

1 kg grüne Bohnen, am besten Butterbohnen
500 g Tomaten
1 Zwiebel
4 EL Traubenkernöl
1 Thymianzweig und 1 Lorbeerblatt
1 kleines Bund Petersilie, gewaschen
2 Knoblauchzehen, ungeschält
Butter
Salz und Pfeffer aus der Mühle

■ Die Bohnen putzen, waschen und halbieren. Die Tomaten waschen und in Stücke schneiden. Die Zwiebel schälen und hacken.

■ Das Öl in einem Schmortopf erhitzen, die Zwiebel darin glasig schwitzen. Die Tomaten mit andünsten.

■ Den Thymian mit dem Lorbeer und der Hälfte der Petersilie zu einem Sträußchen binden und mit den halbierten Bohnen und dem ungeschälten Knoblauch in den Topf geben. Salzen und pfeffern.

■ Die Gemüsemischung im geschlossenen Topf 20 Minuten köcheln lassen, bis die Bohnen gar sind.

■ Das Kräutersträußchen, die Tomatenhäute und die Knoblauchzehen entfernen. Die restliche Petersilie fein hacken. Ein walnussgroßes Stück Butter und die Petersilie hinzugeben und heiß servieren.

■ Das Gemüsegericht kann auf kleiner Flamme aufgewärmt werden. Es kann auch lauwarm als Vorspeise gereicht werden.

COCO-BOHNEN MIT ANIS UND RÄUCHERAAL

FÜR 4 PERSONEN · VORBEREITUNGSZEIT: 15 MIN. · GARZEIT: 10 MIN.

1 EL Anissamen
1 kg Coco-Bohnen
250 g Räucheraal

FÜR DIE SAUCE:
1 Naturjoghurt
1 EL Wodka
1 EL Crème fraîche
2 EL Zitronensaft
Meersalz und Pfeffer aus der Mühle

■ Die Anissamen zerstoßen. Die Bohnen waschen und schräg schneiden. In 10 Minuten über Dampf oder in kochendem Salzwasser garen.

■ Abgießen und mit der Hälfte der Anissamen bestreuen.

■ Vom Aal die Haut und die Mittelgräte entfernen. Das Fleisch in Stifte schneiden. Die Sauce aus allen Zutaten und den restlichen Anissamen bereiten.

■ Die lauwarmen Bohnen mit den Räucheraalstücken und der Sauce vermischen. Lauwarm servieren.

■ Der Wodka verleiht dem Gericht Kraft, der Anis Frische.

■ Die flachen, breiten Stangenbohnen sind selbst im Winter auf dem Markt erhältlich.

■ Das Gericht lässt sich auch mit anderen Bohnensorten und anderem Räucherfisch abwandeln.

Lauch verwöhnt mit einem hohen Gehalt an Zellulose, Vitamin E und Mineralstoffen. Sein Kochsud regt die Nierentätigkeit an und wirkt entschlackend, vorausgesetzt er wird kühl aufbewahrt und innerhalb von 24 Stunden getrunken.

LAUCH

In seinem berühmten Rezept für Geflügel mit einer Coulis von Lauch verwendet Gaston Lenôtre nur den weißen Teil des Lauchs. Unser Gemüsegärtner wundert sich, was wohl mit dem grünen Teil geschieht. Bei einem Besuch in Plaisir sieht er sein Gemüse in großen Kochtöpfen, in denen es zusammen mit Zwiebeln, Möhren und Kalbsknochen knapp zwei Tage köchelt und zu Saucenfonds reduziert wird, die dann wiederum zu sämigen Saucen oder wohlschmeckenden Gelees verarbeitet werden.

Lauch wird ganzjährig in zahllosen Sorten angeboten. Die frühen Sorten werden im Winter ausgesät und sind im Frühjahr erhältlich. Andere werden im Sommer gepflanzt und von Oktober bis April geerntet. Über ein besonders kräftiges Aroma verfügen die Wildsorten. Beim Putzen des Lauchs entfernt man zunächst das Ende und das äußere Blatt. Dann wird der weiße Schaft von den grünen Blättern getrennt, diese werden geöffnet und unter fließendem Wasser gründlich abgespült.

Lauch kann in kochendem Salzwasser oder über Dampf gegart werden. Die cremigen weißen Lauchstangen werden heute als Beilage zu feinen Fischgerichten wie Seezunge und Steinbutt wieder entdeckt. In Ringe geschnitten und auf chinesische Art kurz in der Pfanne gebraten können sie ihr Aroma besonders gut entwickeln.

Im Frühjahr ergeben junge Lauchstangen zusammen mit einigen Morcheln ein köstliches Gericht. Roh kann das klein geschnittene Weiße einer Lauchstange mit seinem leicht knoblauchartigen Geschmack auch als Gewürz eingesetzt werden.

LAUCHSALAT MIT LAUCHFÄCHERN

FÜR 4 PERSONEN · VORBEREITUNGSZEIT: 20 MIN. · GARZEIT: 15 MIN.

8 kleine oder 4 große Lauchstangen
Salz und Pfeffer aus der Mühle
2 EL Traubenkernöl

FÜR DIE VINAIGRETTE:
1 EL Sherry-Essig
3 EL Olivenöl oder Haselnussöl
Salz und Pfeffer aus der Mühle

ZUM DEKORIEREN:
1 EL Johannisbeeren
Sesamkörner oder 1 Ei, hart gekocht

■ Den Lauch putzen, das Ende und das harte Grüne entfernen. Die Stangen halbieren und waschen.

■ Den hellgrünen Teil der Länge nach bis knapp über dem Ende einschneiden. Unter fließendem Wasser gründlich waschen, dann salzen, mit Pfeffer bestreuen und 15 Minuten dampfgaren. Fächerförmig auf den Tellern anrichten.

■ Den weißen Teil waschen und in Scheiben schneiden. 5 Minuten in Traubenkernöl in der Pfanne sautieren. Zwei- oder dreimal wenden. Salzen, pfeffern und auf die Teller verteilen.

■ Für die Vinaigrette den Sherry-Essig nach Wunsch mit Oliven- oder Haselnussöl vermischen, Salz und frisch gemahlenen Pfeffer hinzufügen. Jeweils einen Löffel von der Sherry-Vinaigrette über den Lauch auf jeden Teller geben.

■ Mit Johannisbeeren und Sesamkörnern dekorieren oder wahlweise mit einem klein gehackten hart gekochten Ei. Den Lauchsalat lauwarm servieren.

■ Der Salat kann 2 Stunden vorher bereitet werden, nur der weiße Lauch sollte erst kurz vor dem Servieren gegart werden. Den Salat nicht im Kühlschrank aufbewahren.

HECHTKRANZ MIT LAUCH-VELOUTÉ

FÜR 6 PERSONEN · VORBEREITUNGSZEIT: 30 MIN. · GARZEIT: 30 MIN.

325 g Butter
250 ml Sahne
500 g Hechtfleisch
Muskatnuss
1 gehäufter EL feines Salz (16 g)
1 TL Cayennepfeffer
Pfeffer aus der Mühle
Frische Küchenkräuter nach Geschmack
5 große Eier und 5 Eidotter
50 g Lauch, weißer Teil

FÜR DIE VELOUTÉ:
250 g Lauch, weißer Teil mit etwas Grün
2 EL Traubenkernöl
1 gehäufter TL Salz
½ TL frisch gemahlener Pfeffer
¼ TL chinesisches Fünfgewürz
4 EL Weißwein
100 ml Sahne
1 Prise Safran (nach Wunsch)

■ Die Butter würfeln, damit sie weich wird. Eine Schüssel mit der Sahne in das Tiefkühlfach stellen.

■ Den Ofen auf 160 °C vorheizen und ein Wasserbad in einem tiefen Backblech vorbereiten.

■ Das Hechtfleisch durch den Fleischwolf drehen und in eine Schüssel füllen. Die Gewürze und Kräuter dazugeben. 2 Eier, 2 Eidotter und 100 g Butter unterrühren. Nach und nach die restlichen Eier und die übrige Butter einarbeiten. Die Schüssel ins Tiefkühlfach geben.

■ Eine Ringform buttern. Das Weiße der Lauchstangen (50 g) und die zarten grünen Teile in Scheiben oder Streifen schneiden. Kurz blanchieren, abtropfen lassen und den Boden der Form damit auskleiden.

■ Die Sahne aus dem Tiefkühlfach entnehmen und steif schlagen. Unter die Hechtfarce ziehen und die Masse in die Form geben.

■ Die Hechtfarce im Wasserbad im Ofen 20 Minuten garen. Das Serviergeschirr und die Teller anwärmen.

■ Inzwischen die Lauchvelouté zubereiten. Das Weiße der Lauchstangen in Streifen schneiden und im Schmortopf in etwas Öl mit den Gewürzen anschwitzen. Den Wein zugießen und 10 Minuten im geschlossenen Topf garen.

■ Die Sahne mit dem Safran zum Kochen bringen, den Lauch hinzugeben und die Mischung im Mixer pürieren.

■ Den Hecht vorsichtig aus der Form lösen und auf die vorgewärmte Platte stürzen. Einen Teil der Velouté in die Mitte des Hechtkranzes geben und den Kranz mit Velouté überziehen.

■ Die übrige Velouté in einer Sauciere dazu reichen. Den Kranz mit frischen Kräutern dekorieren.

■ Diese Zubereitung schmeckt auch mit anderem Fisch köstlich, etwa mit Wittling, Seehecht oder Forelle.

Hechtkranz mit Lauch-Velouté

Die kleinen, zarten Schalotten trocknen schneller aus als Zwiebeln. Sie können aber klein gehackt eingefroren und dann ganz nach Bedarf entnommen und verarbeitet werden.

SCHALOTTEN

Schalotten zählen zu den Liliengewächsen. Früher galten sie als selbständige Art, heute ordnet man sie den Speisezwiebeln zu. Ihren Namen erhielten sie von der palästinensischen Hafenstadt Askalon, obwohl ihre Heimat in den tropischen Gebieten Asiens liegt.
Schalotten gibt es in unterschiedlichen Formen: kurz, halblang und auch länglich. Graue Schalotten sind klein, aber würzig. Sie eignen sich besonders zum Verfeinern von Weinsaucen. Im Winter bevorzuge ich die braunschalige Sorte Simiane, die in der Gegend um Marseille angebaut wird. Das milde Aroma der Schalotten passt zu allen feinen Gerichten. Als klassische Kombination werden Schalotten zu Austern gereicht. Gastons Lieblingssauce besteht aus gehackten Schalotten und einem guten Weinessig. Mit fünf bis sechs klein geschnittenen Schalotten, die Sie in der Flüssigkeit ziehen lassen, können Sie bereits einen Liter Rotweinessig aromatisieren. Die Stiele der Schalotten können ähnlich wie Winterzwiebeln verwendet werden.
Ein kulinarischer Höhepunkt ist die weiße Schalottenbutter, die Solange in Les Bastes zu frischem Hecht bereitet.

SCHALOTTENBUTTER

150 g Schalotten
150 g weiche Butter
1 EL chinesisches Fünfgewürzpulver
1 EL Pastis
Salz
Pfeffer aus der Mühle

FÜR 4 PERSONEN · VORBEREITUNGSZEIT: 15 MIN. KÜHLZEIT: 1 STD.

- Die Schalotten schälen und klein schneiden. 2 Minuten blanchieren, abtropfen lassen und abtupfen. Im Mixer pürieren, die Butter, den Pastis, Salz, Pfeffer und Fünfgewürzpulver unterrühren.
- Die Butter in Pergamentpapier eingewickelt aufbewahren oder auf Alufolie setzen und eine Rolle daraus formen. Links und rechts die Folie fest zudrehen und im Kühlschrank oder im Tiefkühlfach lagern.
- Die Klinge eines Messers erhitzen, die kalte Butter in Scheiben schneiden und zu warmem, pochiertem oder gegrilltem Fisch oder zu Schalentieren reichen.

SCHALOTTENKOMPOTT MIT ROSINEN

60 g helle Rosinen
4 EL Weißweinessig oder Weißwein
550 g rote Schalotten, geschält
2 EL Traubenkernöl
1 TL Salz
Pfeffer aus der Mühle

FÜR 2 BIS 3 PERSONEN
VORBEREITUNGSZEIT: 15 MIN. · GARZEIT: 30 MIN.
ZEIT ZUM ZIEHEN: 1 STD.

■ Die Rosinen 1 Stunde in dem Essig (oder dem Weißwein) einweichen.
■ Die Schalotten vierteln. Das Öl in einem Topf erhitzen und die Schalotten zugedeckt 10–15 Minuten schmoren. Salzen und pfeffern. Während des Schmorens zwei- oder dreimal wenden. Sie nehmen kaum Farbe an.
■ Die abgetropften Rosinen zugeben und 10 weitere Minuten schmoren. Leicht karamellisieren lassen.
■ Das Schalottenkompott schmeckt köstlich zu gebratener Geflügelleber oder zu Geflügelherz. Der Geflügelfond wird dabei mit dem Essig oder Wein, in dem die Rosinen mariniert wurden, abgelöscht.
■ In einem luftdichten Behälter hält sich das Kompott 2–3 Tage im Kühlschrank. Es kann auch tiefgekühlt werden, ohne sein Aroma zu verlieren.
■ Wer es gern säuerlich mag, sollte lieber Essig verwenden. Die grauen Schalotten sind für dieses Kompott nicht so gut geeignet, weil sie zu scharf sind.

KERBEL

In Frankreich bezeichnen die *fines herbes* insbesondere vier Küchenkräuter, die jeden Salat zu einer Köstlichkeit werden lassen: Kerbel, Petersilie, Estragon und Schnittlauch. Kerbel sollte nicht gekocht werden. Am besten wird er kurz vor dem Servieren mit der Küchenschere geschnitten und über eine Creme, eine Suppe oder einen Salat gestreut. Die feinen Stiele können hierfür ebenfalls verwendet werden. Und wenn der Kerbel im Garten wächst, können auch die Samen gegessen werden. Den besonders aromatischen Myrrhenkerbel finden Sie im Kapitel »Ein Garten in den Weißen Bergen«.

SALZKRAUT (QUELLER)

Ich liebe die Sumpfgebiete der Île d'Oléron, wo sich Himmel, Erde und Wasser in dauernder Veränderung begegnen. Bei Sonnenuntergang beobachten wir Enten und lauschen dem Gesang der Sumpfohreule. An der Spitze der Insel erstreckt sich ein Teppich von Salzkraut ähnlich einer endlosen Heidelandschaft. Die kleine fleischige Pflanze voll salzigem Saft ist in den Küstengebieten Nordwesteuropas beheimatet. Lange bevor diese zu Gemüseanbaugebieten umgewandelt wurden, trug das Salzkraut dazu bei, den Boden trockenzulegen und zu entsalzen, so dass dieser allmählich zum Nährboden für Kräuter und Gräser werden konnte. Die Gezeiten haben sich nun zurückgezogen, das Wasser folgt kleinen Kanälen und die ehemaligen Sumpfgebiete sind zu fruchtbarem Kulturland geworden.

Salzkraut lässt sich klein gehackt mit Knoblauch in Olivenöl und Cidre-Essig gut aufbewahren. Füllen Sie es in ein Glas, das Sie an einen kühlen Platz stellen. Es hält mehrere Wochen.

Das Salzkraut, das auch als Queller oder Glasschmalz bekannt ist, besteht aus vielgliedrigen Stengeln, die aussehen, als seien sie ineinander gesteckt. Nur die jungen, zarten Pflanzen sind zum Verzehr geeignet. Sie können im Mai gepflückt werden. Später nehmen die Stiele eine rötliche Farbe an und sind ungenießbar. Der Fischhandel bietet Salzkraut im eigenen Saft oder in Essig eingelegt an.

Die Gemüsepflanze enthält viel Natrium, Mineralstoffe, Spurenelemente und Vitamin C. Bis auf die härteren Stiele, die entfernt werden sollten, gibt es nichts zu putzen. Das Gemüse wird lediglich unter fließendem Wasser abgespült. Am besten schmecken die äußeren Enden. Die fleischigen, grünen Stücke können roh als Salat verzehrt werden. Olivenöl und auch Tomaten passen gut dazu. Salzkraut kann auch in fünf Minuten dampfgegart und zu Fisch oder Muscheln gereicht werden.

SALZKRAUT-PICKLES

FÜR 2 GLÄSER À ½ L

1 Mairübe
1 junge Möhre
100 g Blumenkohlröschen
200 g Salzkraut
1 Schalotte
600 bis 700 ml Cidre-Essig
1 Lorbeerblatt
1 EL Honig
1 EL Meersalz
5 schwarze Pfefferkörner

- Die Mairübe und die Möhre waschen und putzen. Den Blumenkohl und das Salzkraut waschen.
- Alle Gemüse 2 Minuten dampfgaren, dann in kleine Würfel oder Scheiben schneiden.
- Die Schalotte schälen und in feine Scheiben schneiden.
- Die Einmachgläser sterilisieren, indem sie 10 Minuten ausgekocht werden, und den Cidre-Essig aufkochen.
- Die Gläser mit dem Gemüse füllen, je ein halbes Lorbeerblatt zugeben, den Honig und die Gewürze auf die beiden Gläser verteilen und den kochenden Essig darüber geben. Sofort verschließen.
- Vor dem Öffnen die Pickles 1 Monat an einem kühlen, dunklen Ort oder im Kühlschrank lagern.
- Die Pickles halten sich ungeöffnet etwa 6 Monate.

CORNICHONS

Gegen Ende des Sommers werden Cornichons auf dem Markt angeboten. Die kleinen Gurken sollten frisch verarbeitet und höchstens zwei bis drei Tage im Kühlschrank gelagert werden. Sie werden nach dem Waschen und leichten Abbürsten zwei Minuten in kochendem Salzwasser blanchiert, dann abgegossen. So passen sie mit etwas Salz zum Aperitif oder in Scheiben geschnitten zu einem grünen Salat mit Estragon. Wer sie warm servieren möchte, halbiert die Cornichons und sautiert sie fünf Minuten in Butter mit einigen Koriandersamen und Dill oder Fenchel. Mit einem EL Weißweinessig ablöschen und zu dampfgegarten kleinen Kartoffeln und Fisch reichen.

Blanchierte Cornichons harmonieren gut mit einer cremigen Senfsauce. Man kann sie auch 10 Minuten in Sherry-Essig ziehen lassen und zu kalten Fleischgerichten servieren.

KIRSCHEN

Kirschen werden weltweit in den gemäßigten Klimazonen angebaut, doch liefert Europa über drei Viertel der Weltproduktion. Grundsätzlich wird das Angebot in Süß- und Sauerkirschen, sowie Kreuzungen aus beiden, die sogenannten Bastardkirschen unterteilt. Die Anzahl der Sorten innerhalb dieser Gruppen ist jedoch unüberschaubar.
Unter den französischen Süßkirschen erfreuen sich in erster Linie die ›Bigarreau‹ und die ›Guigne‹ großer Beliebtheit. Die bekanntesten Sauerkirschen sind die feine, durchscheinende ›Griotte‹, die ›Montmorency‹ und die englische Kirsche. Die Bigarreaukirschen sind von intensiverer Farbe als die englischen, ein hoher Zuckergehalt findet sich bei beiden. Alle Kirschen enthalten Phosphor, Eisen und Kalium und die Vitamine A, B und vor allem Vitamin C.

Kirschen bilden eine köstliche Beilage zu gebratenem Fleisch, wenn sie anschließend in derselben Pfanne sautiert und mit 1 TL Essig abgelöscht werden.

Die empfindlichen Früchte sollten möglichst nicht aufeinander gelagert werden. Falls Sie Kirschen in Papp- oder Plastikbehältern kaufen, prüfen Sie die unteren Früchte und entfernen sie alle beschädigten. Zahlreiche Erzeuger sortieren und verpacken sie heute bereits unmittelbar unter den Kirschbäumen. Die Früchte mögen auch keine großen Temperaturschwankungen. Lagern Sie sie nach Möglichkeit bis zum Servieren kühl. Ohne Stiel und eventuell halbiert lassen sie sich auch gut tiefkühlen. Sie können dann ohne Auftauen gegart werden.
Und so bereiten Sie Essigkirschen: Ein Einmachglas (500 ml) mit gewaschenen Bigarreaukirschen (oder anderen Süßkirschen), deren Stiele gekürzt wurden, mit warmem Cidre-Essig aufgießen. Eine Prise Zucker, drei Nelken und ein halbes Lorbeerblatt zugeben und alles einen Monat ziehen lassen. Die Kirschen werden wie Cornichons zu kalten Fleischgerichten oder Wild gereicht. Den stark aromatisierten Sud in dem die Bigarreaukirschen gezogen haben, können Sie als Kirschessig verwenden und beispielsweise einen Feldsalat damit anmachen.
Für den Kirschlikör haben wir den Klosterschwestern von Angers zu danken, die uns den köstlichen Guignolet bescheren. Kirschwasser wird aus einer kleinen, sehr zuckerhaltigen Vogelkirschensorte hergestellt, die ausschließlich zum Brennen verwendet wird. Und aus England stammt der *cherry brandy*, den die Inselbewohner eines Tages zufällig erfunden haben, als sie zu Kirschen ein Gläschen Cognac reichten. Der *cherry brandy* sollte natürlich nicht mit dem *sherry* verwechselt werden, einem Wein, der ursprünglich von Engländern im andalusischen Jerez gekeltert wurde.

KIRSCHSUPPE

½ Flasche Rotwein, Anjou oder Côtes-du-Rhône
1 Orangenschale
1 Zimtstange
500 g tiefrote Kirschen, entsteint
3 EL Guignolet Kirschlikör oder anderer von guter Qualität

FÜR 6 PERSONEN · VORBEREITUNGSZEIT: 10 MIN. GARZEIT: 15 BIS 20 MIN. · RUHEZEIT: 1 STD.

■ Den Wein in einem großen Topf mit der Orangenschale und dem Zimt zum Kochen bringen und auf die Hälfte reduzieren.
■ Die Kirschen zugeben und im geschlossenen Topf 5 Minuten unter Aufsicht kochen lassen. Den Deckel entfernen und umrühren.
■ Wenn der Kochsaft sirupartig wird, den Kirschlikör hinzugeben und kurz aufwallen lassen. Den geschlossenen Topf 1 Stunde abkühlen lassen.
■ Die Suppe kann 5–6 Tage aufbewahrt werden, sollte jedoch in ein sterilisiertes Glas umgefüllt werden. Sie schmeckt auch kalt köstlich. Sie kann mit einigen hellen Kirschen, die kurz in der Pfanne in 1 EL Zucker (ohne zu karamellisieren) gewendet wurden, garniert werden.

KIRSCHMADELEINE

FÜR 6 PERSONEN · VORBEREITUNGSZEIT: 10 MIN. · GARZEIT: 30 BIS 35 MIN. · RUHEZEIT: 12 STD.

125 g Butter
1 EL Honig
3 große Eier
125 g Zucker
150 g Mehl
½ Päckchen Backpulver oder
1 TL Natron
2 EL Guignolet oder anderen guten Kirschlikör
Einige Mandeln, gehobelt
Butter für die Form
Mehl zum Bestäuben
200 g frische Kirschen oder tiefgekühlte, entsteint

■ Die Butter und den Honig im Wasserbad oder in der Mikrowelle schmelzen.

■ In einer Schüssel die Eier mit dem Zucker 3 Minuten verschlagen. Das Mehl und das Backpulver hineinsieben und mit einem Spatel vermischen. Dann die Butter und den Honig sowie den Kirschlikör hinzugießen. Den Teig 12 Stunden an einem kühlen Ort ruhen lassen.

■ Den Ofen auf 200 °C vorheizen. Eine Ringform oder eine Gugelhupfform buttern und mit gehobelten Mandeln ausstreuen. Den Teig hineingeben. Die Kirschen leicht mit Mehl bepudern und auf dem Teig verteilen: Während des Backens gleiten sie von alleine hinein. 30–35 Minuten backen. Falls die Madeleine zu schnell Farbe annimmt, mit Alufolie abdecken.

■ Mit einem Spatel lässt sich der Kuchen leichter aus der Form lösen. Die Kirschsuppe passt hervorragend dazu (siehe Seite 120).

■ In Frischhaltefolie lässt sich der Kuchen an einem kühlen Ort einige Tage aufbewahren. Er wird mit der Zeit etwas weicher.

■ Der Guignolet der Klosterschwestern von Angers hat mir die Idee zu dieser Kirschmadeleine gegeben, in der Süß- und Sauerkirschen, etwa ›Guigne‹ und ›Griotte‹, wunderbar harmonieren.

■ Bei der Verwendung entsteinter tiefgekühlter Kirschen reduziert sich die Vorbereitungszeit um 10 Minuten.

ERDBEEREN

Erdbeeren werden in nahezu allen Ländern der Erde und, außer in den Tropen, auch in allen Klimazonen angebaut. Es entstehen immer wieder neue Sorten, die den unterschiedlichsten Wünschen gerecht werden.
Vor zehn Jahren hat Georgette Risser in Montfavet die Sorte ›Gariguette‹ gezüchtet: eine frühe aromatische Erdbeere, die relativ fest ist und sich gut hält. Aber ihre Qualität ist nicht mehr wie früher. Anfang Juni kommen dann die anderen Sorten auf den Markt und nur selten finde ich eine, die so köstlich schmeckt wie die ›Marat des Bois‹. Doch drängt es die Verbraucher schon im März nach den ersten Erdbeeren. Also werden harte Früchte ohne jeden Duft von Dezember an in großen Mengen aus Marokko und Spanien importiert. Dafür bleiben die aromatischen süßen Früchte der mehrmals tragenden Erdbeeren aus dem Périgord, die im September und Oktober erhältlich sind, nahezu unbeachtet. Es gibt sie noch, die guten Erdbeeren, solange man nur im richtigen Augenblick die richtige Sorte wählt.
Suchen Sie durch und durch rote Früchte aus, ohne weißen Kragen (Erdbeeren reifen nicht nach). Vermeiden Sie Temperaturschwankungen. Sortieren Sie die Früchte unmittelbar nach dem Einkauf aus und bewahren Sie sie kühl auf. Die Früchte vom Markt müssen meist nicht gewaschen werden, da sie auf Stroh oder Plastik, das zwischen der Pflanze und dem Boden ausgebreitet wird, ausreifen konnten. Außer bei der Bereitung von Konfitüre verlieren Erdbeeren beim Kochen einen Großteil ihres Aromas. Verwenden Sie sie daher eher für kalte Zubereitungen wie Sorbets oder Eis.

Erdbeeren sind erfrischend, kalorienarm und durch den hohen Gehalt an Vitamin C auch angenehm belebend. Sie werden im Allgemeinen gut vertragen und erscheinen selbst auf Diätspeiseplänen. Da sie manchmal allergische Reaktionen auslösen, sollten Allergiker zunächst nur eine Erdbeere probieren, um jedes Risiko auszuschließen.
Im Pays de Caux in der Normandie reicht man nach alter Tradition zu einer Butterbrioche folgende Köstlichkeit: Ein Einmachglas (1 l) mit halbierten oder geviertelten Erdbeeren füllen, 1 EL Cidre-Essig und 2 EL Zucker hinzugeben, verschließen und einen Tag an einem kühlen Ort ziehen lassen. Dabei das Glas ein- bis zweimal wenden.
Zum Tiefkühlen werden Erdbeeren kurz unter fließendem Wasser abgespült, entstielt und im Mixer mit 10 % ihres Gewichts an Zucker püriert.

LUFTIG-LEICHTES ERDBEEREIS

FÜR 1 L EIS · VORBEREITUNGSZEIT: 15 MIN. · RÜHRZEIT: 30 MIN.

200 ml Crème fraîche
250 ml Quellwasser
250 g Zucker
Eiswürfel
500 g Erdbeeren, entstielt
1 EL Cassis- oder Himbeerlikör
oder 2 EL Rosenwasser

■ 1 Stunde vorher die Crème fraîche in der Schüssel, in der sie geschlagen wird, in den Kühlschrank stellen (oder 15 Minuten in das Tiefkühlfach).

■ In einem Topf das Wasser mit dem Zucker zum Kochen bringen. Sobald der Zucker sich aufgelöst hat, den Topf in Wasser mit Eiswürfeln abkühlen.

■ Die Erdbeeren mit dem Zuckersirup im Mixer pürieren, den Likör oder das Rosenwasser hinzugeben. Die Masse in die Eismaschine gießen und rühren, bis sie halbgefroren ist.

■ Inzwischen die Crème fraîche kräftig schlagen, bis sie weiche Spitzen bildet. Sobald das Erdbeerpüree fest ist, die Crème fraîche löffelweise unterziehen.

■ Zum Erdbeereis passen besonders gut pochierte Aprikosen oder eine Coulis von roten Früchten.

HIMBEEREN

Himbeeren können ab Ende Juni geerntet werden, die mehrfach Tragenden liefern bis zum Ende des Sommers Früchte. Die kalorienarmen, reifen Früchte enthalten viel Vitamin C und Mineralstoffe. Sie lassen sich ähnlich wie Erdbeeren verarbeiten, besitzen aber weitere Vorteile: Sie haben ein intensiveres Aroma und können gut tiefgekühlt werden. Himbeeren lassen sich hervorragend zu Getränken verarbeiten, zu Wein, Likör, Sirup oder Himbeergeist. Himbeeressig ist aromatisch und vielseitig zu verwenden, nur bei sehr feinen Gerichten wie Jakobsmuscheln ist Vorsicht geboten. Dafür werden Himbeeren oder auch Erdbeeren, die etwas in Wein, beispielsweise einem leichten Rosé, gezogen haben, nach einem köstlichen Essen umso mehr geschätzt.

Bereiten Sie Konfitüre und Gelee unmittelbar nach dem Pflücken zu: Das Pektin ist dann am wirkungsvollsten. Zum Tiefkühlen werden die ungewaschenen Himbeeren zuvor in Zucker gewendet. 30 Minuten vor dem Verzehr werden sie wieder aufgetaut. Sie können auch püriert tiefgekühlt werden. Geben Sie dafür 10 % ihres Gewichts an Zucker hinzu. Eine Coulis kann kurz vor dem Verzehr aus 100 g noch gefrorenen Himbeeren bereitet werden: Zerstampfen Sie die Früchte und fügen Sie 30 g Zucker hinzu.

HIMBEERMOUSSE AUS DEM LOIRETAL

FÜR 6 PERSONEN · VORBEREITUNGSZEIT: 20 MIN. · KÜHLZEIT: 3 STD.

100 ml Sahne
Weiche Butter für die Form
100 g Zucker
4 Blatt Gelatine
250 g Himbeeren (ersatzweise Erdbeeren), geputzt
4 oder 5 Eiweiß (180 g)

ZUM DEKORIEREN:
200 g Rote Früchte

FÜR DIE COULIS:
200 g Pfirsichfruchtfleisch
100 g Zucker
1 EL Zitronensaft

■ Die Sahne in der Schüssel, in der sie geschlagen wird, in den Kühlschrank stellen. Eine Souffléform mit 16 cm Durchmesser mit einem Pinsel buttern, dann mit Zucker ausstreuen. Die Gelatine in kaltem Wasser quellen lassen. Die Himbeeren im Mixer pürieren. Die Sahne cremig schlagen.

■ Die Gelatine ausdrücken und in 2 EL erhitztem Himbeerpüree auflösen. In einer großen Schüssel mit den übrigen pürierten Beeren vermischen, dann die geschlagene Sahne unterziehen.

■ Das Eiweiß steif schlagen. Wenn es steif wird, nach und nach 80 g Zucker zufügen. Ein Drittel des Eischnees mit einem Spatel unter das Fruchtpüree heben, dann behutsam die anderen zwei Drittel.

■ Die Mousse in die Souffléform füllen und mindestens 3 Stunden im Kühlschrank ruhen lassen.

■ Die Unterseite der Form 10 Sekunden in warmes Wasser tauchen, abtrocknen. Die Form mit dem Servierteller zudecken und die Mousse stürzen.

■ Die Mousse mit roten Früchten dekorieren und mit einer Pfirsich-Coulis (aus zerdrücktem Fruchtfleisch mit Zucker und Zitronensaft) überziehen.

HIMBEERWEIN

FÜR 1,5 L WEIN · VORBEREITUNGSZEIT: 10 MIN. · GARZEIT: 10 MIN. · RUHEZEIT: 48 STD.

500 g reife Himbeeren
200 g brauner Zucker
1 Flasche Rosé-Wein
100 ml Alkohol (95°) oder
200 ml Obstwasser (45°)

■ Die Himbeeren und den Zucker in eine Schüssel geben, mit Wein gerade bedecken und 24 Stunden an einem kühlen Ort ziehen lassen. Den restlichen Wein in der verschlossenen Flasche aufbewahren.

■ Die Himbeer-Wein-Mischung in einem Topf erhitzen. Kurz vor dem Sieden vom Herd nehmen und abkühlen lassen. Durch ein Passiersieb streichen, den restlichen Wein und den Alkohol aufgießen. Die Flüssigkeit durch einen Papierfilter oder ein mit Mull ausgelegtes Sieb filtern.

■ Den Wein in Flaschen füllen und diese verschlossen im Kühlschrank aufbewahren.

Himbeerwein

PFIRSICHE UND NEKTARINEN

Die samtige Schale der Pfirsiche, die warmen Farben der runden, süßen Frucht regen die Sinne an. Den Nektarinen kommt eine vergleichbare symbolische Bedeutung nicht zu, dennoch erobern sie sich langsam ihren Platz auf dem Markt. Sie werden gern als aromatisch, saftig, süß, erfrischend oder angenehm sanft, als ideale Frucht also, beschrieben. Leider sind die Früchte aber oft mehlig und hart, weil sie zu früh gepflückt werden und sich ihr Aroma nicht entfalten kann.

In einem Obstgarten, der den ganzen Sommer über den Markt mit Pfirsichen und Nektarinen beliefern soll, müssen mindestens 50 verschiedene Sorten angebaut werden. Ich kann nur hoffen, dass die Forschung die Widerstandsfähigkeit der Bäume weiterentwickelt, damit die Behandlung mit Spritzmitteln (durchschnittlich sechsmal pro Jahr) reduziert werden kann. Wenn die Erzeuger einige Sorten von mittlerer Qualität aussondern und den Augenblick der Ernte optimal auswählen, finden sich auf unseren Tischen vielleicht schon bald wieder diese wunderbaren bekömmlichen Sommerfrüchte, die mit einem hohen Gehalt an Mineralstoffen und Vitaminen verwöhnen.

An dieser Stelle soll auch der kleine Weinbergpfirsich (*pêche de vigne*) erwähnt werden, von dem seit Generationen geschwärmt wird. Früher setzten die Winzer zwischen die Reben einige Reihen Pfirsiche. An manchen wuchsen dann kleine süße Früchte heran mit grauer Schale und weißem Fleisch. Wenn Sie das Glück haben, Weinbergpfirsiche aufzutreiben, dann verarbeiten Sie sie ohne Zucker zu einem köstlichen Sorbet: eine wahre Aromabombe! Seit etwa fünf Jahren finden sich auf französischen Märkten auch sogenannte Weinbergpfirsiche mit dunkelroter Schale. Es handelt sich um eine neue Sorte, die aus der Gegend um Lyon stammt. Dieser späte Pfirsich vervollständigt zwar die Palette, eignet sich aber nicht gut zum Kochen.

PFIRSICHSORBET MIT BLÜTENBLÄTTERN

FÜR 8 PERSONEN · VORBEREITUNGSZEIT: 20 MIN. · RÜHRZEIT: 30 MIN. · RUHEZEIT: 1 STD.

700 g gelbe Pfirsiche
200 ml Quellwasser
200 g Zucker
2 unbehandelte Orangen

FÜR DIE COULIS:
300 g Erdbeeren
100 g Zucker
24 Blütenblätter der Kapuzinerkresse

■ Die Pfirsiche 1 Minute über Dampf erhitzen, schälen, klein schneiden und kühl stellen.

■ Das Quellwasser mit den Pfirsichkernen und dem Zucker zum Kochen bringen. Den aromatisierten Sirup abkühlen lassen.

■ Die Orangenschale fein hacken und den Saft der zwei Früchte mit der Schale erhitzen. Auf die Hälfte reduzieren. Abkühlen lassen.

■ Die Pfirsiche mit dem Orangensaft vermischen, den Sirup durch ein Sieb filtern und hinzufügen. Die Masse in die Eismaschine füllen und rühren, bis sie gefroren ist.

■ Die Erdbeeren mit dem Zucker zerdrücken, um eine Coulis zu erhalten. Jeden Eisbecher mit zwei oder drei Kugeln füllen, etwas Coulis darüber geben und mit einigen kristallisierten Kapuzinerblüten (nach Wunsch auch Rosenblütenblättern) dekorieren (siehe Seite 28).

KONFITÜRE VON BRUGNON-NEKTARINEN UND KIRSCHEN

FÜR 5 GLÄSER À 375 G · VORBEREITUNGSZEIT: 20 MIN. · ZEIT ZUM ZIEHEN: 12 STD. · GARZEIT: 30 MIN.

1,2 kg weiße Brugnon-Nektarinen (Brugnolen), ersatzweise Nektarinen
600 g schwarze Süßkirschen oder Weichseln, entsteint
2 Vanilleschoten, in Stücke geschnitten
1,1 kg Zucker

■ Die Nektarinen vierteln und in eine große Schüssel geben. Die Kirschen, Vanilleschoten und den Zucker zufügen. Alles vermischen und 12 Stunden an einem kühlen Ort ziehen lassen.

■ Den Fruchtsaft abgießen und in einen großen Schmortopf geben. Den Saft mit den Vanilleschoten zu Sirup kochen (siehe Hinweise Seite 38), dabei mit einem Holzlöffel rühren.

■ Bei einer Temperatur von 118 °C die Früchte hinzufügen und kochen, bis die Temperatur wieder 109 °C beträgt.

■ Die Konfitüre in heiß ausgespülte Gläser füllen, verschließen und sofort auf den Deckel stellen.

Konfitüre von Brugnon-Nektarinen und Kirschen

TRAUBEN

Oktober ist die Zeit der Weinlese. Wer Gelegenheit dazu hat, sollte sich – wie wir auf dem Chateau Meyre – mit einem Schluck frischen Rebensaft verwöhnen. Der granatrote, bärbeißige Saft hat ein unverkennbares Himbeeraroma. Er beginnt sehr schnell zu gären: Nach zwei bis drei Tagen moussiert er bereits. Während seiner langsamen Verwandlung wird er nur noch von den Meistern des Fachs verkostet.
Die ›Thompson Seedless‹ verursacht den französischen Züchtern noch einiges Kopfzerbrechen. Die Tafeltraube stammt ursprünglich aus Chile und wird nach Frankreich importiert, wo noch an der Züchtung kernloser Trauben gearbeitet wird. Eines Tages hat man auch die italienischen Traubensorten auf dem Markt zugelassen. Die Italia ist nun die meistverkaufte Weintraube Frankreichs, wenngleich sie nicht die beste ist und andere gute Sorten verdrängt hat. Heute orientiert man sich eher an hochwertigen Trauben aus Einzellagen wie die ›Chasselas de Moissac‹, die eine Appelation d'Origine-Controlée-Rebsorte ist, ein Siegel das unter anderem garantiert, dass die Trauben auf dem Höhepunkt ihrer Reife gelesen werden. Bei den roten Trauben werden die ›Muscat du Ventoux‹ oder die ›Alphonse Lavallée‹ aus dem Lubéron bevorzugt. Die goldgelben Chasselas-Trauben sind klein und empfindlich, gehören aber zu den besonders delikaten Früchten. Die Muscat-Traube hingegen ist groß und saftig und lässt sich leicht vom Stiel lösen.
Mit 20 % Glucose und Fructose sind Trauben sehr nahrhaft. Sie besitzen zudem einen hohen Anteil an Kalium und anderen Mineralsalzen, wichtige Nährstoffe für Nerven, Hirn und Knochen. Zusätzlich sind sie mit reichlich Vitamin B und C ausgerüstet und zählen so zu den gesündesten Obstsorten überhaupt. Bekannt ist auch die entschlackende Wirkung medizinischer Traubenkuren. Mit Rücksicht auf Spritzmittelrückstände sollten Trauben jedoch vor dem Verzehr gründlich gewaschen werden. Die Lese der Tafelweintrauben erstreckt sich von Ende Juli bis in den November hinein.
Eine Traube mit Stiel können Sie hängend lagern. Einzelne Trauben halten sich besser in einem luftdichten Behälter im Kühlschrank. Bringen Sie sie eine Stunde vor dem Verzehr auf Zimmertemperatur und entfernen Sie beschädigte Früchte.
An den sonnendurchglühten Hängen um Korinth wachsen die kleinen dunklen Trauben, die getrocknet als Korinthen berühmt wurden und sich durch ein ausgeprägt süß-säuerliches Aroma auszeichnen. Die Smyrna- und Malaga-Rosinen hingegen haben einen stärkeren Muskatellergeschmack, sie sind weniger süß, dafür aber etwas größer. Die goldfarbenen kernlosen Sultaninen – ursprünglich aus der Türkei – stammen mittlerweile aus der Provence. Sie werden gerne für eine Farce, für Gebäck oder als aromatische Beigabe verwendet.

Die kleinen runzligen Rosinen verleihen herzhaften Gerichten wie auch Gebäck eine persönliche Note.
Als Nascherei für zwischendurch sind es wahre Energiebomben.

TRAUBEN IM FEIGENMANTEL

FÜR 4 PERSONEN · VORBEREITUNGSZEIT: 5 MIN. · GARZEIT: 40 MIN.

- 12 mittelgroße frische Feigen
- 12 Muskatellertrauben
- 250 ml roter Traubensaft
- 2 EL Traubenkernöl
- 50 g brauner Zucker

■ Den Ofen auf 200 °C vorheizen. Die Feigen und die Trauben waschen.
■ Jede Feige an einer Seite vorsichtig einschneiden, eine Traube hineingeben und wieder verschließen.
■ Eine ofenfeste Form ölen, die Feigen darin mit der geöffneten Seite nach oben nebeneinander legen. Mit Traubensaft begießen und mit Zucker bestreuen.
■ Die gefüllten Feigen 30 – 40 Minuten backen. Der Saft dickt dabei zu Sirup ein. Die Feigen lassen sich heiß oder lauwarm servieren. Dazu passt hervorragend Teegebäck mit Akazienhonig (siehe Seite 31), das nicht mit Mandeln, sondern mit Sesamkörnern zubereitet wurde.
■ Das schlichte Dessert kann vorbereitet und bis zu zwei Tage im Kühlschrank aufbewahrt werden. Kurz vor dem Servieren leicht anwärmen.
■ Ohne Zucker ergibt das Gericht eine köstliche Beilage zu Entenbrust.

EINE GARTENLAUBE IN DER SONNE

Das Bild, das ich Ihnen hier beschreiben möchte, wurde mir von einem lieben Freund geschenkt. Sein Name war Félix Tisot, aber er nannte sich immer »Félisse« und zeichnete auch seine Briefe so. Der Vater des berühmten Komikers Henri Tisot war lange Jahre Konditor in La Seyne-sur-Mer, dann hat er die Landschaften des Südens gemalt, das Mittelmeer und seine Farben, so wie er sie im Herzen trug.

Sehen Sie den Weg, der sich dort links hochschlängelt? Folgen Sie ihm, so einige hundert Meter. Er führt hinten in den Weinbergen zu einer alten Ölmühle. Es wird Ihnen bestimmt etwas warm, wenn Sie inmitten von Thymian und Bohnenkraut durch die steinige *Garrigue* laufen.

Aber lassen Sie sich von den Düften der Provence verführen. Manchmal werden Sie von Rosmarin getragen, dann wieder gibt es endlose Lavendelfelder, die die Nase wohltuend kitzeln. Folgen Sie dem Pfad mit geschlossenen Augen, noch drei Schritte, dann erreichen Sie ein kleines Tor. Nein, gehen Sie lieber durch den Garten. Das Haus besteht ohnehin nur aus einer Küche. Die Sprossenleiter, die zur Bodenkammer führt, dient als Gerüst für Kräuter, Körbe und roten Knoblauch.

Jacqueline kommt herein mit einem Steinguttopf voller Oliven unterm Arm. Als hätte sie Sie erwartet. Die Tür ist niemals verschlossen. Und wenn Jacqueline im Garten ist, begrüßt Sie der Hund. Nein, er bellt nicht, aber er möchte ausgiebig gestreichelt werden. Er hört auf Namen wie Trüffel oder Karamell und ist natürlich ein ebensolcher Liebhaber feinster Küche wie Jacqueline.

Den Gastgeberinnen gewidmet, die ohne große Umstände …

»Darf ich Ihnen etwas anbieten? Ich habe gerade eine Flasche selbst gemachten Aperitif geöffnet. Sie müssen mir sagen, wie Sie ihn finden. Sie kommen bestimmt von weither, ruhen Sie sich doch ein wenig in der Gartenlaube unter dem Wein aus. Die Stühle sind etwas wackelig, aber die Bank ist unverwüstlich. Warten Sie, ich stelle kurz die Oliven hier ab. Seit Jahren lege ich sie in Kräutern ein und immer werden sie gelobt. Die Oliven und auch die Paprika-Coulis.«

Jacqueline stellt ihren Oliventopf vor Ihnen auf den Tisch und verschwindet durch die niedrige Tür des Steinhauses. Kurz darauf schon kehrt sie mit einem großen Henkelkorb am Arm zurück. »Hier habe ich noch einen kleinen frischen Ziegenkäse, den hat der Nachbar Désiré gebracht. Und als Nachtisch hätte ich einige Muskatellertrauben, die hier am Haus wachsen, und eine paar Feigen. Der Baum steht dort hinten, sehen Sie ihn?« Ich kann Ihnen versichern, es wird ein köstlicher kleiner Schmaus, von dem Sie noch lange träumen werden.

AUBERGINEN

In ihrer Heimat Indien und in China sind Auberginen schon seit Jahrtausenden bekannt. Heute lassen sich auf den Märkten Asiens unzählige Sorten finden. Die Farbe der fleischigen Frucht kann von Weiß über Gelb bis Violett und fast Schwarz variieren. Manchmal sieht die im Englischen als *eggplant* bekannte Frucht auch tatsächlich wie ein glattes, glänzendes Hühnerei aus. Meist hat sie aber eine eher ovale Form und ist von hell violetter Farbe, wie die ›Violette de Florence‹, oder sie ist eher länglich mit süßlichem weichem Fleisch wie die Auberginen aus Saint-Rémy-de-Provence.
Da die Früchte tropischen Ursprungs sind, liefern sie vor allem in warmen Anbaugebieten üppige Ernten. In kälteren Regionen werden sie unter Glas gezogen. Wie bei Tomaten muß dann die Selbstbestäubung unterstützt werden. Entweder sorgt man für genügend Luftzufuhr und klopft gegen die Stützvorrichtung, damit sich die Pollen lösen, oder man setzt zu diesem Zweck Hummeln ein, deren Nest sich in der Mitte des Gewächshauses befindet. So wird keine Blüte vergessen und die Befruchtung verläuft optimal. Im Rahmen des integrierten, umweltverträglichen Pflanzenschutzes geschieht auch die Schädlingsbekämpfung mithilfe von Insekten. Seit einiger Zeit werden auf diese Weise in Frankreich in erster Linie Tomaten, seltener auch Auberginen gezogen.
Sobald die Früchte ihre Größe erreicht haben, müssen sie geerntet werden, sonst wird das Fleisch bitter oder sogar sauer. Auberginen zeichnen sich durch einen hohen Gehalt an Vitaminen und Mineralsalzen aus.
Am besten schmecken sie in Olivenöl frittiert. Andere Garmethoden lassen sie leicht etwas gräulich und weniger verlockend erscheinen. Janines sizilianische Großmutter riet immer dazu, sie »ihr Gift ausspucken«, oder mit anderen Worten, Wasser ziehen zu lassen, indem man sie mit Salz bestreut. Herrlich goldgelbe, knusprige Auberginenscheiben finden Sie in dem nun folgenden Rezept.

Lagern Sie Auberginen höchstens zwei bis drei Tage und bei einer Temperatur über 10 °C, sonst wird das Fruchtfleisch braun.

GEGRILLTE AUBERGINEN

FÜR 6 PERSONEN · VORBEREITUNGSZEIT: 10 MIN. · GARZEIT: 20 BIS 25 MIN.

2 Auberginen
1 EL grobes Salz
100 ml Olivenöl
Frische Küchenkräuter
Thymian oder Paprika

TAPENADE (nach Wunsch):
250 g schwarze Oliven, entsteint
100 g Kapern, abgetropft
6 Sardellenfilets, abgespült
Getrocknete Kräuter der Provence
Grobes Meersalz
Frisch gemahlener Pfeffer
2 Knoblauchzehen
1 EL Zitronensaft
4–5 EL Olivenöl

■ Die Auberginen mit einem Sparschäler schälen, dabei abwechselnd einen Streifen Schale an der Frucht belassen, so dass ein Farbkontrast entsteht. Die Auberginen in relativ dicke Scheiben schneiden, in eine Schüssel füllen und mit grobem Salz bestreuen. Knapp mit lauwarmem Wasser bedecken und 5–10 Minuten Wasser ziehen lassen, damit ihnen die Bitterstoffe entzogen werden. Die Scheiben dabei wenden. Nicht abspülen, nur abtropfen lassen.

■ Den Backofengrill auf 180 °C vorheizen. Ein Backblech ölen und die Auberginenscheiben darauf schichten. Das Blech etwa 20 cm unter dem Grill einschieben und die Auberginen etwa 15 Minuten garen. Die Früchte beobachten, wenden und 5 weitere Minuten garen.

■ Die Auberginen aus dem Ofen nehmen und mit frischen Küchenkräutern, Thymian oder Paprika bestreuen und warm servieren oder nach Wunsch mit Tapenade bestreichen. Weitere 2 Minuten grillen und sie warm, knusprig und goldbraun zum Aperitif oder als Vorspeise reichen.

TAPENADE

■ Für die Tapenade Oliven, Kapern und Sardellen in der Küchenmaschine pürieren. Im Mörser die Kräuter mit Salz, reichlich Pfeffer und dem Knoblauch zu einer Paste zerreiben. Die Olivenmischung und den Zitronensaft hinzufügen und alles mit dem Stößel zu einer glatten Mischung verarbeiten. Dabei nach und nach das Olivenöl einträufeln, bis eine sämige Paste entstanden ist.

AUBERGINENKAVIAR

FÜR 6 PERSONEN · VORBEREITUNGSZEIT: 15 MIN. · GARZEIT: 15 MIN. · RUHEZEIT: 1 STD.

4 Auberginen, gewaschen
1 Knoblauchknolle
18 schwarze Oliven, entsteint
Saft von 1 Zitrone
1 gehäufter TL Salz
½ TL frisch gemahlener Pfeffer
4 EL Olivenöl

ZUM DEKORIEREN:
6 schwarze Oliven

VARIANTE ZUM SERVIEREN:
3 längliche Auberginen
Kleine Basilikumblätter

■ Den Kelch der Auberginen entfernen. Die Früchte in große Scheiben schneiden und Wasser ziehen lassen (siehe Seite 132).

■ Die Auberginen mit den ungeschälten Knoblauchzehen in 15 Minuten dampfgaren.

■ Den Knoblauch schälen und die Auberginen grob zerkleinern. Alles im Mixer oder mit einem Handrührgerät zusammen mit den Oliven, dem Zitronensaft, Salz und Pfeffer und dem tröpfchenweise dazugegossenen Öl pürieren.

■ Den Auberginenkaviar zum Aperitif oder als Vorspeise auf Croûtons reichen, dekoriert mit halbierten Oliven.

■ Etwas Abwechslung bringen zusätzlich 1 TL Paprika, Koriandersamen oder Kreuzkümmel. Die Auberginen schmecken auch als Beilage zu Lammbraten oder gegrilltem Fisch köstlich.

■ Sie können mit dem Kaviar auch ein weiteres Gemüse füllen, wie auf dem Foto oben gezeigt.

■ Die langen Auberginen werden im Ganzen dampfgegart, der Länge nach halbiert, mit Auberginenkaviar garniert und mit Basilikumblättchen bestreut.

■ Der Auberginenkaviar lässt sich 3 Tage in einem Glas im Kühlschrank aufbewahren.

Einige bevorzugen die großen weiblichen Blüten mit der angesetzten, fingerlangen Frucht. Andere ziehen die festeren männlichen Blüten vor, da sie leichter zu füllen sind.

ZUCCHINI

Ein schwer beladenes Schiff verlässt den Hafen von Valparaíso in Richtung Europa. An Bord befinden sich Säcke mit Zucchinisamen im Wert von einigen hunderttausend Mark. Das langgestreckte Chile, das im Westen an den Pazifik grenzt und weiter östlich von der Hochkordillere der Anden bestimmt wird, vereint sämtliche Klimazonen von tropischen bis zu kühlgemäßigten Regionen und ist ein paradiesisches Herkunftsland tausender kleiner Samen. So beziehen europäische Erzeuger, etwa von Zucchini, Tomaten oder Gemüsepaprika ihr Saatgut aus dem Andenstaat. In den Mittelmeerländern ist das längliche Kürbisgewächs seit langem bekannt: Zucchini sind ein leichtes Gemüse mit geringem Energiegehalt. Heute sind auch in Frankreich mehrere Sorten im Handel; hell- oder dunkelgrüne und auch einige gelbe, die ich besonders für Aufläufe oder Gebäck schätze, da sie weniger saftig sind. Zucchini schmecken am besten als junge feste Früchte. In Papier eingewickelt lassen sie sich an einem trockenen, kühlen Ort vier bis fünf Tage aufbewahren.

Gestiftelte rohe Zucchini passen vorzüglich zum Aperitif. Man kann sie auch als Rohkostsalat mit einer würzigen Sauce mit einem Hauch Knoblauch oder mit Minze oder Basilikum genießen. Sie können in langen Streifen dampfgegart, zu kleinen Krapfen ausgebacken, oder in einer chinesischen Suppe pochiert werden. Püriert in Saucen oder Eintöpfen dienen sie auch als Bindemittel. Zu den klassischen Zubereitungen zählen in Teig ausgebackene Zucchiniblüten, die sich mit ein wenig Mühe auch füllen lassen. Zunächst den Stempel entfernen, die Blüte waschen und mit der Öffnung nach unten zum Trocknen aufstellen. Mit einer würzigen Farce füllen, die mit einem Ei gebunden wurde. In eine geölte Form geben und im Ofen bei mittlerer Hitze je nach Größe 15 bis 20 Minuten garen.

TARTEBODEN MIT ZUCCHINI

FÜR 10 PERSONEN · VORBEREITUNGSZEIT: 20 MIN. · GARZEIT: 25 MIN. · RUHEZEIT: 1 STD.

800 g grüne oder gelbe Zucchini, gewaschen und mit der Schale gerieben
Salz
3 Eier
60 g Mehl
100 g Comté oder würziger Emmentaler oder Gruyère, gerieben
Pfeffer aus der Mühle
300 g Belag nach Wunsch

■ Die Zucchini mit 1 TL Salz bestreuen und vermischen. Dann 1 Stunde in einem Sieb abtropfen lassen.

■ Den Ofen auf 175 °C vorheizen. Eine Tarteform mit Backpapier auskleiden. Die Zucchini kräftig mit den Händen ausdrücken.

■ In einer Schüssel die Eier und das Mehl verrühren, die Zucchini untermengen, dann den geriebenen Käse. Pfeffern. Eventuell mit Salz abschmecken. Den Teig gleichmäßig in der Form verteilen und 25 Minuten backen. Aus dem Ofen nehmen und abkühlen lassen. Den Boden wenden und mit dem gewünschten Belag (Vorschläge siehe rechte Spalte) garnieren.

■ Der Zucchiniboden ist eine willkommene Abwechslung zu Mürbe- oder Blätterteigböden. Er wird nun mit einem rohen oder gegarten Belag garniert und weitere 20 Minuten gebacken. Die Tarte schmeckt warm oder kalt und eignet sich auch zum Picknick.

BELAG

■ 100 g rohe, klein geschnittene Pilze, 2 Tomaten in feine Scheiben geschnitten und mit 2 TL Zitronensaft vermischt;

■ 200 g Schinken und eine scharf gewürzte Tomatensauce (siehe Seite 58);

■ klein geschnittene Gemüsepaprika, Anchovisfilets in Öl, schwarze, entsteinte Oliven und feine Scheiben Schafskäse.

GEFÜLLTE RUNDE ZUCCHINI MIT TINTENFISCH

FÜR 6 PERSONEN · VORBEREITUNGSZEIT: 20 MIN. · GARZEIT: 40 MIN.

Öl für die Form
6 runde Nizza-Zucchini
4 große Knoblauchzehen
12 kleine Tintenfische (weißer Teil)
3 EL Olivenöl
150 g Tomatensauce natur oder pürierte Tomaten
Salz und frisch gemahlener Pfeffer
Frischer Thymian
6 TL Weizengrieß

■ Den Ofen auf 200 °C vorheizen. Eine Auflaufform ölen. Die Deckel der Zucchini bereits anschneiden, ohne sie vollständig abzutrennen (bei abgetrenntem Deckel würde das Kondenswasser während des Garens in die Frucht laufen und sie mit Wasser füllen. Das Anschneiden muss allerdings im rohen Zustand geschehen, da die gegarte Frucht zu weich ist).

■ Die vorbereiteten Zucchini und die ungeschälten Knoblauchzehen 10 Minuten dampfgaren. Mit einem Teelöffel das Zucchinifleisch herauslösen und die ausgehöhlten Früchte auf die Öffnung stellen und auf einem Gitter abtropfen lassen. Die Knoblauchzehen schälen.

■ Die essbaren weißen Tintenfischteile herauslösen, waschen und fein schneiden. 2 EL Öl in einem Topf erhitzen. Tintenfisch und Knoblauch hineingeben und unter Rühren 1 Minute angehen lassen. Das Zucchinifleisch zugeben, dann die Tomatensauce und 1 Minute weitergaren.

■ Salzen, pfeffern und etwas zerbröselten Thymian in die Zucchini streuen. In jede Frucht 1 TL Weizengrieß geben. Dann die Tintenfischfarce darüber schöpfen und mit den Zucchinideckeln verschließen.

■ Die Früchte mit Öl bepinseln und in eine Form geben. Im Ofen 30 Minuten garen.

■ Die Zucchini können sowohl heiß als auch abgekühlt serviert werden.

FENCHEL

Die großen Dolden des wilden Fenchels wiegen sich im warmen Wind Südfrankreichs. Bei der geringsten Berührung verströmen sie ihren wunderbaren Anisduft. Wegen der aromatischen Samen wird GEWÜRZFENCHEL unter anderem auch zur Likörbereitung kultiviert. Sie können Ihren eigenen Fenchelgeist bereiten, wenn Sie Fenchelsamen mit den Stengeln und Blättern in etwas Alkohol ziehen lassen (siehe Seite 59). Im Übrigen werden Fenchelsamen für Tee und als Gewürz verwendet. Mit ihnen können Sie stärkehaltige Gemüsesorten oder einen Kuchenteig aromatisieren. Die jungen Stiele passen klein geschnitten gut zum Salat. Der süßere GEMÜSEFENCHEL wird in Südfrankreich im Sommer in den Gärten ausgesät. Die weißen zwiebelförmigen Knollen können dann von Oktober bis Mai geerntet werden. Andere Sorten sind das ganze Jahr über erhältlich. In Concarneau etwa habe ich im Juli herrlichen, duftenden Fenchel gefunden.

Wenn Sie eine Fenchelknolle putzen, können Sie das äußere Blatt zum Aromatisieren einer späteren Bouillon beiseite legen.

Die Fenchelknolle ist genau genommen die fleischige Verdickung der Blätter an der Basis, was auch die manchmal zähen, aber dennoch leicht verdaulichen Fasern erklärt, die sie umgeben. Zum Rohverzehr ist daher junger, zarter Fenchel am besten geeignet. Nicht nur sein ausgeprägt würzig-süßes Aroma, auch seine Nährstoffe zeichnen den Fenchel aus: Er ist kalorienarm und reich an Provitamin A, Vitamin B und C, Kalium und Eisen. Fenchel ist auch medizinisch wertvoll, insbesondere bei Zellkrankheiten und Blutkreislaufbeschwerden.
Die Fenchelknolle wird senkrecht zu den Fasern geschnitten. Als Salat harmoniert sie gut mit Äpfeln oder Orangen und Olivenöl. Geviertelt und sanft gegart kommt ihr Aroma ebenfalls voll zur Geltung.

Kuchen von gelben Zucchini

OCHSENMAULSALAT MIT FENCHEL

FÜR 4 BIS 5 PERSONEN · VORBEREITUNGSZEIT: 15 MIN.

350 g Ochsenmaul in Vinaigrette
3 TL Zitronensaft
1 TL scharfer Senf
2 große Fenchelknollen
20 g helle Rosinen
20 g Sesamkörner, geröstet
1 EL Kapern
Pfeffer aus der Mühle

■ Den Ochsenmaulsalat über einer Schüssel abgießen und die Vinaigrette auffangen. Diese mit Zitronensaft und Senf vermischen und beiseite stellen.

■ Die Fenchelknollen putzen, das äußere Blatt entfernen und die Stengel bis auf 2 cm abschneiden.

■ Die Knollen halbieren und senkrecht zu den Fasern klein schneiden.

■ In einer Salatschüssel den Fenchel mit der Sauce vermischen.

■ Die Rosinen, Sesamkörner, Kapern und den Ochsenmaulsalat zufügen und alles gründlich vermengen. Abschmecken und eventuell mit frisch gemahlenem Pfeffer nachwürzen.

■ Die einfache, frische Vorspeise kann 2 Stunden kühl gelagert werden.

ZARTES FENCHELGEMÜSE MIT ANCHOVIS

FÜR 4 PERSONEN · VORBEREITUNGSZEIT: 15 MIN. · GARZEIT: 12 MIN.

1 Zitrone
1 kg Fenchelknollen
4 EL Olivenöl
4 Knoblauchzehen, geschält und zerdrückt
Pfeffer aus der Mühle
12 Anchovisfilets in Öl

■ Die Zitronenschale in Streifen schälen und die Frucht auspressen. Die Fenchelknollen waschen, schälen, die Stengel an der Knolle abschneiden und das Grüne beiseite legen. Die Knollen halbieren, der Länge nach schräg klein schneiden.

■ Das Öl in einem Schmortopf erhitzen, den Fenchel, Knoblauch, die Zitronenschalen, 4 EL Zitronensaft und Pfeffer zugeben. Zugedeckt 10 Minuten köcheln.

■ Inzwischen die Anchovis abtropfen lassen, die Gräten entfernen und die Filets würfeln. Auf den Boden des Topfes unter den Fenchel geben und mit einem Spatel umrühren. Etwas Wasser zugießen.

■ 2 weitere Minuten garen lassen, nachwürzen. Das warme Fenchelgemüse kann als Vorspeise gereicht werden. Der Servierteller lässt sich gut mit dem klein geschnittenen Fenchelgrün dekorieren.

KUCHEN VON GELBEN ZUCCHINI

FÜR 2 FORMEN · VORBEREITUNGSZEIT: 20 MIN. · GARZEIT: 55 MIN.

800 g kleine gelbe Zucchini
Milchpulver (nur bei Bedarf)
300 g Mehl
1 Päckchen Backpulver
1 gehäufter TL Natron
175 g weiche Butter
350 g Zucker
2 EL Anissamen
3 große Eier
1 EL frischer geriebener Ingwer
150 ml Sahne

■ Den Ofen auf 180 °C vorheizen. Zwei Formen von 1,5 l Fassungsvermögen mit Backpapier auskleiden. Die Zucchini waschen und ungeschält in eine Schüssel reiben. Wenn die Masse sehr wässrig ist, etwas Milchpulver einarbeiten.

■ In einer zweiten Schüssel Mehl, Backpulver und Natron vermischen. In einer größeren Schüssel die Butter mit dem Zucker schaumig schlagen. Den Anis und die Eier unterrühren, dann die Zucchini, den Ingwer, die Sahne und schließlich nach und nach das Mehl. Der Teig sollte zähflüssig sein.

■ Die Masse in die Formen verteilen und die Kuchen 55 Minuten im Ofen backen. Außen sollten sie goldgelb und knusprig sein. Abkühlen lassen und aus der Form lösen.

■ Der Kuchen schmeckt wunderbar zum Tee, zum Frühstück oder als Nachtisch, mit einer Coulis oder einer Vanillesauce.

■ Sie können den Kuchen auch, wie links abgebildet, 15 Minuten vor Ende der Backzeit mit hauchdünn geschnittenen Zucchinischeiben belegen, diese mit etwas Butter bepinseln und dann den Kuchen fertig backen.

■ Natron ist in der Lebensmittelabteilung (Backwaren) erhältlich.

■ Der Kuchen hält sich problemlos eine Woche im Kühlschrank. Es lohnt sich also, zwei auf einmal zu backen!

ROSMARIN

Der Name *Rosmarinus* bedeutet Meertau, wobei man natürlich ans Mittelmeer denkt. Der immergrüne Strauch, der bereits zum Ende des Winters blüht, kann bis zu zwei Meter hoch werden. Er liebt die Sonne und wird seinerseits von den Bienen geliebt. Frisch gepflückt ist Rosmarin am aromatischsten. Geben Sie einen Zweig in eine Marinade, garen Sie ihn mit Tomaten, Mais oder Kichererbsen und legen Sie beim Grillen einige Zweige in die Glut.
Folgendes Rezept stammt von Colette Lenôtre: 700 g Möhren mit zwei Knoblauchzehen, dem Saft einer halben Zitrone, 2 EL Olivenöl und einem Zweig Rosmarin eine Stunde sanft dünsten. Salzen und pfeffern. Als Gemüse oder als Vorspeise, kalt oder warm genießen.

KICHERERBSEN

Die Samen dieser Hülsenfrucht sind in Frankreich auch unter dem Namen »Erbse mit dem Widderkopf« bekannt. Tatsächlich sehen sie diesem nicht nur etwas ähnlich, sie sind auch so hart, dass sie stundenlang (am besten über Nacht) in Quellwasser eingeweicht werden müssen, damit ihr Nährwert zur vollen Entfaltung gelangt. Sie sind reich an Kohlehydraten, Eiweiß, Fett und Mineralstoffen, besonders Calcium und Eisen. Anschließend lässt man sie etwa eine Stunde garen, wenn sie im Ganzen verzehrt werden, in einem Hammelragout noch etwas länger. In alten Rezepten werden sogar Garzeiten bis zu zweieinhalb Stunden angegeben.
Die Kabuli-Kichererbsen stammen aus dem Mittelmeerraum und werden dort als einjährige Pflanzen gezogen.

KICHERERBSENCREME MIT SESAM

FÜR 5 BIS 6 PERSONEN · VORBEREITUNGSZEIT: 10 MIN. · EINWEICHZEIT: 12 STD. · GARZEIT: 1 STD. 30 MIN.

150 g Kichererbsen
½ Chilischote
7 Knoblauchzehen
30 g Gomasio oder 30 g Sesamkörner und 1 TL Salz
2 EL Olivenöl
1 Schafsmilchjoghurt
Saft von 1 Zitrone

ZUM SERVIEREN:
1 großer Patisson-Kürbis (Bischofsmütze)

■ Die Kichererbsen waschen. In eine Schüssel geben, die vierfache Menge an Wasser angießen und die Kichererbsen mindestens 12 Stunden einweichen. Abgießen, dann in der dreifachen Menge ihres Volumens an Wasser mit der halben Chilischote 1 Stunde garen. 15 Minuten vor Ende der Garzeit die ungeschälten Knoblauchzehen zugeben.
■ Die Kichererbsen abgießen, die Bouillon auffangen und die Chilischote entfernen.
■ Wenn kein Gomasio zur Hand ist, einige zerstoßene Sesamkörner mit etwas Salz vermischen. Den Knoblauch schälen. Die Kichererbsen mit dem Knoblauch, Öl, Joghurt, Zitronensaft und der Sesammischung pürieren. Wenn die Creme etwas zu dick wird, Bouillon nachgießen. Abschmecken und nachwürzen. Das Chiliaroma entwickelt sich erst im Laufe der Zeit. Die Creme im Kühlschrank aufbewahren.
■ In einem geschlossenen Behälter hält sie sich 3 – 4 Tage. Einen großen Patisson-Kürbis im Ganzen 30 Minuten garen und teilweise aushöhlen. Die Creme darin anrichten und mit Vollwerttoast oder Algenblinis (siehe Seite 72) und grünem Salat reichen.
■ Der Salat kann mit 50 g Sesamkörnern aromatisiert werden, die kurz in der Pfanne erhitzt wurden. Für die Sauce empfehle ich Sesamöl (das nicht erhitzt werden darf).
■ Gomasio ist eine ausgewogene Mischung aus leicht gerösteten, zerstoßenen Sesamkörnern und Meersalz, die in Bioläden oder in asiatischen Feinkostgeschäften erhältlich ist. Ein Teelöffel Gomasio oder Sesamkörner reicht aus, um einen Salat mit frischen Dicken Bohnen zu aromatisieren.

SESAM

Die magische Formel »Sesam, öffne Dich« könnte auch auf die stärkenden Eigenschaften des kleinen Korns hinweisen. Während die Ölpflanze mit hohem Energiegehalt bei uns ein Schattendasein fristet, zählt sie in Afrika zu den traditionellen Nahrungsmitteln. In Burkina Faso hängen die geernteten Sesamgarben zum Trocknen in der Mitte des Dorfes und lassen ihren goldenen Schein auf den rohen Steinmauern tanzen.

EIN TIP FÜR NASCHKATZEN: eine Hand voll gerösteter Sesamkörner mit Mandeln und Honig vermischen und in Datteln füllen. Allerdings will dieser Gruß aus dem Orient mit Maßen genossen werden, sonst muss manch eine üppige Schönheit sich schon bald hinter geheimnisvollen Schleiern verstecken.

MELONENHÄPPCHEN MIT SESAM

20 Minzeblätter
250 g Fruchtfleisch einer festen aromatischen Charentais- oder Netzmelone
250 g Gelierzucker
Öl
150 g Sesamkörner
Papierförmchen

FÜR ETWA 20 KLEINE PORTIONEN

VORBEREITUNGSZEIT: 15 MIN. · GARZEIT: 10 MIN.

■ Die Minzeblätter klein schneiden. Das Melonenfleisch würfeln. Beides 5 Minuten in einem Topf garen, den Gelierzucker zufügen und unter ständigem Rühren mit einem Holzlöffel erneut aufkochen.

■ Weitere 5 Minuten sprudelnd kochen, dann das goldgelbe Gelee in eine eingeölte eckige Schale oder Form füllen und vollständig abkühlen lassen.

■ Das Gelee in Streifen schneiden. Mit einem Teelöffel walnussgroße Portionen herausheben und mit den Händen mit einem Sesammantel umgeben. In die Papierförmchen setzen.

■ Die Melonenhäppchen können bei Zimmertemperatur 4–5 Tage aufbewahrt werden. Sie passen vorzüglich zu Sandgebäck, Eis oder frischen Früchten.

KREUZKÜMMEL

Der schlanke Doldenblütler stammt aus dem Orient und wird in Indien, in den arabischen Ländern und im Mittelmeerraum kultiviert. *Cuminum cyminum* liebt die Sonne. Die langen hellbraunen Samen verleihen ein warmes pfeffriges Aroma. Kreuzkümmel ist ein fester Bestandteil zahlreicher Gewürzmischungen wie *ras al-hanout*, der nordafrikanischen Würze für Couscous und Tagine-Gerichte, oder indischer Curry-Mischungen. Er darf bei keiner Guacamole fehlen, passt hervorragend zu Rosenkohl, Zucchini oder Linsen und ebenso zu Ragouts und Wild. Kreuzkümmelsamen, die in warmem Essig gezogen haben, bilden eine angenehme Würze für Rotkohlsalat oder marinierte Gemüsepaprika.

ANIS UND STERNANIS

Bei Anis handelt es sich um den Samen eines einjährigen Doldenblütlers, *Pimpinella anisum*, während Sternanis an einem Strauch oder kleinen Baum, *Illicium verum*, gedeiht, der in China heimisch ist. Durch ihren Gehalt an Anethol duften beide nach Anis und können mit ähnlichen Ergebnissen verwendet werden. Sie sind vorzüglich zum Aromatisieren von Sandgebäck oder Gewürzkuchen, von Eis oder Anislikör geeignet. Sternanis ist ein Bestandteil des chinesischen Fünfgewürzpulvers. Der dekorative achtzackige Stern besteht aus acht sternförmig zusammengesetzten Einzelfrüchten, von denen jede einen kleinen braunen Samen enthält. Vor der Verwendung bricht man diese auseinander. Das stärkste Aroma enthält die Schale. Anis und Sternanis harmonieren gut mit Fisch- und Muschelgerichten. Darüber hinaus werden mit Sternanis gerne Schweinefleisch und Geflügel aromatisiert.

FENCHELSUPPE MIT SAFRAN UND ANIS

FÜR 6 PERSONEN · VORBEREITUNGSZEIT: 15 MIN. · GARZEIT: 35 MIN.

- 1,2 kg Fenchelknollen
- 2 Zwiebeln
- 1 Döschen Safran
- 8 Anissamen
- 4 EL Olivenöl
- 1 l Hühnerbouillon
- Salz und frisch gemahlener Pfeffer

■ Den Fenchel waschen und putzen, die Zwiebeln schälen.

■ Die Fenchelknollen und die Zwiebeln in der Küchenmaschine oder mit dem Messer klein schneiden, mit dem Safran und den Anissamen aromatisieren.

■ Das Olivenöl in einem Topf erhitzen. Die Mischung aus Fenchel und Zwiebeln 5 Minuten unter Rühren angehen lassen. Die Geflügelbouillon angießen.

■ Zugedeckt 30 Minuten kochen. Vom Feuer nehmen, pfeffern und bei Bedarf salzen. Pürieren und heiß servieren.

■ Die Zubereitung mit der Hälfte der angegebenen Bouillon ergibt ein Fenchelpüree, das gut zu Fisch passt.

BOHNENKRAUT

Ähnlich wie Thymian hat Bohnenkraut eine belebende, anregende und antiseptische Wirkung. Es macht Bohnen und Linsengerichte leichter verdaulich. SOMMERBOHNENKRAUT ist ein kälteempfindliches, einjähriges Kraut. Es wird im Juni geerntet, wenn auch die Dicken Bohnen heranreifen, und schmeckt frisch am besten. Das Kraut harmoniert gut mit Minze, Basilikum oder Kerbel. In der Gegend um Avignon gehört es mit Kapern und Gemüsepaprika auch zum Kichererbsensalat, der mit einer leichten Vinaigrette aus Olivenöl und Essig gereicht wird.
In den höheren Lagen Südfrankreichs wächst das BERGBOHNENKRAUT. Es heißt dort *pèbre d'ai*, was so viel wie Eselspfeffer bedeutet. Der graugrüne Halbstrauch bevorzugt steinige trockene Böden in voller Sonne. Im Norden kann er nur in Kübeln gezogen werden, da er nicht winterhart ist. Sein rustikaleres Aroma passt gut zu Marinaden, zu einem Ragout von Schweinefleisch oder einem Cassoulet. In seinem Restaurant in Saint-Rémy hat Serge uns bewiesen, dass es auch vorzüglich zu Wildschweinkoteletts aus den nahen Alpilles schmeckt.

KALBSHIRN MIT KORIANDER

FÜR 3 PERSONEN VORBEREITUNGSZEIT: 5 MIN. GARZEIT: ETWA 45 MIN.

1 Kalbshirn (400 bis 500 g)
4 Knoblauchzehen
2 EL Olivenöl
¼ TL Kurkuma
Salz und frisch gemahlener Pfeffer
1 Sträußchen frischer Koriander

■ Das Hirn unter kaltem Wasser waschen und halbieren. Die ungeschälten Knoblauchzehen mit der flachen Seite des Messers zerdrücken. In einem Topf das Öl erhitzen und den Knoblauch darin 3 Minuten kräftig anbraten.

■ 50 ml Wasser zufügen, die Hirnhälften und das Kurkuma in den Topf geben. Salzen, pfeffern, und so viel Wasser angießen, bis das Hirn völlig bedeckt ist.

■ Das Koriandergrün waschen und direkt in den Topf klein schneiden.

■ Das Hirn im offenen Topf 40–45 Minuten köcheln, bis eine sahnig-sämige Masse entsteht. Eventuell mit Salz und Pfeffer nachwürzen.

■ Das Gericht auf vorgewärmten Tellern heiß servieren.

■ Das Kalbshirn passt gut zu einer Kichererbsencreme mit Sesam (siehe Seite 140).

KORIANDERMARINADE

FÜR 8 BIS 10 PORTIONEN FISCH ODER GEFLÜGEL · VORBEREITUNGSZEIT: 15 MIN.

2 Sträußchen frischer Koriander
1 Sträußchen glatte Petersilie
2 Knoblauchzehen
1 TL Paprika
1 TL Kreuzkümmel
3 EL Weißweinessig
200 ml Öl
1 gehäufter EL Salz

■ Die harten Koriander- und Petersilienstengel entfernen. Die Kräuter gründlich waschen, abtropfen lassen und grob hacken. Den Knoblauch schälen und hacken. Alle Zutaten im Mixer zerkleinern. Nach und nach 400–500 ml Wasser zugießen. Die Gewürze, Essig und Öl zugeben, bis eine dickflüssige Masse entsteht.

■ Die Marinade eignet sich für Geflügel- oder Fischfilets, die einige Stunden ziehen sollten und dann über Dampf oder mit etwas Marinade umgeben gegart werden.

■ Unser marokkanischer Freund, der große Koch Abdou empfiehlt: Einen größeren Fisch, etwa einen Barsch, entgräten und in der Marinade ziehen lassen. Anschließend den Fisch mit der Marinade füllen und im Ofen mit in Meersalz eingelegten Zitronen (eine marokkanische Spezialität), Oliven und Tomaten garen. Dazu passt Safranreis.

■ Gaston empfiehlt: Die Haut eines Fisches vorsichtig einschneiden und Orangenschalen wie Schuppen hineinstecken. Den Fisch marinieren und mit den Orangenschalen garen.

KORIANDER

Koriandergrün ist weltweit eines der beliebtesten Würzmittel. Es gehört zu indischen Curries und thailändischen Suppen ebenso wie zu mexikanischer Guacamole und gilt als die Petersilie der arabischen Küche. Der kräftige Duft bleibt niemals unbemerkt. Es handelt sich um die gleiche Pflanze wie chinesische Petersilie, die eine der Grundzutaten der asiatischen *phô*-Suppe ist. Koriander bietet sich in doppelter Form an: Die unteren Blätter ähneln der glatten Petersilie, die oberen eher dem Fenchelgrün. Der Korianderduft wandelt sich im Laufe des Garens, oder wenn er mit anderen Zutaten wie Knoblauch oder Gewürzpaprika vermischt wird. Die runden gerippten Koriandersamen besitzen einen süßlichen Geschmack, der an Salbei und Orangenschalen erinnert. In Rezepten *à la grecque* werden sie häufig verwendet. Sie passen sowohl zu Wildmarinaden, Sauerkraut und Essiggurken als auch zu Likör, Sandgebäck und Bratäpfeln.

BASILIKUM

Die kleine einjährige Pflanze gibt es in unzähligen Sorten, aber ein Gärtner aus der Gegend um Marseille würde Ihnen immer antworten, dass jeder dort nur die Marseiller Sorte mit den länglichen, glatten Blättern bevorzugt, die herrlich zu Salaten, Saucen und der unvermeidlichen *soupe au pistou* passt.
Es kann passieren, dass die Stengel innerhalb einer Woche schwarz werden und die Pflanze schließlich abstirbt. Schuld daran ist nicht übermäßiges Gießen, sondern ein Pilz, der Basilikum häufig befällt.

Das feine grüne Basilikum oder Mönchsbasilikum ist eine kompakte kleine Pflanze. Ihr Aroma entfaltet sich am besten, wenn die Blättchen über einen Salat gestreut werden. Basilikum mit mittelgroßen Blättern wird ganzjährig im Gewächshaus gezogen. Sein Aroma erinnert an Gewürznelken. Zum Kochen bevorzuge ich persönlich großblättriges Basilikum, das erst ab Juni angeboten wird. Es duftet angenehm nach Lakritze und Zitrone und ist die einzige Sorte, die sich in heißen Speisen hält. Unter den zahlreichen Varianten finden sich auch einige mit lila Blättern.
Zum Aperitif können Sie knusprig durchscheinende Basilikumblätter anbieten, die Sie eine halbe Minute frittiert haben. Kombinieren Sie Basilikum auch ohne Bedenken mit Mangos, Ananas und Minze. Am besten harmoniert es natürlich mit Olivenöl und Zitrone.
Wenn Sie die großblättrige Sorte auch im Winter verwenden möchten, sollten Sie sie einfrieren: Hierzu waschen Sie die Blätter, tupfen sie trocken, tauchen sie einzeln in Olivenöl und frieren sie ein. Geben Sie sie dann unaufgetaut zu dem Gericht. Warme Gerichte sollten danach nicht wieder aufgekocht werden.

In der Küche gedeiht eine kleine Basilikumpflanze von Mai bis November. Gießen Sie sie alle zwei Tage, verwenden Sie die Blätter von oben nach unten und auch die Blüten.

TOMATENSALAT MIT BROCCIO UND BASILIKUMSAUCE

FÜR 6 BIS 8 PERSONEN · VORBEREITUNGSZEIT: 15 MIN.

400 g frischer Broccio oder anderer Ziegenfrischkäse
1 kg Flaschentomaten
1 Knoblauchzehe
3 EL Basilikumblätter
2 EL geriebener Comté, ersatzweise Gruyère
10 Haselnüsse, geröstet
4 EL Olivenöl
Salz und Pfeffer aus der Mühle

■ Broccio ist ein Ziegenkäse aus Korsika, oft mit Schafmilch gemischt, der innerhalb von 48 Stunden verzehrt werden sollte.
■ Die Tomaten waschen und in Scheiben schneiden. Den frischen Broccio vierteln und in feine Scheiben schneiden. Auf einem großen Teller abwechselnd die Tomaten- und die Käsescheiben anrichten.
■ Den Knoblauch schälen und zerdrücken. Mit 2 EL Basilikum, dem Comté und den Haselnüssen im Mixer oder Mörser pürieren, dann das Öl zufügen. Nach Geschmack salzen und pfeffern. Auf jede Tomatenscheibe etwas Sauce geben.
■ Mit 1 EL frischen Basilikumblättern garnieren und ungekühlt servieren.
■ In Anlehnung an das italienische Pesto aus Ligurien kann die Sauce auch in größeren Mengen bereitet und mehrere Wochen im Kühlschrank aufbewahrt werden.
■ Der Salat kann 1–2 Stunden vor dem Servieren zubereitet werden.

MÖHREN-ORANGENSUPPE MIT KREUZKÜMMEL UND SCAMPI

FÜR 6 PERSONEN · VORBEREITUNGSZEIT: 20 MIN. · GARZEIT: 15 MIN.

1,5 kg Möhren
250 ml frischer Orangensaft
2 Knoblauchzehen, geschält und zerdrückt
1 gestrichener EL Kreuzkümmelsamen
12 Scampi, aus dem Panzer gelöst und den Darm entfernt
Salz
Frisch gemahlener weißer Pfeffer

ZUM DEKORIEREN:
Einige Kerbelblättchen

■ 500 g Möhren putzen und reiben. Den Orangensaft mit den geriebenen Möhren, dem Knoblauch und Kreuzkümmel in einen Topf geben. Salzen, pfeffern und 10 Minuten kochen. Im Mixer oder mit einem Handpassiergerät pürieren und beiseite stellen.

■ Die übrigen Möhren waschen, bürsten und entsaften. 750 ml Saft abmessen und auf kleiner Flamme zum Kochen bringen. Die Scampi hinzugeben und 1 Minute garen, dabei eventuelle Rückstände mit dem Schaumlöffel entfernen. Vom Herd nehmen, die Scampi auf einem Schaumlöffel abtropfen lassen und warm stellen.

■ Im Möhrensaft das Möhrenpüree erhitzen. Salzen und pfeffern. Diese Suppe auf vorgewärmte Teller verteilen, mit zwei Scampi pro Person und einigen Kerbelblättchen garnieren und servieren.

■ Die Suppe ist zu jeder Jahreszeit eine kleine Köstlichkeit. Im Sommer kann sie auch kalt gereicht werden, ohne dass der Möhrensaft erhitzt wird. Die Scampi müssen dann extra gegart werden, lassen sich aber auch durch Krabbenfleisch ersetzen. Wenn kein Entsafter zur Hand ist, kann auch Möhrensaft aus Flaschen verwendet werden.

■ Um in den Genuss der zahlreichen Vitamine zu gelangen, sollten Sie die Suppe sofort verzehren.

Geben Sie einige Lavendelsamen in ein Glas Zucker, schütteln Sie es gelegentlich und schon entsteht ein köstlich parfümierter Zucker.

LAVENDEL

Die Lavendelstauden in unserem Garten leuchten in intensivem Blau. Vielleicht ist es die Höhe, die ihnen diese tiefe Farbe verleiht, denn in den Bergen strahlen zahlreiche Pflanzen in leuchtenderen Farben als in der Ebene. Die blauen wohlriechenden Ähren werden zunächst von den Bienen und Schmetterlingen aufgesucht, dann erst pflücke ich sie.
Ein Eis oder eine Crème bavaroise mit zartem Lavendelaroma ist eine Köstlichkeit für sich, sofern der Lavendel sparsam verwendet wird. Ein wahrer Lavendeltraum entsteht, wenn Sie das Rezept für zartes Teegebäck mit Honig (siehe Seite 31) mit diesem Gewürz der Provence abwandeln.

GEWÜRZKUCHEN MIT LAVENDEL

FÜR 2 BACKFORMEN · VORBEREITUNGSZEIT: 20 MIN. · GARZEIT: 1 STD. 30 MIN. · RUHEZEIT: 2 BIS 3 TAGE

2 Orangen
400 g Lavendelhonig
200 g brauner Zucker
150 g Butter
300 g Weizenmehl
250 g Vollwertmehl
2 Päckchen Backpulver
2 EL Anis
1 EL Lavendelblüten

■ Den Ofen auf 180 °C vorheizen. Zwei Backformen mit Backpapier auskleiden.

■ Die Orangen in feinen Streifen schälen und die Früchte auspressen.

■ In einem kleinen Topf 200 ml Wasser mit dem Orangensaft, dem Honig, dem Zucker und der Butter vorsichtig erhitzen. Vor dem Aufkochen vom Herd nehmen, gut verrühren und zudecken.

■ In der Rührschüssel der Küchenmaschine die beiden Mehlsorten, das Backpulver, die Orangenschalen, den Anis und den Lavendel vermengen. Nach und nach den Topfinhalt einarbeiten und rühren, bis eine homogene Masse entsteht.

■ Den Teig in die Formen verteilen und 90 Minuten im Ofen backen: Wenn der Kuchen zu viel Farbe annimmt, mit Alufolie abdecken.

■ Etwas abkühlen lassen und in der Form in ein Geschirrtuch einwickeln. 2–3 Tage im Kühlschrank ruhen lassen.

■ Der Gewürzkuchen wird noch besser, wenn er etwa 2 Wochen an einem kühlen Ort aufbewahrt wird, vorausgesetzt, er wird nicht vorher entdeckt …

Gewürzkuchen
mit
Lavendel

OLIVEN

Der Olivenanbau hat in den letzten Jahren unter klimatologischen Veränderungen, aber auch unter der zeitweiligen Abwendung der Verbraucher gelitten. Seit wir besser über unseren Bedarf an ungesättigten Fettsäuren informiert sind und auch wissen, dass sie zur Vermeidung von Arteriosklerose und zur Stärkung der Hirnfunktionen benötigt werden, wurden auch die Oliven rehabilitiert. Einige Tropfen Olivenöl über Gemüse oder Rohkost wie geriebene Möhren geträufelt, verdoppeln bereits die Aufnahme von Provitamin A (Beta-Carotin), das in dem Gemüse enthalten ist.

Heute verteidigt jede Region mit Stolz die Vorzüge der heimischen Erzeugnisse, wie sie durch Boden, Klima und die angebauten Sorten bestimmt werden. Das gilt auch für Olivenöl. Moderne Techniken haben die Qualität des Olivenöls deutlich verbessert. Die Oliven werden nur einmal gepresst, und zwar unmittelbar nach dem Pflücken. Dieses Verfahren schließt mögliches Gären aus und folglich auch die Steigerung des Säuregehalts. Der Gehalt an freien Fettsäuren ist für die Einteilung der Öle in verschiedene Kategorien maßgebend. Das beste Öl ist das Olivenöl »vierge extra«, dessen Fettsäuregehalt unter 1 % liegt. Es folgen Olivenöl »vierge fine« (1 bis 1,5 %) und »vierge semi-fine« (1,5 bis 3,3 %). Raffiniertes Olivenöl möchte ich nicht empfehlen. Die von der Europäischen Union festgelegten Güteklassen sind ähnlich: Natives Olivenöl extra (bis zu 1 %), Natives Olivenöl (bis zu 2 %) und Olivenöl, eine Mischung aus naturreinem und raffiniertem Öl (bis zu 1,5 %).

Bei grünen Oliven handelt es sich genau genommen um unreif geerntete schwarze Oliven. Sie werden bereits im September gepflückt und zunächst mit verschiedenen alkalischen und Kochsalzlösungen behandelt, damit sich die Bitterstoffe verflüchtigen und die Ölfrüchte genießbar werden. Wer dies den Früchten nicht zumuten möchte, wartet einfach einen weiteren Monat (oder noch etwas länger) und erntet die Oliven in reifem Zustand. Sie werden gesalzen und ziehen dann nach dem Abtropfen in einer Marinade aus Kräutern und einem kräftigen Schuss Olivenöl.

Ein wahrer Genuss sind selbst eingelegte Oliven: Mischen Sie sie je nach Geschmack mit Thymian, Knoblauch, Lorbeer oder Chili, gießen Sie etwas Olivenöl an und lagern Sie die Früchte an einem kühlen, dunklen Ort.

OLIVENFLAN MIT TOMATEN

FÜR 6 PERSONEN · VORBEREITUNGSZEIT: 10 MIN. · GARZEIT: 10 MIN.

- Butter für die Form
- 75 g grüne Oliven, entkernt
- 5 sehr frische Eier
- 125 g Crème fraîche
- 100 g dickflüssige Tomatensauce
- Pfeffer aus der Mühle

■ Den Ofen auf 200 °C vorheizen und ein Wasserbad bereiten. Eine Auflaufform großzügig buttern.

■ Die Oliven vierteln. Die Eier ungesalzen in einer Schüssel verschlagen. Die Oliven, Crème fraîche und Tomatensauce zufügen und etwas pfeffern. Die Masse in die Form geben. 10 Minuten im Wasserbad im Ofen garen.

■ Der Flan sollte weich sein, die Oliven verleihen ihm den nötigen Biss und Gehalt. Das Gericht wird warm oder lauwarm gereicht und mit dem Löffel verzehrt.

■ Am besten schmeckt der Flan mit aromatisierten Oliven, etwa mit Zitrone, Gewürzpaprika, Thymian, oder auch mit roten Oliven.

■ Die Flanmasse kann auch auf acht blindgebackene Blätterteigtartelettes verteilt werden, die dann auf einem Blech etwa 10 Minuten im Ofen bei 200 °C gegart werden (anstatt im Wasserbad).

APRIKOSEN

Die beiden Obststände sind nur wenige Meter voneinander entfernt. Der erste Händler hat etwa hundert Kilo Aprikosen auf dem Tisch verteilt. Preis und Früchte wirken verlockend. Der zweite bietet die Aprikosen in kleinen Holzkörben an. Manche Früchte haben unschöne Druckstellen, der Preis beträgt etwa das Doppelte. Die ersten fühlen sich hart und kalt an, die zweiten weich und handwarm. Das überzeugt mich dann doch mehr und ich spreche den zweiten Händler an, der mir eine geöffnete Frucht zum Kosten reicht: eine verführerisch reife ›Rouge du Roussillon‹, saftig und süß. Säuerliche Früchte können noch zwei bis drei Tage bei Zimmertemperatur nachreifen. Im Kühlschrank werden sie höchstens runzlig und trocken. Mehlige oder feste Früchte lassen sich gut in einem aromatisierten Sirup pochieren (auf 800 g Aprikosen: 150 ml Quellwasser, 150 g brauner Zucker, 5 Minzeblätter und 2 kleinblättrige Basilikumstengel).

Halbieren und entsteinen Sie die Früchte, frieren Sie die flach nebeneinander liegenden Hälften ein. Geben Sie sie dann in einen Beutel, sobald sie hart sind.

Der hohe Carotingehalt verleiht der Frucht ihr warmes Orange. Auf dem Höhepunkt ihrer Reife sind Aprikosen wohl die gesündesten Sommerfrüchte und verwöhnen mit Vitamin C, Spurenelementen, Ballast- und Mineralstoffen wie Calcium, Phosphor und Eisen. Aprikosen können sowohl für süße als auch für herzhafte Gerichte verwendet werden. Im Winter können Sie aus eingefrorenen Aprikosen eine gezuckerte Coulis herstellen und diese zu einem Sorbet verarbeiten.

Da die Früchte relativ teuer sind, warte ich den Höhepunkt der Aprikosenzeit ab und kaufe dann kistenweise die saftige Sorte ›Orangé de Provence‹, um damit Konfitüren zu bereiten. Getrocknete Aprikosen ergeben immer eine köstliche Zwischenmahlzeit. Wählen Sie hier ziemlich große und weiche Früchte aus. Damit die orange Farbe erhalten bleibt, werden türkische Sorten leider meist mit Schwefeldioxyd behandelt. Die amerikanischen Sorten sind etwas gesünder. Die biologisch getrockneten, karamellfarbenen Aprikosen sind zwar gesundheitlich unbedenklich, doch fehlt es ihnen leider etwas an Säure.

APRIKOSENGRATIN MIT PINIENKERNEN

FÜR 6 PERSONEN · VORBEREITUNGSZEIT: 30 MIN. · GARZEIT: 15 MIN.

- 12 feste Aprikosen
- 2 EL Traubenkernöl
- 15 g Butter
- Öl und Zucker für die Form
- 200 ml Crème fraîche
- 4 Eigelb
- 60 g Zucker
- 25 g Pinienkerne, geröstet

■ Die Aprikosen halbieren. Öl und Butter in einer Pfanne erhitzen. Die Aprikosen darin auf der runden Seite goldgelb braten, wenden und weitere 2 Minuten garen. Sie sollten fest bleiben. Die Garflüssigkeit aufheben.

■ Eine Auflaufform ölen und mit 1 EL Zucker ausstreuen. Die Aprikosenhälften darin mit der runden Seite nach oben nebeneinander anordnen.

■ Die Crème fraîche in der Pfanne mit der Garflüssigkeit der Aprikosen zum Kochen bringen.

■ In einer Schüssel das Eigelb mit dem Zucker verschlagen. Wenn die Masse heller wird, die Crème fraîche unterschlagen, alles in die Pfanne gießen und auf kleiner Flamme etwa 5 Minuten ohne Kochen und unter ständigem Rühren erhitzen.

■ Die Creme, sobald sie eindickt, vom Herd nehmen und noch einige Sekunden weiterschlagen, dann über die Aprikosen verteilen.

■ Die Pinienkerne darüber streuen und alles 2 Minuten unter den heißen Grill stellen, bis der Auflauf eine goldene Farbe annimmt. Dazu passt Teegebäck mit Honig oder Lavendel (siehe Seite 31).

■ Die Aprikosen und die Creme können vorbereitet werden. Kurz vor dem Servieren in den Backofen geben.

■ Wer befürchtet, dass die Eier-Crème-fraîche-Masse kochen könnte, fügt mit dem Zucker 1 TL Maisstärke hinzu.

MELONEN

Alle Melonen zählen zu den Kürbisgewächsen und sind genau genommen ein Gemüse. Von den unzähligen Sorten der ZUCKERMELONEN kann ich hier nur die beliebtesten aufzählen. Die ›Cantaloup‹ mit hellgrüner Schale, die auch Cavaillon oder glatte Charentais genannt wird, und die ›Netz-Charentais‹, die mit einem borkigen, hellen Netz überzogen ist. Beide besitzen sie orangefarbenes Fleisch mit einem Nachgeschmack von Honig. Unter den Netzmelonen gibt es auch italienische und amerikanische Züchtungen. Die ›Jaune Canari‹ aus dem Süden Frankreichs ist an der typischen ovalen Form und der zitronengelben Farbe erkennbar. Die ebenfalls ovale ›Vert Olive‹ ist gelbgrün marmoriert. Die ursprünglich israelische Galia-Melone besitzt zartgrünes, sehr süßes Fruchtfleisch und wird bis in den November hinein angeboten.

Füllen Sie eine halbe ausgehöhlte Wassermelone mit zerkleinertem Fruchtfleisch, gemischt mit Mango- und Ananaswürfeln, Passionsfruchtscheiben und etwas Rohrzuckersirup mit Vanillearoma.

Die erfrischenden WASSERMELONEN besitzen einen geringeren Gehalt an Vitaminen und Mineralsalzen und werden vor allem in Spanien, Griechenland und Algerien gezogen. Auch die neuen, kernlosen Sorten mit rotem Fruchtfleisch werden bereits auf einigen Märkten angeboten.
In der Provence erntet man im September die so genannten Weihnachtsmelonen: Die länglichen grünen Melonen werden in Kellern gelagert und erst am Heiligabend serviert. Die große Sorte ›Cytre‹ ist grüngelb gestreift, ihr grünes Fruchtfleisch dient der Bereitung von Konfitüre, die eher an eingemachte Honigmelonen erinnert. Wer es weniger süß mag, kann einige Zitrusfrüchte zufügen.
Alle Melonen werden an einem kühlen, gut gelüfteten Ort aufbewahrt, da ihr Duft sich sonst mit dem anderer Lebensmittel verbindet. Im Gegensatz zu Wassermelonen, die gekühlt besonders erfrischend schmecken, wird die Zuckermelone bei Zimmertemperatur serviert und ist so vollkommen, dass sie sich selbst genügt. Ein guter Bayonne-Schinken in sehr feine Scheiben geschnitten oder, etwas raffinierter, geräucherter Schwertfisch mit einem Hauch von frisch gemahlenem Pfeffer bilden zu dieser köstlichen Frucht vorzügliche Ergänzungen.

MELONEN-CHUTNEY MIT ZWIEBELN

FÜR 2 GLÄSER À 250 G · VORBEREITUNGSZEIT: 15 MIN. · GARZEIT: 25 MIN.

- 200 g junge Zwiebeln
- 2 EL Traubenkernöl
- 1 TL frischer geriebener Ingwer
- 1 Chilischote
- 2 EL Korinthen
- 1 Msp. gemahlene Koriandersamen
- 150 ml Quellwasser
- 200 g Melonenfruchtfleisch
- Saft von 1 Zitrone
- 1 Msp. Meersalz

■ Die Zwiebeln schälen und halbieren, etwas vom Schaft beiseite legen. Das Öl in einem Topf erhitzen, die Zwiebeln hineingeben und unter Rühren leicht Farbe annehmen lassen. Ingwer, Chili, Korinthen und Koriander zugeben.

■ Knapp mit Wasser bedecken und 15 Minuten köcheln lassen.

■ Das grob gewürfelte Melonenfleisch mit dem Zitronensaft zufügen, salzen und 10 weitere Minuten köcheln lassen. Wenn die Mischung eindickt, rühren, damit sie nicht anhaftet. Vom Herd nehmen und die Chilischote entfernen.

■ In zwei sterilisierte Konfitüregläser füllen, verschließen und auf den Deckel stellen.

■ Chutney kann bis zu 1 Monat im Kühlschrank aufbewahrt werden. Es kann auch tiefgekühlt werden. Wenn es bei Zimmertemperatur gelagert wird, während des Köchelns 2 EL braunen Zucker zugeben.

■ Chutney passt gut zu Getreidespeisen oder Geflügel, es werden etwa 2 EL pro Person gerechnet.

FEIGEN

Sie sind einfach wunderbar, diese Feigenbäume! Die meisten Feigensorten blühen dreimal im Jahr. Die erste frühe Blüte bringt die Frühfeigen, sie erscheinen bereits im Juni. Die Sommerblüte bringt die Haupternte hervor und danach gibt es oft noch Spätfeigen. ›Bellone de Nice‹, ›Longue Noire de Carome‹, ›Blanche d'Argenteuil‹, Marseille-Feigen mit lachsrosa Fruchtfleisch, die auch getrocknet ganz köstlich schmecken, oder auch Soliès-Feigen – Francis Honoré kennt ihre wohlklingenden Namen allesamt. Er ist Feigenzüchter aus Leidenschaft und baut in Graveson, bei Saint-Rémy-de-Provence mehr als 150 unterschiedliche Sorten aus aller Welt an.

Im Sommer bestimmen nur die Gewitter das Schicksal der Feigen. Sobald das Regenwasser sie berührt, öffnen sie sich und faulen.

Ob weiß oder violett, mit feiner oder etwas dickerer Schale, Feigen sind druckempfindlich und schnell verderblich und werden in reifem Zustand (und nur dann sollten sie gepflückt werden) äußerst ungern transportiert. Bei Importfeigen ist außerdem Vorsicht geboten, denn sie müssen häufig in Schiffsladeräumen heranreifen.

Da Feigen sehr nahrhaft sind, kann man aber getrost Qualität vor Quantität setzen und sich nur die besten und frischesten gönnen.

Getrocknete Feigen stammen aus dem Izmirtal in der Türkei. Man lässt sie in Wein ziehen und gart sie mit Wild. In aromatischem Sirup ergeben sie auch einen köstlichen Nachtisch.

Frische Feigen enthalten beträchtliche Mengen an Mineralstoffen wie Eisen, Kalium und Magnesium und besonders viel Calcium. Unter den Vitaminen ist Provitamin A am stärksten vertreten.

Die dicken duftenden Feigenblätter können von Juni bis Oktober gepflückt werden. Sie halten sich in einem Korb ein bis zwei Monate. Blanchieren Sie sie kurz und verwenden Sie sie dann zum Auskleiden einer geölten Form, bevor Sie einen Kuchenteig oder ein Eis vor dem Gefrieren hineingeben. Das Dessert kann dann mit dem dekorativen Blatt präsentiert werden, das vor dem Anschneiden vorsichtig entfernt wird.

FEIGENKUCHEN

FÜR 1 KUCHEN · VORBEREITUNGSZEIT: 20 MIN. · RUHEZEIT: 1 STD. · GARZEIT: 1 STD.

- 100 g getrocknete Feigen
- 100 g Korinthen
- 4 EL Cognac
- 4 Feigenblätter
- Öl für die Form und die Blätter
- 150 g weiche Butter
- 150 g Zucker
- 3 große Eier
- 175 g Weizenmehl
- ½ Päckchen Backpulver

■ Die Feigen hacken, mit den Korinthen und dem Cognac vermischen und mindestens 1 Stunde ziehen lassen.

■ Den Ofen auf 170 °C vorheizen. Die Feigenblätter etwa 10 Minuten in kochendes Wasser tauchen, abtropfen, trocken tupfen und von beiden Seiten mit Öl bestreichen. Eine Kastenform leicht mit Öl auspinseln und mit den beiden größten Blättern auskleiden.

■ In einer Schüssel Butter und Zucker schaumig schlagen, die Eier einzeln unterrühren, dann das Mehl und das Backpulver zusammen hineinsieben und unterziehen. Zum Schluss die Feigen und die Rosinen mit dem Cognac, in dem sie gezogen haben, zugeben.

■ Die Masse in die vorbereitete Form füllen und 50 Minuten im Ofen backen. Mit einem Messer eine Garprobe machen.

■ Den Kuchen aus der Form lösen und in den Feigenblättern eingewickelt servieren. Die Blätter öffnen und den Kuchen anschneiden.

■ Zu dem Kuchen, der zum Tee oder als Nachtisch gereicht werden kann, passen wunderbar die Trauben im Feigenmantel (siehe Seite 128).

MOTTE
MONTAULIEU

DATTELN

Dieser empfindliche Schatz des tiefen Südens reift nur in der extremen Hitze der Oasen heran. Seit Jahrtausenden zählen die Früchte der Dattelpalmen zu den Grundnahrungsmitteln der Karawanen, doch werden die großen Bäume von Krankheiten bedroht. In Marokko existieren von den 15 Millionen Palmen, die im Jahr 1900 gezählt wurden, noch 4,5 Millionen. In einer Oase wird der Baum im günstigsten Fall etwa 100 Jahre alt. Etwa 20 Schößlinge pro Baum sichern den Fortbestand des Palmenhains, doch ist dies nicht ausreichend. Die *in vitro*-Kultur (in sterilem Milieu im Reagenzglas) ermöglicht die Anzucht von einigen Tausend Jungpflanzen. Hierzu wird von sehr jungen Blättern an der Triebspitze des Schößlings ein Stück Gewebe entnommen. Die Methode, die großes Können erfordert, wurde von dem Jesuiten Gildas Beauchesne entwickelt. Es gibt mittlerweile zahlreiche *in vitro*-Pflanzenkulturen, doch zählt die Zucht von Dattelpalmen zu den schwierigsten. Die französische Erfindung dürfte jedoch das Überleben der Dattelpalmen sichern und somit einen Beitrag im Kampf gegen den Hunger leisten.

Liebhaber schätzen den unverwechselbaren Geschmack von Ambra und Honig der schönen Dattel ›Deglet Nour‹, dem »Finger des Lichts«.

In der Natur wächst aus einem Kern eine männliche oder weibliche Palme heran. In den Palmenhainen geschieht die Bestäubung, indem die Zweige mit männlichen Blüten abgeschnitten und über den weiblichen Dattelpalmen geschüttelt werden.
In Kalifornien, wo die Palmenzucht weit entwickelt ist, wird der Pollen mit Wasser vermischt und über den Palmen zerstäubt, die auf diese Weise zugleich bestäubt und erfrischt werden.

Datteln bedürfen nicht der geringsten Bearbeitung oder Behandlung, bevor sie auf den Markt kommen. Wählen Sie Datteln am Zweig ohne Zusatz von Glucose. Die Früchte besitzen einen hohen Anteil an Mineralstoffen und Vitaminen, sie stärken Körper und Nerven. Zu meinen Lieblingsdatteln zählen die langen, goldgelben, dünnschaligen ›Deglet Nour‹ aus Algerien und Tunesien und die große ›Medjoul‹ aus Marokko oder Israel.

DATTELKUCHEN MIT KANDIERTEN CLEMENTINENSCHALEN

FÜR 2 KUCHEN · VORBEREITUNGSZEIT: 15 MIN. · GARZEIT: 50 MIN.

- 8 kandierte Clementinenschalen (siehe Seite 160)
- 300 g Datteln am Zweig
- 125 g Weizenmehl
- 125 g Vollwertmehl
- 1 Päckchen Backpulver
- 250 g Butter
- 200 g Zucker
- 100 g Mandeln, gemahlen
- 4 Eier
- Konfitüre für die Garnierung

■ Den Ofen auf 180 °C vorheizen. Zwei Kastenformen mit Backpapier auskleiden.
■ Die Clementinenschalen in Streifen schneiden. Die Datteln vom Zweig lösen. Einige zum Dekorieren beiseite legen. Die Übrigen entkernen und auch in Streifen schneiden. In einer Schüssel die beiden Mehlsorten und das Backpulver vermischen.
■ Die Butter zerlassen und in eine große Schüssel geben. Mit dem Zucker, den Mandeln und der Hälfte des Mehls verrühren. Die Eier einzeln unterrühren, dann den Rest des Mehls und die Clementinenschalen.
■ Drei Viertel der Teigmasse in die beiden Formen verteilen. Die Dattelstreifen der Länge nach darauf legen und mit dem restlichen Teig bedecken.
■ 50 Minuten im Ofen backen, abkühlen lassen und aus der Form lösen.
■ Jeden Kuchen mit den Clementinenstreifen und den restlichen Datteln, die mithilfe von etwas Konfitüre haften, dekorieren.
■ Zu diesem köstlichen Gebäck aus Tausendundeiner Nacht wird Joghurteis gereicht, das mit etwas Rosenwasser aromatisiert und mit Kardamomsamen bestreut wurde.

ORANGEN, CLEMENTINEN UND MANDARINEN

Rund um die Erde werden Orangen innerhalb des so genannten »Zitrusgürtels«, etwa zwischen dem 40. nördlichen und dem 35. südlichen Breitengrad angebaut und teilweise zweimal pro Jahr geerntet. Es heißt ja immer, jede Frucht habe ihre Jahreszeit. Aber können wir uns vorstellen, dass es wirklich Zeiten gibt, in denen keine Orangen für den frisch gepressten Frühstückssaft angeboten würden? Dennoch galten ORANGEN vor gar nicht allzu langer Zeit noch als wahres Weihnachtsexotikum. Heute dagegen zählen Orangen in Frankreich nach Äpfeln zu den am häufigsten verzehrten Früchten. Die ›Navel‹ aus Israel, die ›Valencia‹ aus Spanien oder die südafrikanischen Orangen versorgen uns nun das ganze Jahr über mit den Vitaminen A, B und C, mit Phosphor und Kalium. Als Saft sollten sie allerdings innerhalb von einer halben Stunde getrunken werden, da der Vitamingehalt schnell zurückgeht.
Hier ein Rezept für ein köstliches, schnell bereitetes Orangendessert: Eine saftige Orange schälen und in feine Scheiben schneiden. Dekorativ auf Teller verteilen, mit einem TL Orangenblütenwasser beträufeln, mit Zimt bepudern und mit kandierter Zitronenschale dekorieren.
POMERANZEN oder Bitterorangen, die ursprünglich aus China oder Indien stammen, können auch in Kübeln gezogen werden. Die kalte Jahreszeit verbringen sie dann in Überwinterungshäusern, den Orangerien wie jene berühmten, die Mansart für die Gärten von Versailles entworfen hat.
MANDARINEN werden hingegen häufig gering geschätzt, weil sie Kerne enthalten. Dennoch gehen aus ihnen zahlreiche Hybriden hervor, deren bekannteste die CLEMENTINE ist. Ihr Name geht auf Pater Pierre Clément zurück, der um 1900 Mandarinenblüten mit den Pollen der Pomeranze befruchtete. Clementinen aus Korsika sind geschützt und dürfen in Frankreich als einzige Sorte mit Blättern angeboten werden. Nur sind sie nicht unbedingt die besten; die Konkurrenz der Clementinen aus Spanien und Marokko, die immer besser werden, wird spürbar.
TANGERINEN sind eine Mandarinenvarietät von kleiner Größe; sie werden häufig für Kreuzungen verwendet.

So entstanden MINNEOLAS aus einer Kreuzung von Tangerinen und Grapefruit; diese sind leicht an dem einseitigen Überwuchs der Schale zu erkennen.
Beim Kauf sollte zwischen saftigen Früchten zum Pressen und fleischigen zum Essen unterschieden werden. Alle Früchte sollten gleichmäßig fest und ohne braune Stellen sein und einen grünen, festsitzenden Stiel haben. Da Zitrusfrüchte keine Kälte mögen, werden sie bei Zimmertemperatur gelagert. Sie sollten allerdings gelegentlich auf faule Stellen untersucht werden. Wenn Sie Zitrusfrüchte mit der Schale verwenden, sollten Sie auf jeden Fall unbehandelte Früchte auswählen. Die übrigen sollten fünf Minuten blanchiert und dann abgespült werden. Beim Schälen einer Zitrusfrucht können Sie die Schale mit den Fingern pressen und ihren Duft intensiv genießen. Mit einem kleinen Messer können Sie die Schale am Stück entfernen, indem Sie, oben beginnend, einen Streifen abschneiden und die Frucht dabei drehen. So lässt sich die Schale anschließend gut aufhängen und ihr Duft entfaltet sich im Zimmer. Für noch mehr Duft kann der Tisch mit Clementinen dekoriert werden, die mit Gewürznelken gespickt sind. In den gesäuberten, ausgehöhlten Hälften von Zitrusfrüchten kann ein Fruchtsalat besonders appetitanregend serviert werden.
Entfernen Sie die Schalen mit einem Sparschäler, wenn Sie eine Bouillon würzen wollen; mit einem Fadenschneider, wenn Sie lange, dünne Streifen benötigen, oder mit einer Reibe, wenn Sie die geriebene Schale in TL abmessen wollen.

Ein köstlicher Honig zu Eis oder Crêpes: 400 ml Mandarinensaft mit 3 EL Orangenblütenhonig auf sehr kleiner Flamme köcheln, abschäumen und einkochen, bis er auf die Hälfte reduziert ist.

KANDIERTE CLEMENTINENSCHALEN

VORBEREITUNGSZEIT: 5 MIN. · GARZEIT: 1 STD. 15 MIN. (ÜBER 3 TAGE VERTEILT)

6 unbehandelte Clementinen mit dünner Schale oder 6 Mandarinen
100 g Zucker
300 ml Quellwasser

■ Die Clementinen waschen, bürsten, halbieren und auspressen. Der Saft kann später zur Bereitung eines Sorbets verwendet oder einfach als erfrischendes Getränk genossen werden.

■ Die halben Schalen 5 Minuten blanchieren, dann abgießen. In einem Topf den Zucker im Quellwasser auflösen lassen, die Clementinenschalen zugeben und 1 Stunde sanft köcheln. Im Topf belassen. Am nächsten und übernächsten Tag die Schalen jeweils 5 Minuten im Sirup köcheln.

■ Die kandierten Schalen können im Sirup in einem sterilisierten Glas bis zu 1 Monat aufbewahrt werden. Vor der Verwendung abtropfen lassen.

■ Auf diese Weise können auch die Schalen anderer Zitrusfrüchte kandiert werden.

ORANGENGEBÄCK

FÜR 35 BIS 40 STÜCK · VORBEREITUNGSZEIT: 15 MIN. · GARZEIT: 2 X 6 MIN. · RUHEZEIT: 30 MIN.

70 g Butter
Schale von ½ unbehandelten Orange, fein gerieben
100 g Puderzucker
30 g Mehl, gesiebt
150 ml Orangensaft
100 g Mandeln, gerieben oder gehackt

■ Die Butter in einem kleinen Topf mit der Orangenschale zerlassen. Zucker, Mehl und Orangensaft vermengen. Die aromatisierte Butter und die Mandeln unterrühren. Den Teig mindestens 30 Minuten an einem kühlen Ort ruhen lassen.

■ Den Ofen auf 150 °C vorheizen. Ein Blech mit Backpapier auslegen. Den Teig in 16 bis 20 voneinander getrennten Häufchen darauf verteilen. Diese mit dem Löffelrücken zu sehr feinen Scheiben glatt streichen.

■ 6 Minuten backen: Wenn sie zu schnell Farbe annehmen, das Blech herausnehmen, die Temperatur senken und nach einiger Zeit fertig backen. Mit dem zweiten Blech ebenso verfahren. Das Gebäck abkühlen und aushärten lassen.

■ Nach diesem Rezept lassen sich auch acht individuell gestaltete Tulpen erstellen, die dann mit Eiscreme oder Beeren gefüllt werden können.

■ Hierzu vier große Teigscheiben auf dem Backpapier ausbreiten (etwas dicker als für das kleine Gebäck) und etwa 8 Minuten backen. Aus dem Ofen nehmen und sofort in kleine Schüsseln geben, wo sie aushärten und eine Tulpenform annehmen. Mit der restlichen Teigmasse ebenso vorgehen.

■ Das Gebäck hält sich 3–4 Tage in einer verschlossenen Dose an einem trockenen Ort.

EINGEMACHTE FEIGEN MIT ORANGEN

FÜR 3 GLÄSER · VORBEREITUNGSZEIT: 5 MIN. · ZEIT ZUM ZIEHEN: 12 STD. · GARZEIT: 20 BIS 30 MIN.

Schale von 2 unbehandelten Orangen
750 g frische reife Feigen
300 ml Orangensaft, frisch gepresst
200 g brauner Zucker

■ Die Orangenschalen in feine Streifen schneiden.

■ Die Feigen vorsichtig waschen. Nebeneinander in einen Topf legen. Die Orangenschalen zugeben, mit Orangensaft und braunem Zucker bedecken und 12 Stunden ziehen lassen.

■ Je nach Größe der Feigen 20–30 Minuten köcheln. Darauf achten, dass die Feigen nicht anhaften.

■ 2 EL Wasser zufügen und mit einem Pinsel die Topfwand anfeuchten. Zugedeckt fertig garen.

■ Die Feigen in sterilisierte Gläser geben, ohne sie zu zerdrücken. Mit kochendem Sirup auffüllen, verschließen und auf den Deckel stellen.

■ An einem kühlen Ort halten sie sich 1 Monat, wenn Sie sie nicht lieber sofort mit etwas Orangenteegebäck servieren.

Eingemachte
Feigen
mit Orangen

VOM SALAT IN VERSAILLES

Die schönste Promenade der Welt sollte der Schlosspark von Versailles werden. So wünschte es sich Ludwig XIV. von seinem begnadeten Gartenarchitekten André Lenôtre. Und wir wissen, welch prachtvolle Anlage er der Nachwelt hinterlassen hat. Um seinen Ruf im gastronomischen Bereich steht es allerdings weniger gut. Der Sonnenkönig soll ein Vielfraß gewesen sein, dessen Regierungszeit nicht von kulinarischen Fortschritten geprägt war. Doch wird mit dieser Aussage die großartige Leistung, welche die Gärtner im »Gemüsegarten des Königs« vollbrachten, unterschlagen. Seine Majestät zeichnete sich nicht durch Geduld aus und so hatte sein Gartenmeister Jean de la Quintinie dafür zu sorgen, dass die kleinen Spargelköpfe bereits im Dezember die Erde durchbrachen. Tiefrote Erdbeeren erwartete Seine Majestät im Monat April. Und frische Erbsen sollten im Mai die königliche Tafel zieren. Auch meine Eltern hatten immer das Glück, von besonders anspruchsvollen Kunden herausgefordert zu werden. Dabei unternahmen sie alles, was in ihren Kräften stand, um stets mit neuen kulinarischen Überraschungen und Erfindungen aufzuwarten. Die Kunden waren König und ihre Wünsche wurden ausnahmslos erfüllt. So übten auch die wahrhaft königlichen Feste in Versailles auf Gaston und Colette immer eine große Faszination aus. Sie träumten von langen Tischen, Warmhalteplatten und Lehrlingen mit weißen Mützen, die den Kellnern bei Galadiners zur Seite stehen würden. Doch bedurfte es hierzu eines Passierscheins, denn der Name Lenôtre allein reichte damals noch nicht aus. Der große Tag kam und stellte uns vor unvorhergesehene Schwierigkeiten wie kilometerlange Flure, eine eher eisige Umgebung und zu wenige Wasserquellen zum Waschen des Salats. Denn Gaston hatte entschieden, dass alles vor Ort zubereitet werden sollte. So wurde kistenweise Gemüse geliefert und flinke Hände machten sich ans Putzen. Die Pracht dieses Abends ist uns allen im Gedächtnis geblieben: die typisch französischen Lakaien, die im Ehrenspalier standen, die großen Tabletts, die in letzter Sekunde fertig dekoriert worden waren, das Essen, das tatsächlich heiß auf die Teller gelangte, die beeindruckenden Liebestempel aus Zuckersoufflé, das Halbgefrorene mit Walderdbeeren. Ein Festmenü für 300 Gäste! Am Morgen danach fand sich noch hier und dort eine im Eifer des Gefechts vergessene Steige mit Salatabfällen; ungewollte Zeugen der frischen Zubereitung vor Ort. Der Konservator des Schlosses traute seinen Augen nicht und Gaston und Colette bekamen Hausverbot. Natürlich glätteten sich die Wogen wieder und alles in allem war Versailles der Beginn eines wunderschönen Märchens.

Meinen Eltern gewidmet …

BLUMENKOHL, BROKKOLI, ROMANESCO UND ROSENKOHL

BLUMENKOHL wird in Frankreich seit langer Zeit intensiv angebaut und wurde bereits von Ludwig XIV. hoch geschätzt. Bei dem weißen, festen Kohlkopf handelt es sich genau genommen um den noch nicht voll entwickelten Blütenstand der Pflanze. Im Zuge der Rückkehr zu den Ursprüngen erfreuen sich heute grüne Kohlsorten großer Beliebtheit. So der ROMANESCO, ein gelbgrüner Blumenkohl, der lediglich von September bis November im Angebot ist, und mit seinem an Minaretttürmchen erinnernden Wuchs als wahres Meisterwerk der Natur gelten kann. Blumenkohl wird am besten in den Blättern gelagert, so dass Frische und Vitamine erhalten bleiben. Das kalorienarme Gemüse besitzt einen hohen Schwefel-, Kalium- und Magnesiumgehalt. Grüner Blumenkohl und Romanesco werden wie die weiße Variante zubereitet. Sie können drei bis vier Minuten dampfgegart und als Röschen mit einer Paprikaremoulade gereicht werden. Für Gaston geht natürlich nichts über einen guten Auflauf mit Bechamelsauce.

Die geschälten Stiele von Brokkoli ergeben ein köstliches Püree. Ich gare die Röschen im Siebeinsatz über Dampf und gebe darunter in das Salzwasser die in Streifen geschnittenen Stiele.

Dem Blumenkohl nah verwandt ist der BROKKOLI mit seinen stark verzweigten, empfindlichen Blütenknospen. Doch ist er in seinem Wert für die Ernährung dem Blumenkohl weit überlegen. Er zeichnet sich durch einen besonders hohen Gehalt an Carotin, Vitamin C, Magnesium und Eisen aus. Die jungen grünen oder violetten Brokkoliröschen werden von Mai bis September geerntet. Die Blätter sind wie die Blütenstände zum Verzehr geeignet. Ihr feiner Geschmack verdient besondere Aufmerksamkeit: Sie werden knapp gegart und mit Knoblauch, Lauchzwiebeln und Olivenöl gewürzt.

Kleinster und jüngster Spross der Kohlfamilie ist der erstmals vor etwa 150 Jahren in der Gegend von Brüssel gezogene ROSENKOHL. Seine in den Achseln der Stengelblätter wachsenden Triebknospen sind wahre Miniaturkohlköpfe. Wegen ihres hohen Gehalts an Schwefelsubstanzen müssen sie vor dem Garen zehn Minuten blanchiert werden. Meine Großmutter fügte dem Wasser einen Brotkanten hinzu, der den Geruch mildern sollte. Rosenkohl passt gut zu Maronen oder Schweinebraten. Wie alle Kohlsorten hält er sich drei bis vier Tage im Gemüsefach des Kühlschranks.

ROMANESCO-BOHNEN-SALAT

FÜR 4 PERSONEN · VORBEREITUNGSZEIT: 10 MIN. · GARZEIT: 8 MIN.

1 Romanesco (à 1 kg)
2 EL Sesamkörner
6 EL Haselnussöl
2 EL Weißweinessig
1 EL Senf
2 TL Honig
Salz und Pfeffer aus der Mühle
400 g Lingot-Bohnen oder andere längliche weiße Bohnenkerne, etwa Cannellino, gegart und abgetropft (siehe Seite 45)

■ Den Kohl putzen, die großen Blätter entfernen und die Blütenknospe in Röschen aufteilen. Diese 6–8 Minuten dampfgaren und lauwarm halten.

■ Die Sesamkörner unter häufigem Wenden in der Pfanne rösten. Vom Herd nehmen und ½ Minute warten, dann Öl, Essig, Senf und Honig zugeben. Salzen und pfeffern nach Geschmack und alles gut vermischen.

■ Frische Bohnen in 20 Minuten garen. Getrocknete Hülsenfrüchte müssen zunächst eingeweicht und dann mindestens 1 Stunde gegart werden (siehe Seite 45).

■ Die gegarten Bohnen in eine Schüssel geben und mit der Hälfte der warmen Vinaigrette vermischen. Die Romanesco-Röschen in ihrer ursprünglichen Form darauf zusammensetzen. Den Rest der Sauce darüber geben.

■ Der Salat kann gut als Vorspeise gereicht werden, auch einige zerstoßene und geröstete Haselnüsse passen dazu. Mit Cerealien als Beilage ergibt er ein köstliches vegetarisches Gericht.

■ Das Haselnussöl kann durch Olivenöl ersetzt werden.

BROKKOLI-TARTE

FÜR 6 PERSONEN · VORBEREITUNGSZEIT: 25 MIN. · GARZEIT: 45 MIN.

1,2 kg Brokkoli
200 ml Crème fraîche
3 Eigelb
50 g Gruyère oder Parmesan (am Stück)
400 g Mürbteig
Etwas Milch
Butter (einige Stückchen)
Salz
1 Msp. Cayennepfeffer

■ Den Brokkoli in Röschen teilen, die harten Stiele abtrennen und schälen, alle Teile waschen.

■ Den Ofen auf 180 °C vorheizen. Die Brokkoliröschen 10 Minuten dampfgaren, die Stiele werden darunter im Salzwasser gegart. Abgießen und die Stiele grob hacken.

■ Eine Tarteform mit 25 cm Durchmesser mit Mürbteig auskleiden. Den Rand der Tarte mit klein geschnittenen Brokkoliblättern und Teigresten, die mit etwas Milch bepinselt werden, verzieren.

■ Die Crème fraîche in einem Topf leicht erhitzen. Vom Herd nehmen und das Eigelb mit etwas Salz und dem Cayennepfeffer unterschlagen. Den Brokkoli auf dem Tarteboden verteilen und mit der Eiermasse gleichmäßig bedecken.

■ Den Gruyère in Späne reiben und mit einigen Butterflöckchen darüber verteilen. Im Ofen 35 Minuten backen, ohne dass der Käse Farbe annimmt. Heiß servieren.

■ Tiefgekühlten Brokkoli noch gefroren dampfgaren.

ARTISCHOCKEN

In der Renaissance waren Artischocken eine stachelige Angelegenheit, von der nur die Blätter zum Verzehr geeignet waren. Zur Zeit der Katharina von Medici züchteten die Italiener verbesserte Sorten, und als der Blütenknospe auch noch eine aphrodisische Wirkung zugesprochen wurde, war ihr der Erfolg sicher.
Häufig wurde lediglich der Artischockenboden verzehrt. Artischocken sind die Blütenknospen einer hohen distelartigen Staude. Sie werden mit einem Stück des Stiels verkauft und sollten fest und schwer sein, mit starren Blättern, die das Herz eng umschließen. Die Blüte selbst ist bei der Ernte noch nicht entwickelt. Hinter der harten Schale verbirgt sich jedoch ein relativ empfindliches Gemüse. Die Stiele werden am besten in einer Vase in Wasser gestellt oder kühl und feucht höchstens 48 Stunden gelagert.
Verteilen Sie den Genuss der Artischocke auf zwei Mal: Mittags reichen Sie die lauwarmen Blätter, die wie eine weit aufgeblühte Blume auf dem Teller verteilt sind. In die Mitte geben Sie einen gemischten Salat, mit einer Haselnussvinaigrette mit Zitrone und Schnittlauch. Die Böden werden abends serviert, gefüllt mit Tapenade (siehe Seite 132) oder weich gekochten Eiern in würziger Sauce.
Artischocken sind für ihre harntreibende Wirkung bekannt und sind stark eisen- und kaliumhaltig. Sie wirken entgiftend und cholesterinsenkend. Der harte Teil der Blätter enthält den Bitterstoff Cynarin, der die Funktion der Gallenblase unterstützt.

Garen Sie Artischocken über Dampf. Damit sie sich beim Kochen nicht braun verfärben, können filetierte Zitronenspalten zwischen die Blätter gesteckt werden.

KÜRBIS

Der Schriftsteller und Kammerdiener am Hofe Ludwigs XIV., Nicolas de Bonnefons, nannte alle essbaren Kürbisgewächse einmal »Erdfrüchte«. Die dekorativen Früchte, die zuweilen beeindruckende Formen und Größe annehmen, zählen zu den großen Freuden des Herbstes. Ich erinnere mich noch genau an die orangefarbenen Riesenköpfe, die eines Nachts auf einem kleinen See in der Sologne trieben. Das war anlässlich eines Festes, das Gaston Lenôtre für befreundete Kollegen gab. Paul Bocuse hatte die Kürbisse (in denen eigentlich eine Suppe serviert werden sollte) entwendet, hatte ihnen Grimassen und Fratzen geschnitzt und sie als Lampions zu Wasser gelassen.

Neben diesem unterhaltsamen Aspekt, besitzen Kürbisse aber auch gute Nährwerte; sie sind reich an Vitamin A, B und C, an Spurenelementen und Mineralstoffen. Die roten unter ihnen enthalten allesamt mehr Provitamin A als Möhren und zahlreiche Ballaststoffe. Ende September können Sie Kürbisse im Ganzen kaufen. Sie sollten keine Flecken aufweisen. Ein kastanienbrauner Stiel ist ein Zeichen ihrer Reife.
Kürbisse ergeben zunächst für einige Wochen eine wunderbare Tischdekoration. Später werden sie in Stücke zerteilt und für köstliche Speisen verwendet. Als Suppen oder Auflauf zubereitet, lassen sie sich auch gut tiefkühlen. Die Kleinsten, wie die ›Pomme d'or‹ können auch ausgehöhlt zum Servieren verwendet werden (siehe Seite 168).
Die plattrunden ›Patissons‹ (Squashs) gibt es in vielerlei Farben. Sie sind ihrer Form wegen auch unter dem Namen Bischofsmütze bekannt und stehen geschmacklich den Zucchini am nächsten. Sie werden ab Ende des Herbstes angeboten und können mehrmals verwendet werden, nachdem sie gegart und sauber ausgehöhlt wurden: zum Servieren von Salat oder einer pikanten Creme (siehe Seite 140) und sogar als kleine Auflaufform, denn sie sind hervorragend hitzebeständig. Die Mini-Patissons werden auch in Essig eingemacht. Probieren Sie auch weiße Kürbisse mit rotem Fruchtfleisch, den zarten Butternusskürbis mit nussartigem Geschmack, den kupferfarbenen ›Muscade du Midi‹ oder den ›Sweet Dumpling‹, der leicht nach Haselnuss schmeckt. Von Südamerika bis Fernost werden Kürbisse seit Jahrtausenden verarbeitet. Manchmal werden sie einfach klein geschnitten und mit Zwiebeln oder Schnittlauch in Butter oder Öl sautiert. Sie lassen sich aber auch gut für herzhaft-süße Gerichte verwenden. Ich persönlich hege eine kleine Vorliebe für den ›Potimarron‹ oder Hokkaido-Kürbis, der köstlich nach Maronen schmeckt und nicht geschält werden muss.

ARTISCHOCKEN MIT SCHALOTTEN

FÜR 4 PERSONEN · VORBEREITUNGSZEIT: 20 MIN. · GARZEIT: 40 MIN.

8 bis 12 violette Artischocken, je nach Größe
½ Zitrone
150 g rote Schalotten, geschält und klein gehackt
4 EL Olivenöl
4 EL Weißwein
1 TL Salz
½ TL frisch gemahlener Pfeffer

■ Die Artischocken waschen und den Stiel bis auf 2 cm abschneiden. Fünf bis sechs Blätter am Boden entfernen, bei den übrigen die Spitzen etwa 2 cm über dem Boden abschneiden. Alle Schnittstellen mit einer Zitronenhälfte einreiben.

■ In einem mittelgroßen Schmortopf die Schalotten 5 Minuten auf kleiner Flamme in Olivenöl andünsten. Die Artischocken dicht nebeneinander auf die Schalotten stellen. Etwas Zitronensaft über jede Artischocke träufeln, den Wein und 4 EL Wasser zugeben, salzen und pfeffern. Zugedeckt 40 Minuten sanft köcheln lassen.

■ Die Artischocken lauwarm mit den Schalotten servieren. Nach dem Essen kleine Schalen mit Wasser und einer Zitronenscheibe zum Säubern der Finger reichen.

■ Die Artischocken können morgens gegart und abends serviert werden.

HOKKAIDO-KÜRBIS MIT KREUZKÜMMEL

FÜR 5 BIS 6 PERSONEN · VORBEREITUNGSZEIT: 15 MIN. · GARZEIT: 15 MIN.

1 Hokkaido-Kürbis von gut 500 g
2 EL Olivenöl
2 Zwiebeln, geschält
1 gehäufter TL Kreuzkümmel
1 EL Cidre-Essig oder 1 EL Weinessig und 1 TL Honig
1 TL Salz
Frisch gemahlener Pfeffer
Paprikapulver

■ Den Kürbis waschen, den Stiel und den Boden entfernen, ungeschält vierteln. Die Kerne herauslösen und jedes Viertel in sehr feine Scheiben schneiden.

■ Das Öl in einer Pfanne erhitzen, die Zwiebeln hacken und 5 Minuten in Öl glasig schwitzen.

■ Den Kürbis mit dem Kreuzkümmel, Essig, Salz, Pfeffer und einer Prise Paprika zugeben. Mit 3 bis 4 EL Wasser ablöschen, alles vermischen und zugedeckt 10–15 Minuten garen. Darauf achten, dass die Kürbisscheiben weich werden, aber nicht zerfallen.

■ Das Gericht kann vorbereitet und dann lediglich im Ofen auf dem Servierteller erhitzt werden.

■ Es passt wunderbar zu gebratenem Huhn oder jungen Rebhühnern. Bei Kürbisfleisch mit weniger intensiver Farbe kann etwas Safran beigefügt werden.

EISGEKÜHLTE KÜRBISCREME MIT SCHOKOLADE

FÜR 6 BIS 8 PERSONEN · VORBEREITUNGSZEIT: 20 MIN. · GARZEIT: 15 MIN.
ZEIT ZUM ABKÜHLEN: MINDESTENS 3 STD.

1 mittlerer Hokkaido-Kürbis von etwa 800 g
120 ml Milch
120 g Butter
100 g brauner Zucker
120 g Zartbitterschokolade
100 g Walnusskerne
Butter für die Form

ZUM DEKORIEREN:
Karamellisierte Walnusskerne
Coulis von Himbeeren oder Johannisbeeren

■ Den Kürbis waschen und ungeschält in Stücke schneiden, die Kerne entfernen. Die Stücke 15 Minuten vorsichtig in der Milch im geschlossenen Topf garen. Darauf achten, daß noch etwas Flüssigkeit bleibt. Im Handpassiergerät pürieren.

■ Das Püree in eine Schüssel geben, die gewürfelte Butter und den Zucker kräftig unterrühren. Die Schokolade klein hacken und mit den Walnüssen auf der Kürbismischung verteilen. Nur leicht unterheben, aber nicht verrühren. Die Schokoladenstückchen ergeben später ein Marmormuster.

■ Eine Kastenform buttern und mit Backpapier auskleiden.

■ Die Masse in die Form geben und die Oberfläche glatt streichen. 24 Stunden im Kühlschrank oder 3 Stunden im Tiefkühlfach fest werden lassen.

■ Die Kürbiscreme aus der Form lösen und mit karamellisierten (siehe Seite 186) oder mit Schokolade überzogenen Walnusskernen garnieren. In Scheiben schneiden und mit der Coulis servieren.

■ In der Form hält sich die Creme 4 Tage im Kühlschrank.

MORCHELN

Morcheln verstecken sich gern unter Dornengestrüpp oder im Schatten von Felsen, an feuchten Baumstümpfen und Gräsern. Charakteristisch ist der längliche, konische, schwammartige Hut. Seine graubeige, ockergelbe oder schwarze Farbe ist nicht sonderlich verlockend, aber Beschaffenheit und Geschmack sind umso köstlicher. Von März bis Juni werden Morcheln auf dem Markt angeboten, wobei die französischen doppelt so teuer sind wie die Importpilze. Gelegentlich werden auch die ähnlich aussehenden Riesenlorcheln zum Preis von Morcheln angeboten, schmackhafte, aber nicht vergleichbare Speisepilze. Beide Pilze sind übrigens im rohen Zustand giftig. Schneiden Sie den erdigen Teil des Fußes ab, tauchen Sie sie kurz in Wasser, lassen Sie die Pilze abtropfen und waschen Sie sie dann einzeln unter fließendem Wasser. Getrocknet werden sie auf einem sauberen Tuch.

In getrocknetem Zustand lassen sich Morcheln am besten aufbewahren. Auch entwickeln sie dann ein intensiveres Aroma. Wie die meisten getrockneten Pilze werden sie vor der Verwendung zehn Minuten in lauwarmes Wasser getaucht.

WILDSPARGEL MIT MORCHELN

FÜR 6 PERSONEN · VORBEREITUNGSZEIT: 15 MIN. · GARZEIT: 15 MIN.

1 Bund Wildspargel
10 g gesalzene Butter
300 g frische Morcheln, geputzt und gründlich gewaschen
200 g Frischkäse (Fromage blanc oder Ricotta)
½ Zitrone
Salz und Pfeffer aus der Mühle

■ Das Ende der kleinen Spargel dort abtrennen, wo es sich einfach mit dem Fingernagel ablösen lässt. Die Spargel in 8 Minuten dampfgaren. 250 ml Wasser und die gesalzene Butter in einem Schmortopf zum Kochen bringen. Die Morcheln zugeben und 5 Minuten im offenen Topf garen. Abgießen und den Sud für eine spätere Suppe auffangen.

■ In einem Schälchen den Frischkäse mit dem Zitronensaft verschlagen. Salzen und pfeffern. Um jede Morchel einen kleinen Spargel binden und lauwarm reichen. Die Frischkäsesauce getrennt dazureichen.

■ Die Spargel werden mit den Fingern genossen, am besten zum Aperitif oder als Vorspeise zusammen mit dem Schnittlauchkuchen (siehe Seite 206).

POMME D'OR-KÜRBISSE MIT MUSCHELN

FÜR 4 PERSONEN · VORBEREITUNGSZEIT: 30 MIN. · GARZEIT: 20 MIN.

4 Pomme d'or-Kürbisse von gleicher Größe oder andere kleine Speisekürbisse, mit Stiel
4 kleine Knoblauchzehen
300 ml Hühnerbouillon
4 EL Crème fraîche
100 g Muscheln, gegart und aus der Schale gelöst
1 Döschen Safran oder
1 Trüffel (10 g) im eigenen Saft
Salz und Pfeffer aus der Mühle
Große Blätter

■ Von den Kürbissen einen Deckel abschneiden und die Kerne entfernen. Die Kürbisse mit den Deckeln 15–20 Minuten dampfgaren. Daneben die ungeschälten Knoblauchzehen mitgaren. Das Fruchtfleisch herausheben, den Hohlraum (auch den Deckel) sorgfältig ausschaben und über Dampf warm halten.

■ Das Fruchtfleisch mit den Knoblauchzehen im Handpassiergerät pürieren. Die Hühnerbouillon mit der Crème fraîche und dem Kürbispüree erhitzen. Die Muscheln und den Safran zugeben. Weitere 2 Minuten erhitzen. Salzen und pfeffern. Die Suppe mit dem Trüffelsaft (falls verwendet) in die Kürbisse verteilen und (nach Wunsch) mit fein gehobelten Trüffelscheiben bestreuen. Tiefe Teller mit einigen Blättern dekorieren und die Kürbisse darauf setzen.

■ Die ausgehöhlten Kürbisse können mehrmals verwendet werden. Dazu diese mit kochendem Wasser ausspülen und trocknen.

■ Die Suppe kann morgens bereitet, im Kühlschrank aufbewahrt und abends gereicht werden. Kurz vor dem Servieren die Kürbisse im Ofen vorwärmen und die Suppe unter Rühren und ohne Kochen erhitzen (sonst werden die Muscheln hart).

Pomme d'or-Kürbisse mit Muscheln

SCHWARZE TRÜFFELN

Es ist ihr unvergleichliches Aroma, das die Trüffel zum begehrtesten unter allen Pilzen und zu einer der kostbarsten Delikatessen überhaupt macht. Die jährlich schwankenden Preise sprengen jedes durchschnittliche Haushaltsbudget. Kein Wunder bei so viel Aufwand.
Es beginnt mit der Kunst der Trüffelsuche: Ein alter Trüffelfreund weihte mich an einem feuchtfröhlichen Abend in seine Geheimnisse ein. Es gelte zunächst die kleine Fliege zu finden, die ebenfalls trunken, allerdings vom Trüffelnektar, sicher zur Quelle führen würde. »Folgen Sie mir, die Wurzeln der Eiche entsprechen unterirdisch den Hauptästen, die sich gen Himmel strecken. Wenn Sie an einem Ast irgendwelche Veränderungen in der Form oder Farbe der Blätter feststellen, haben Sie gute Chancen, darunter auf Trüffeln zu stoßen. Dann setzen Sie sich ruhig unter den Baum und warten, bis eine Fliege senkrecht in die Erdscholle taucht, in der die Trüffel wächst. Am besten geschieht dies in der Mittagssonne.«
Trüffeln sind zunächst weiß gemasert, die Haut ist leuchtend rot. Im Laufe des Sommers wechseln sie die Farbe und reifen langsam heran. Im Dezember ist ihr Duft unter Umständen noch nicht sehr ausgeprägt, die weißen Adern sind noch deutlich sichtbar und werden dann langsam unscheinbarer. Die im März gesammelten Trüffeln sind fast schwarz.
Im Handel wird der Edelpilz gesäubert und vakuumverpackt angeboten und kann so ein bis zwei Monate eingefroren werden. Gegarte Trüffeln gibt es auch im Ganzen oder in Scheiben in Dosen. Frische Trüffeln können Sie aufbewahren, indem Sie sie säubern und bürsten und in einer Schüssel in feuchten Sand stecken. Oft wird auch empfohlen, sie in Reis zu legen, doch diese Methode entzieht ihnen zu viel Feuchtigkeit. Sie können sie aber auch schälen und mit den Schalen in ein kleines Glas geben, das Sie mit Maisöl oder Gänseschmalz füllen. Es wird bis zur Verwendung, etwa für Trüffel in Blätterteig – die klassische Art, frische Périgord-Trüffeln zuzubereiten –, im Kühlschrank gelagert.

TRÜFFEL-BROUILLADE MIT TOPINAMBUR

1 frische Trüffel (30 g)
50 g Langkornreis
2 EL Olivenöl
500 g Topinamburs
Feines Meersalz
Frisch gemahlener Pfeffer
8 Eier
1 EL Butter
1 EL Crème fraîche

Es gibt unzählige köstliche Arten, Trüffeln zu verzehren: Nichts spricht dagegen, sie im Ganzen zu genießen, ebenso hervorragend schmecken sie als klassisches Trüffelomelett. Doch der Schlaue, sagt man, leiht sich die Trüffel vom Nachbarn und legt sie einen Tag lang in den Eierkorb.

FÜR 4 PERSONEN · VORBEREITUNGSZEIT: 20 MIN.
ZEIT ZUM ZIEHEN: ETWA 6 STD.
GARZEIT: 20 MIN. (AM VORTAG ZU BEGINNEN)

■ Die Trüffel gut abbürsten und mit dem Reis 24 Stunden in einen luftdichten Behälter geben, damit dieser bereits vor der Zubereitung das Aroma annimmt (wer diese Zeit nicht hat, verwendet Thai- oder Basmati-Reis).
■ Die Trüffel aus dem Reis nehmen, in Stifte und hauchdünne Scheiben schneiden und einen halben Tag in einem tiefen Teller in etwas Olivenöl ziehen lassen.
■ Die Topinamburs waschen und 10 Minuten in kochendem Wasser garen. Abgießen. In der Zwischenzeit den Reis in einem großen Topf in der zweieinhalbfachen Menge Wasser 10 Minuten auf kleiner Flamme köcheln. Den Teller mit der Trüffel zum Wärmen auf den Reistopf stellen, zudecken und den Reis weitere 10 Minuten quellen lassen. Die Topinamburs schälen und in Scheiben oder Würfel schneiden.
■ Das Trüffelöl in der Pfanne erhitzen, die Topinamburs zugeben und 15 Minuten garen. Salzen, pfeffern und warm halten.
■ Die Eier schaumig schlagen, salzen und pfeffern. Die Butter mit der Crème fraîche in einem Topf mit dickem Boden erhitzen, die Eier zugeben und auf sehr kleiner Flamme garen. Dabei ununterbrochen mit einem Holzspatel mit geradem Rand rühren, bis ein weiches Rührei, die Brouillade, entsteht.
■ Auf vorgewärmten Tellern eine Portion Ei, etwas Reis, einige Stück Topinambur sowie Trüffelscheibchen und -stifte servieren.
■ Frische Trüffeln halten sich in weiches Papier gewickelt etwa 1 Woche im Kühlschrank.

CHICORÉE, RADICCHIO UND ENDIVIEN

Im Gegensatz zu Salat können die Samen von Endivien, die nicht mit Kopfsalat verwandt sind, sondern wie Chicorée zu den Zichorien gehören, sofort im Freiland ausgesät werden. Aus Südfrankreich stammt die HERBSTZICHORIE, auch Zuckerhut genannt, eine neuere, sehr wertvolle Züchtung. Der Beiname weist allerdings nur auf ihre Form hin. Der Geschmack dieses hervorragend lagerbaren Salats ist leicht nussig und deutlich bitter.

Damit das Herz der KRAUSEN ENDIVIE, auch Frisée genannt, weiß wird, deckt man es mit einem Hut ab, so dass es durch Lichtmangel verkümmert. Nicht nur seiner dekorativen Form wegen wird der Frisée sehr geschätzt, seine klein geschnittenen Blätter ergeben mit Olivenöl und Knoblauchcroutons einen köstlichen und beliebten Salat. Die Blätter der GLATTEN ENDIVIE sind breit und ganzrandig. Sie lassen sich gut mit Saucen auf Frischkäsebasis füllen. Ihr leicht bitterer Geschmack kann mit einigen Spinatblättern oder Kresse gehoben werden.

Mit der Endivie verwandt ist der ebenfalls zur Zichorienfamilie gehörende RADICCHIO. Der frühe ›Radicchio di Treviso‹ hat längliche dunkelrote Blätter mit weißer Mittelachse und einen intensiv bitteren Geschmack. Die mildere Sorte ›Rossa di Verona‹ wird im Winter gesät und im Sommer geerntet. Der kleine Kopf ist zunächst grün, wird dann einmal abgeschnitten und wächst rot nach. Die häufig angebotene Sorte ›Radicchio di Chioggia‹ bildet einen festen runden Kof. Radicchio hat dicke Blätter, die leicht hart werden, so dass er am besten in kleinen Mengen gekauft wird. Die Blätter können unter verschiedene Salate gemischt werden, einige Kiwi-Scheiben verleihen eine angenehm säuerliche Note.

In Frankreich werden jährlich 233 000 Tonnen CHICORÉE produziert. Das Gemüse, das auch als Bleichzichorie oder Brüsseler Endivie bekannt ist, wird zunächst im Freiland gepflanzt. Wenn die Blätter erscheinen, werden sie geschnitten. Die Treibrüben werden dann ausgegraben, bei niedriger Temperatur eingelagert und schließlich in der Dunkelheit bei 16 °C (zur Vermeidung von Krankheiten) wieder angetrieben. Der knackige Chicorée besitzt einen leichten Haselnussgeschmack. Die heutige Forschung entwickelt Sorten mit weniger Bitterstoffen, die im Geschmack eher dem Salat ähnlich sind. Seit einiger Zeit ist auch roter Chicorée auf dem Markt.

CHICORÉE IN BIER

12 Chicorée
3 EL Öl
200 g geräucherter Speck, in Streifen geschnitten
1 Stückchen Butter
250 ml Bier oder Weißbier
Grobes Salz
20 Wacholderbeeren
Salbeiblätter
Frisch gemahlener Pfeffer

Ein Vorschlag zum Aperitif: Chicoreéblätter mit einer Füllung aus 100 g geräucherten Forellenrogen, vermischt mit Schafsmilchjoghurt, garnieren. Mit frisch gemahlenem Pfeffer und etwas Zitronensaft abschmecken.

FÜR 6 PERSONEN · VORBEREITUNGSZEIT: 10 MIN. GARZEIT: 30 BIS 40 MIN.

■ Den Chicorée putzen, einige Außenblätter und den unteren Teil des Schafts entfernen. Schnell unter Wasser abspülen und der Länge nach halbieren.

■ Das Öl in einem gusseisernen Schmortopf erhitzen, den Speck zugeben und 2 Minuten unter Rühren anbraten. Das Fett abgießen.

■ Die Butter in den Topf geben und zerlassen. Dann den halbierten Chicorée hineinlegen, das Bier angießen und 1 TL grobes Salz, Wacholderbeeren, Salbeiblätter und Pfeffer zugeben.

■ Den Chicorée zugedeckt 20 Minuten auf kleiner Flamme schmoren. Wenn viel Saft entsteht, offen weiter garen, die Sauce reduzieren und karamellisieren.

■ Den Chicorée im Topf servieren. Er ist wirklich vielseitig und passt als Beilage ebenso gut zu gegrillten oder gebratenen Würstchen wie zu Entenbrustfilets oder Fisch und Jakobsmuscheln.

■ Das Gemüse kann auch mit dem Kochsaft in eine Auflaufform umgefüllt werden, wobei zwischen die Chicoréehälften jeweils eine Scheibe milder Kümmelkäse gegeben wird.

■ Im Ofen gratinieren lassen. In diesem Fall keine Wacholderbeeren zufügen.

■ Das Gericht kann am Abend vorher bereitet, zu drei Vierteln gegart und im Kühlschrank aufbewahrt werden. Kurz vor dem Servieren fertig garen.

KOPFSALAT

Die Samen von Kopfsalat haben alle die gleiche Form und lassen dennoch eine schier unendliche Vielzahl an Sorten entstehen. Bereits im Mittelalter war der RÖMISCHE oder ROMANA-SALAT bekannt. Die länglichen knackigen Innenblätter lassen sich gut mit einer frischen Speise füllen. Von den kräftigen grünen Außenblättern wird die Blattrippe entfernt, dann werden sie in Streifen geschnitten und säuerlich, etwa mit einer feinen Vinaigrette, angemacht. Romana-Salat wird aber nicht nur roh gegessen, sondern auch gerne als Gemüse gedünstet.

KOPFSALAT wie der glatte Buttersalat und der krause Bataviasalat wurden früher im Freiland gezogen. Der Beginn der Unterglaskultur war auch die Zeit der Kreuzung von kleineren Sorten (etwa die Sorte ›Gotte‹) mit der englischen Sorte ›Brighton‹. Die ›Rougette de Montpellier‹ oder auch der kleine grüne ›Little Gem‹, der in Frankreich unter dem Namen ›Sucrine‹ erhältlich ist, bestechen durch ihren feinen Geschmack. Mit klein geschnittenen, eingelegten Zitronen, Olivenöl und schwarzen Oliven schmecken sie unwiderstehlich.

PFLÜCKSALAT bildet keinen Kopf, dafür wird er in großer Farbenvielfalt (von Zartgrün bis Rot) angeboten. Da die Blätter schnell welken, sollten sie innerhalb von zwei Tagen verzehrt werden. Der knackige LOLLO ROSSA schmeckt leicht bitter; seine großen krausen Blätter zeichnen sich durch einen roten Rand aus.

Kopfsalat braucht grundsätzlich Feuchtigkeit und Frische. Er sollte höchstens zwei bis drei Tage aufbewahrt werden, damit er knackig bleibt und die Vitamine nicht verloren gehen. Salat wird am besten immer erst kurz vor dem Servieren gewaschen und geschleudert. Er hält sich aber in diesem Zustand auch in der Salatschleuder im Kühlschrank.

Fein geschnittener und frisch gewürzter Kopfsalat eignet sich gut als Vorspeise. Mineralsalze, Vitamine und Spurenelemente sind hauptsächlich in den bunten Blättern enthalten, die oft auch am schmackhaftesten sind. Die Blätter können nach Stärke sortiert werden; die dicken und festen werden zuerst mit der Sauce vermischt, zum Schluss werden die zarten Blättchen untergemischt.

GLATTBUTT IM SALATMANTEL

60 g Butter
4 Stengel Petersilie
2 Schalotten
1 Möhre
1 Stange Lauch (weißer Teil)
1 Glattbutt (1,2 kg), ausgenommen und vorbereitet
5 EL Weißwein
Salz und frisch gemahlener Pfeffer
1 großer Kopfsalat (oder Herbstzichorie oder Batavia)
250 ml Crème fraîche
1 Ei

Der nicht lange haltbare Eichblattsalat ist zart und schmeckt nussartig und leicht bitter. Er fügt sich gut zu anderen Aromen. So schmeckt er köstlich mit einer Aprikosensauce mit Ingwer (siehe Seite 81), die mit etwas Olivenöl oder Orangensaft verlängert wurde.

FÜR 6 PERSONEN · VORBEREITUNGSZEIT: 50 MIN.
GARZEIT: 25 BIS 30 MIN.

■ Den Ofen auf 200 °C vorheizen. Eine Auflaufform buttern und vorwärmen. Die Petersilie waschen, trocken tupfen und zum Dekorieren beiseite legen.

■ Die Schalotten und die Möhre schälen und klein schneiden, den Lauch waschen und in Ringe schneiden. Einen Bräter buttern und die Gemüse darin verteilen. Den Glattbutt darauf legen, einige Stengel Petersilie darüber geben, den Wein angießen, salzen und pfeffern. Mit Alufolie abdecken und 20 Minuten im Ofen garen, die Hitze auf null reduzieren und weitere 5 Minuten im Ofen ruhen lassen.

■ Den Salat waschen, abtropfen lassen, die Mittelrippen entfernen, ohne die Blätter zu beschädigen. Einen Schmortopf zur Hälfte mit kochendem Wasser füllen. Jedes Blatt einzeln auf einen Schaumlöffel legen und 3 Sekunden hineintauchen, abtropfen lassen und auf große Teller geben. Mehrere Blätter übereinander legen, sie sollen sich überlappen, so dass auf sechs Tellern sechs Salatmäntel entstehen.

■ Die Fischhaut abziehen, das Fleisch und etwas Gemüse auf die Salatblätter verteilen, salzen und pfeffern. Die Blätter zu sechs Päckchen zusammenrollen und in die vorgewärmte Auflaufform geben.

■ Den Fischsud in einem Topf zum Kochen bringen. Die Crème fraîche mit dem Ei, Salz und Pfeffer verschlagen und in den Sud hineinrühren.

■ Den Fisch im Salatmantel mit der Sauce überziehen und 5–10 Minuten im Ofen garen (wobei der Fisch nicht weitergaren sollte). Kurz vor dem Servieren mit etwas Petersilie garnieren.

■ Das Rezept lässt sich auch köstlich mit jungem Steinbutt abwandeln. Wenn nötig, das Gericht über sanftem Dampf erhitzen und erst auf vorgewärmten Tellern mit der Sauce überziehen.

ERBSEN, TROCKENERBSEN UND ZUCKERERBSEN

Die Erbse ist eine der ältesten Nutzpflanzen und wird in fast allen Ländern der Welt kultiviert. Im Handel werden Erbsen, die alle zu *Pisum sativum* gehören, gewöhnlich nach drei Gruppen unterschieden: Markerbsen, Schalerbsen und Zuckererbsen. Für kurze Zeit im Frühsommer finden sich auf dem Markt köstliche frische Erbsen, die in den Schoten angeboten werden. Sie sind entweder glatt wie die ›Douce Provence‹ oder runzlig wie die ›Merveille de Kelvédon‹, die zu den MARKERBSEN zählt.
Wenn die frischen Erbsen gegen Ende der Saison etwas mehlig werden und die Haut von festerer Beschaffenheit ist, können sie nach dem Garen püriert und als Suppe oder als Püree genossen werden. Die meisten Erbsen werden jedoch in der Lebensmittelindustrie verarbeitet. Die Angaben »fein« und »extra fein« beziehen sich dabei lediglich auf den Umfang der Erbsen, der Geschmack ist nahezu bei allen Konserven von gleicher Qualität.
Bei TROCKENERBSEN handelt es sich meist um SCHALERBSEN. Sie werden erst ausgereift geerntet, wenn die Schote schon trocken ist, und gewöhnlich zu Suppe oder Püree verarbeitet. Wegen ihres hohen Stärkegehalts schmecken sie ein wenig mehlig. Mit etwas Sahne und kleinen Speckwürfeln verfeinert, ergeben sie jedoch bereits unpüriert eine köstliche Suppe.
ZUCKERERBSEN sind unreif geerntete Erbsenhülsen mit Samen, die sich durch einen besonders hohen Zuckergehalt auszeichnen. Sie werden nicht ausgepalt.
Um zu überprüfen, ob sie fadenfrei sind, bricht man sie einfach in der Mitte durch. Zuckererbsen werden am besten ohne Salz über Dampf oder wie grüne Bohnen in reichlich kochendem Salzwasser gegart. Rechnen Sie etwa 200 g pro Person und servieren Sie sie schlicht mit einigen Butterflöckchen ohne weitere Würzzutaten, um ihren köstlichen zart-süßlichen Geschmack nicht zu beeinträchtigen.

Die Erbsen gleich nach dem Einkauf auspalen. Roh dürfen nur die Zuckererbsen gegessen werden. Sie passen gut zum Salat. Gegart werden Erbsen einige Minuten in kochendem Salzwasser mit Minzeblättern oder in Butter mit kleinen Zwiebeln.

ERBSENKUCHEN

FÜR 4 PERSONEN · VORBEREITUNGSZEIT: 30 MIN. · GARZEIT: ETWA 20 MIN.

600 g frische Erbsen in Schoten
Butter für die Formen
50 g Weizengrieß
2 TL klein gehackter Dill
1 Stengel frischer Dill
Remouladensauce mit Senf (siehe Seite 25)
2 hart gekochte Eier, klein gehackt (nach Wunsch)
1 TL Meersalz
Pfeffer aus der Mühle

■ Die Erbsen auspalen und beiseite stellen. Die Enden und Fäden der Schoten entfernen. Die Schoten waschen und mit dem in Stücke geschnittenen Dillstengel in einen Topf mit Salzwasser geben. 10 Minuten offen kochen. In einen anderen Topf abgießen und beiseite stellen. Im selben Sud die Erbsen 5 Minuten garen, abgießen, dabei wiederum den Sud aufbewahren und die Erbsen warm stellen.

■ Zwei ofenfeste Formen buttern und vier Teller vorwärmen. Die gegarten Schoten im Handpassiergerät pürieren und etwa 200 g Püree abmessen.

■ Den Weizengrieß 2 Minuten in 100 ml Erbsensud garen, das Erbsenpüree zugeben und weitere 3 Minuten auf kleiner Flamme garen. Dabei rühren, bis sich die Masse vom Topfboden löst.

■ Mit dem klein geschnittenen Dill, Salz und Pfeffer würzen. Das Püree in die zwei Formen verteilen und lauwarm halten, während die Remouladensauce bereitet wird.

■ Die Erbsenkuchen aus den Formen lösen, halbieren und auf Teller geben. Mit den warm gestellten Erbsen, Remouladensauce und (nach Belieben) etwas gehacktem, hart gekochtem Ei lauwarm servieren.

■ Der Kuchen eignet sich als Beilage und kann einige Stunden zuvor bereitet werden. Über Dampf oder in der Mikrowelle lässt er sich dann leicht erhitzen.

FRISCHE BANDNUDELN MIT ZUCKERERBSEN UND WINTERZWIEBELN

FÜR 4 PERSONEN · VORBEREITUNGSZEIT: 10 MIN. · GARZEIT: ETWA 25 MIN.

200 g Winterzwiebeln
250 g Zuckererbsen
500 ml Rinderbouillon
1 Chilischote
200 g frische Bandnudeln
Salz
1 EL Pimpinellen- oder Kerbelzweige
50 g leicht gesalzene Butter

■ Die Winterzwiebeln waschen und in feine Scheiben schneiden.

■ Die Zuckererbsen waschen und die Enden abknipsen. Die Rinderbouillon mit der Chilischote und den Winterzwiebeln 10 Minuten im Topf mit aufgelegtem Deckel köcheln. Die Zuckererbsen zufügen und weitere 8 Minuten garen.

■ Die Zuckererbsen und die Winterzwiebeln über einem Topf abgießen. In einem vorgewärmten Servierteller warm halten.

■ Die Nudeln in der aufgekochten und gesalzenen Bouillon etwa 5 Minuten kochen. Die Chili entfernen, die Nudeln abgießen und in der Mitte des Serviertellers auf den Zuckererbsen anrichten. Mit Pimpinelle und einigen Butterflöckchen dekorieren. Sofort servieren.

KAKAO

War Gaston Lenôtre schon eine Naschkatze, bevor er sein Herz für die Küche entdeckte, oder war es umgekehrt? Wie auch immer, Schokolade hat ihm ein Leben lang Glück gebracht. Als Sechzehnjähriger fand er in der schweren Krise von 1936 in Paris Arbeit, weil er bereits damals die Kunst der Ostereierherstellung beherrschte.
Kakao wird aus bräunlich-violetten Bohnen gewonnen, den Samen des Kakaobaumes. Diese in essbare Schokolade zu verwandeln ist ein langwieriger und komplizierter Prozess. Die einzelnen Schritte von der Ernte der Schoten bis zur Gewinnung der Kakaomasse sind immer die gleichen, doch dann kommt es auf die persönlichen und geheimen Rezepturen an, ob daraus eine zartschmelzende Verführung wird. Die Schokoladenbereitungen, die Gaston entwickelt hat, haben die Qualität von Backwaren und Konfekt weltweit spürbar angehoben. Zwei einfache Rezepte haben wir hier aufgenommen. Darunter ein Sorbet, das eine feine Verbindung von Pistazien und Schokolade wagt.

An die Ernte der Kakaoschoten schließen sich vielfältige Verfahren, ähnlich den zahlreichen Prozeduren bei der Weinbereitung. Und wie beim Wein sind die Qualitätsunterschiede auch bei der Schokolade beeindruckend.

Beim Entwurf meiner sieben Gärten habe ich Kaffee, Tee und Kakao spontan diesem Kapitel zugeordnet, da sie, ebenso wie der Park von Versailles, eng mit dem Leben meiner Eltern verknüpft sind.
Ein alter Stich erinnerte mich daran, dass die drei Getränke drei Kontinente symbolisieren: Die Darstellung zeigt einen Chinesen mit spitzem Hut, einen mit Federn bekleideten Indianer und einen Türken, der Pluderhosen und einen Turban trägt. Jeder trinkt sein Lieblingsgetränk.
Im 17. und 18. Jahrhundert lautete die große Frage stets, ob diese Getränke der Gesundheit zuträglich wären oder ihr schaden könnten. Freilich waren diese Diskussionen von viel Scheinheiligkeit geprägt, denn Kaffee, Tee und Kakao waren mit Gold gleichzusetzen. Und natürlich lag es im Interesse der Händler, den Verkauf nicht allzu breitenwirksam werden zu lassen, damit sie sich des Monopols sicher sein konnten.
Der Mensch sei dergestalt, sagte ein Philosoph, »dass er auf der Suche nach Heilmitteln in die Ferne schweife, während die Natur ihm alles zu Füßen lege, doch er den Blick nicht abzusenken wage.«

SCHOKOLADENKUCHEN GLORIA

120 g Zartbitterschokolade
100 g weiche Butter
120 g heller brauner Zucker
60 g Mehl, durchgesiebt
1 großer EL flüssiger Honig
1 Ei
1 Eigelb
4 EL Kondensmilch
60 g Walnusskerne, gehackt
Butter für die Form

FÜR 4 BIS 6 PERSONEN · VORBEREITUNGSZEIT: 20 MIN. · GARZEIT: 30 MIN.

■ Den Ofen auf 175 °C vorheizen. Eine Kastenform von 1 l Fassungsvermögen buttern und den Boden mit Backpapier auskleiden.
■ Die Schokolade im Wasserbad oder in der Mikrowelle schmelzen. In einer Schüssel die Butter mit dem Zucker schaumig schlagen. Die Hälfte des Mehls, den Honig, das Ei und das Eigelb zugeben. Die Kondensmilch zugießen und alles gut verrühren. Dann die geschmolzene Schokolade mit einem Spatel unterziehen, den Rest des Mehls und die Walnüsse zugeben und unterziehen.
■ Die Schokoladenmasse 3 cm hoch in die Form füllen. 30 Minuten backen, den Ofen ausschalten und weitere 5 Minuten im Ofen lassen. Wenn der Kuchen zum Aufschneiden aus der Form gelöst werden soll, nach dem Ausschalten noch 10 Minuten im Ofen lassen.
■ Mit einer Himbeer-Coulis (siehe Seite 124) oder einer Mandarinensauce mit Honig schmeckt der Schokoladenkuchen noch köstlicher. Er hält sich bei Zimmertemperatur, in Alufolie eingewickelt 2–3 Tage.

TEE

Eine Tee-Zeremonie. Olivier Scala zaubert aus seinem Koffer etwa zwölf kleine Schalen aus Gien-Porzellan hervor und ebenso viele Teesorten. In seiner Familie werden seit vier Generationen exklusive Teemischungen zusammengestellt und Scala hat das ganze Wissen vom Vater übernommen. Nach wie vor komponiert er für seine Kunden individuelle Tees. Er gibt in jede Schale das Maß eines Pennys, also 2,7 g, an Blättern und überbrüht sie mit heißem, aber nicht kochendem Quellwasser. Anschließend deckt er die Schalen zu. Andächtig warten wir fünf Minuten und beobachten dann, wie er den Tee behutsam in Tassen umgießt, um ihn zu kosten.
Vor dem Treffen mit Olivier Scala hat Colette bereits einige Wünsche zur Zusammenstellung der Lenôtre-Mischung geäußert, bei der sie die Limetten- und Bitterorangenkomponenten stärker hervorheben will. Gaston seinerseits bleibt seinem chinesischen Tee, dem Yünnan, treu. Wir haben schließlich unser Angebot um den chinesischen Sichuan- und einen indischen Assamtee erweitert. Die kleine ungezwungene Zeremonie passt gut zu jenem Puppenhaus, das sich meine Mutter eingerichtet hat. Dort finden sich gelegentlich einige treue Kunden zum Essen oder zu einer Tasse Tee ein.

SCHOKOLADENSORBET MIT KARAMELLISIERTEN PISTAZIEN

FÜR 1 L SORBET · VORBEREITUNGSZEIT: 15 MIN. · RUHEZEIT: 60 BIS 75 MIN. · RÜHRZEIT: 30 MIN.

600 ml Quellwasser
1 großer EL Honig
60 g entrahmtes Milchpulver
100 g Zartbitterkakaopulver
90 g Puderzucker
130 g Zartbitterschokolade, am Stück
100 g karamellisierte Pistazien

■ Das Wasser in einem Topf auf 50 °C erwärmen. Den Honig behutsam hinein-rühren, bis er sich aufgelöst hat.
■ In einer Schüssel Milchpulver, Kakao und Zucker vermischen.
■ Unter kräftigem Rühren mit einem Schneebesen ein Drittel des Honigwassers zur Kakaomischung geben.
■ Die Schokolade in kleine Stücke brechen. Im Rest des Honigwassers schmelzen und unter die Masse schlagen. Abkühlen lassen und anschließend 1 Stunde im Kühlschrank ruhen lassen.
■ Die Sorbetmasse in die Eismaschine füllen und rühren, bis die Mischung gefroren ist.
■ Das cremige Sorbet mit karamellisierten Pistazien garnieren und servieren (siehe Seite 186).

KARAMELLISIERTE BIRNEN IN TEE

FÜR 6 PERSONEN · VORBEREITUNGSZEIT: 20 MIN. · GARZEIT: 30 MIN.

1 kg Birnen mit festem Fruchtfleisch (etwa Gute Luise)
300 ml Tee (Ceylon oder Indisch oder Mischung)
3 Gewürznelken
60 g heller flüssiger Honig

■ Die Birnen schälen. Große Früchte halbieren oder vierteln und in einen Topf geben. Den Tee darüber gießen, die Gewürznelken und den Honig zufügen. Die Birnen je nach Festigkeit 10–15 Minuten pochieren. Mit einem Schaumlöffel herausheben und abtropfen lassen.
■ Den Saft weitere 15 Minuten zu Sirup reduzieren. Sie können ihn nach Wunsch noch weiter reduzieren, bis er schließlich zu Karamell wird, was an der dickflüssigeren Konsistenz und der dunkleren Farbe erkennbar ist.
■ Die Birnen in einer Rosette auf einem vorgewärmten Teller anrichten und mit Karamell überziehen. Heiß servieren und würziges Gebäck dazu reichen.
■ Karamell und Birnen können 2–3 Stunden zuvor bereitet und dann kurz vor dem Servieren erhitzt werden.

Karamellisierte Birnen in Tee

KAFFEE

Bitte zwei Mokka-Éclairs für Gaston und drei Blätterteig-Pithiviers für Colette! Sonntagmorgen, etwa um die Zeit, wenn frischer Kaffee mit seinem wohligen Duft das Haus durchströmt. Die beiden Lehrlinge, die die Éclairs mit Mokka füllen sollen, sehen wie die Verkäuferinnen vorbeigehen und wie sich im selben Takt die Ränge der Éclairs zusehends lichten. Der Verzweiflung nahe, hat einer der Lehrlinge den Einfall, die erste Reihe Éclairs mit Senf zu füllen. Doch kommt nun keine Verkäuferin, sondern Gaston persönlich vorbei und bedient sich vor den Augen der entsetzten Jungen. Diese Art von Scherzen hat er niemals sonderlich gemocht. So dreht er sich wutentbrannt zum Ofen und will die fertig gebackenen Pithiviers mit der langen Holzschaufel herausnehmen, als sich Colette nichts ahnend erkundigt, ob denn die Pithiviers nicht vielleicht schon . . .

An jenem Tag und zur Zeit des morgendlichen Kaffees durchquert das Gebäck mit Lichtgeschwindigkeit die Backstube. Merke: Bei uns Lenôtres hat der Kaffee eine belebende Wirkung und bringt eindeutig Schwung ins Haus.

CHIBOUSTCREME MIT KAFFEE

FÜR 6 PERSONEN · VORBEREITUNGSZEIT UND GARZEIT: 25 MIN.

FÜR DIE MERINGE:
4 Eiweiß
70 g Zucker

FÜR DIE KONDITORCREME:
250 ml Milch
3 Eigelb
3 EL Puderzucker
3 EL Maisstärkemehl
2 EL Espresso

■ Die folgende Köstlichkeit lässt sich zu zweit leichter realisieren, weil die Konditorcreme bereitet und gleichzeitig das Eiweiß steif geschlagen und der Zucker bei 120 °C gekocht werden müssen.

■ Bis auf 1 EL den Zucker mit 2 EL Wasser in einen kleinen Topf geben.

■ In einem anderen Topf die Milch zum Kochen bringen. In einer Schüssel das Eigelb und 3 EL Puderzucker 1 Minute schaumig schlagen, dann die Maisstärke zugeben. Etwas heiße Milch einrühren und den Inhalt der Schüssel in den Topf zur heißen Milch geben. Den Kaffee zufügen und unter Rühren mit einem Holzlöffel 1 Minute kochen, vom Herd nehmen und abdecken.

■ Währenddessen die Zucker-Wassermischung zum Kochen bringen. Das Eiweiß steif schlagen, den restlichen EL Zucker zufügen. Sobald ein steifer Schnee entstanden ist, etwas langsamer schlagen.

■ Die Temperatur des Zuckers sollte 120 °C betragen (zum Überprüfen einen Tropfen der Zuckermasse in kaltes Wasser geben und feststellen, ob er sich mit den Fingern zu einer kleinen Kugel formen lässt). Den Zucker über den Eischnee geben, dabei weiterschlagen, bis alles vermischt ist. Die warme Konditorcreme mit einem flexiblen Spatel unter die Masse ziehen. Die Creme in Schälchen verteilen, im Kühlschrank aufbewahren und am selben Tag servieren.

DILL

So erhält scharfer Senf ein wunderbares Aroma: Dill fein schneiden und mit 1 EL Weißweinessig und 2 EL braunem Zucker vermengen. Mit dem Senf vermischen. Er kann sofort verwendet werden und hält sich gut im Kühlschrank.

Ähnlich wie Kerbel entfaltet der Doldenblütler sein Aroma am besten, wenn er klein geschnitten wird. Eine würzige Basis für Salatsaucen wird aus 1 EL Zucker, 1 EL Meersalz, 1 TL zerstoßenem Pfeffer und 20 g klein gehacktem Dill zusammengestellt. Die Mischung hält sich etwa zwei Wochen in einem geschlossenen Behälter. Mit Dill bereite ich ein köstliches Sorbet. Klassisch ist seine Verwendung zum Marinieren von Lachs. Dill passt auch gut zu Frischkäse, egal ob er aus Kuh-, Ziegen- oder Schafsmilch hergestellt wurde. Das frische Kraut steht den ganzen Sommer über zur Verfügung. Die flachen, fast runden Samen können auch ganzjährig für Saucen oder Eintopfgerichte verwendet werden.

ESTRAGON

Die winterharte, ausdauernde, aber recht empfindliche Pflanze, die bis zu 90 cm hoch wird, wächst in warmen, geschützten Lagen in feuchter Erde. Ihren lateinischen Namen »kleiner Drache« *(dracunculus)* verdankt sie dem mittelalterlichen Glauben, das Kraut sei ein wirksames Mittel gegen Bisse giftiger Tiere. Heute aromatisiert der feinwürzige Estragon mit seinem unverkennbaren Aroma verschiedenste Saucen und ist neben Petersilie, Kerbel und Schittlauch ein weiterer klassischer Bestandteil der *fines herbes*, der beliebten französischen Küchenkräuter.
Estragon, womit hier der feine französische oder echte Estragon und nicht der etwas gröbere, robustere, aber weniger aromatische russische gemeint ist, verleiht sautierten Scampi ein delikates Aroma und würzt zarte Kopfsalate und Batavia besonders fein.
Mit 100 g aufgekochter Butter und einem halben Glas fein gehacktem Estragon gibt Gaston einem jungen Barsch, der im Ofen mit etwas Olivenöl, Salz und Pfeffer gegart wurde, eine besondere Note.

ESTRAGONSORBET

FÜR 1 L SORBET · VORBEREITUNGSZEIT: 5 MIN. · GARZEIT: 5 MIN. · RUHEZEIT: 12 STD. · RÜHRZEIT: 30 MIN.

500 ml Quellwasser
150 g Zucker
150 g Rohrzucker
3 Stengel Estragon
1 Zweig Zitronenmelisse oder Zitronenstrauch
1 Stück Zitronenschale
100 ml Zitronensaft

■ Das Wasser in einem Topf mit dem Zucker erhitzen, bis sich der Zucker aufgelöst hat. Estragon und Zitronenmelisse waschen.
■ Die Kräuter und die Zitronenschale zum heißen Sirup geben. Zugedeckt abkühlen lassen. Den Topf etwa 12 Stunden im Kühlschrank ruhen lassen.
■ Kräuter und Zitronenschale entfernen. Den Zitronensaft zufügen. Die Masse in die Eismaschine geben und rühren, bis sie gefroren ist. Das Sorbet wird nach und nach weniger durchsichtig.
■ Das Sorbet hält sich 3–4 Tage im Tiefkühlfach.
■ Das Estragonaroma schmeckt angenehm vor und harmoniert wunderbar mit einer Coulis von roten Früchten.
■ Auch mit anderen Kräutern – etwa Basilikum oder Minze – lassen sich köstliche Sorbets bereiten.

Lassen Sie die Kapuzinerblüten sich öffnen und pflücken Sie dann die noch grünen Samenkapseln. Überbrühen Sie diese wie Cornichons mit kochendem Essig.

KAPUZINERKRESSE

Die dekorative rankende Kapuzinerkresse mit den trichterförmigen, orangegelben bis roten Blüten stammt ursprünglich aus Südamerika, wo sie mehrjährig ist. In unseren Breiten gedeiht sie von Juni bis Oktober und muß jedes Frühjahr neu gesät werden.
Die leuchtenden Blüten schmücken einen Salat und verleihen ihm zugleich eine würzige Note. Die pfeffrig-pikanten Blätter können ebenfalls unter einen Salat gemischt oder mit zarten Gemüsen in einem Eintopfgericht gegart werden. Hervorragend schmecken gehackte oder fein geschnittene Blätter in einem Rührei oder Omelett oder unter Frischkäse gemischt.
Ich lege die grünen Samen auch gern wie Cornichons in einem nur zur Hälfte gefüllten Einmachglas ein und verwende sie in meinen Zubereitungen an Stelle von Kapern.

ZITRONENMELISSE

Der schwarze Sand, der Fluss École und das Mikroklima im Wald von Fontainebleau scheinen der Entwicklung der Heilpflanzen in Milly-la-Forêt förderlich zu sein. Sie genießen allesamt einen sehr guten Ruf. Beim Kauf einiger Pflanzen Zitronenmelisse frage ich, in welcher Erde sie am besten gedeihen. Ich bekomme den Rat, einfach mit Schaufel und Eimer an einem Acker Halt zu machen, bessere Erde gäbe es nicht. Wild wächst das unempfindliche und üppig wuchernde Kraut zu etwa 70 cm hohen Büscheln heran. Es ist leicht an den vierkantigen, aufsteigenden Stengeln und den gegenständigen, herzförmigen Blättern zu erkennen, die sich etwas rau anfühlen und bei leichtem Reiben den charakteristischen süßen Zitronenduft verströmen. Die brennnesselähnlichen Blätter werden von Juni bis August geerntet und ersetzen die klassischen Küchenkräuter im Salat. Frisch aufgebrüht ergeben sie auch einen köstlichen Kräutertee.
Einen aromatischen, erfrischenden Melissenwein können Sie nach folgendem Rezept bereiten:
50 g gehackte Melissenblätter, die Schale einer halben Zitrone, 1 TL *quatre épices* (siehe Seite 22) (oder 1 Gewürznelke, 1 Zimtstange, etwas geriebene Muskatnuss und 10 Koriandersamen) etwa acht Tage in einer Flasche gutem Weißwein ziehen lassen.

ZITRONENSTRAUCH (VERBENE)

In unserer Familie klingt der Abend oft mit einem beruhigenden und köstlich schmeckenden Verbenentee aus, der mit etwas Lavendelhonig gesüßt wurde. Die nach Zitrone duftenden Blätter dieses Strauchs (nicht zu verwechseln mit dem geruchlosen Eisenkraut, das auch Verbene genannt wird) passen auch gut zu Fisch, Geflügel und Krustentieren, die über Dampf gegart wurden.
Die Blätter sind aufgrund ihrer harten Beschaffenheit nicht zum Rohverzehr geeignet. Dekorieren Sie Ihre Eisschalen daher lieber mit den zarteren und ebenso aromatischen Zitronenmelisse- oder Minzeblättern.

LAKRITZE

Nur mit Mühe erkennt man in dem Wort Lakritze noch die griechische Bezeichnung *glukurriza*, was soviel wie »süße Wurzel« heißt. Tatsächlich handelt es sich um die Wurzeln des Süßholzstrauchs, die unter anderem Glucose und Rohrzucker enthalten. Aus ihrem eingedickten bittersüßen Saft werden die köstlichen schwarzen Lakritzwaren in Schlangen-, Schnecken und Bonbonform hergestellt. Generationen von Kindern haben beim Zahnen die beruhigende Süßholzwurzel gekaut.
Im 18. Jahrhundert wurde Lakritzensaft von Straßenhändlern angeboten. Mit Zitronensaft vermischt, ergab er ein beliebtes Getränk mit belebender und erfrischender Wirkung. Es hieß in Frankreich »coco«, weil seine Cremefarbe an Kokosmilch erinnerte. Heute wird Süßholzwurzel vor allem zum Süßen von Speisen verwendet, ist aber durchaus noch vielseitiger, wie Sie auf der folgenden Seite sehen.

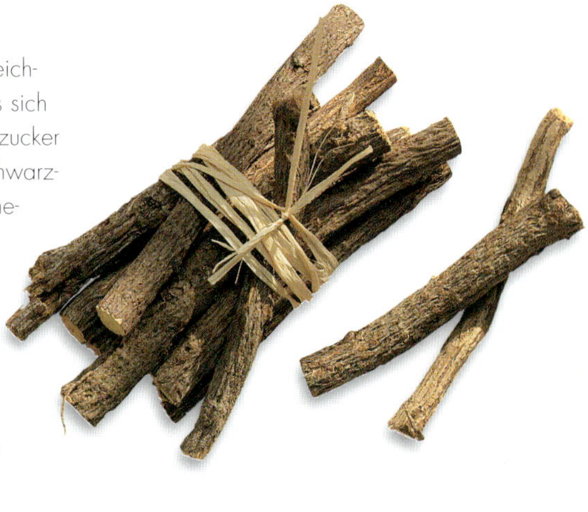

LAKRITZENEIS MIT MINZE

FÜR 1 L EIS · VORBEREITUNGSZEIT: 20 MIN. · GARZEIT: 40 MIN. · RUHEZEIT: 1 STD. · RÜHRZEIT: 30 MIN.

3 Lakritzenwurzeln
250 ml Quellwasser
600 ml Milch
5 Eigelb
60 g brauner Zucker
3 frische Minzestengel
8 kristallisierte Minzeblätter (siehe Seite 28)

■ Jede Lakritzenwurzel (an einer Tischkante) in vier Stücke brechen. Das Wasser in einen Topf gießen, die Lakritzen zugeben und auf kleiner Flamme erhitzen. Zugedeckt in etwa 30 Minuten auf die Hälfte reduzieren.

■ Die Milch in einen zweiten Topf gießen. Den Lakritzensaft durch ein feines Sieb streichen und zur Milch geben. Zum Kochen bringen. Das Eigelb mit dem Zucker schaumig schlagen und unter weiterem Schlagen die kochende Milch zugeben.

■ Die Mischung zurück in den Topf füllen, bei kleiner Hitze erwärmen und gut mit einem Holzspatel verrühren. Die Masse dickt schnell ein und schäumt kräftig. Bevor sie zum Kochen kommt, vom Herd nehmen und noch 1 Minute weiter rühren, dabei mit dem Spatel den Bodensatz lösen. Die Masse rasch abkühlen, indem der Topf in kaltes Wasser gehalten wird.

■ Die frischen Minzeblätter abzupfen, überbrühen, abtropfen lassen und klein schneiden. Zur Creme fügen, alles in die Eismaschine geben und rühren, bis es gefroren ist.

■ Von dem Eis Kugeln formen und in eisgekühlten Schalen servieren. Mit kristallisierten Minzeblättern garnieren.

■ Lakritzeneis hält sich 2 Wochen im Tiefkühlfach.

MIRABELLEN UND REINECLAUDEN

Die kleine goldgelbe MIRABELLE wird zahlreichen Untersuchungen unterworfen, weil sie leider nach dem Höhepunkt der Reife sehr schlecht haltbar ist. Im Unterschied zu Äpfeln, die sich in Kühlräumen den ganzen Winter halten, verderben Mirabellen bei der kleinsten Klimaveränderung. Also werden die verschiedenen Reifephasen anhand der Sauerstoffabgabe der Früchte untersucht: Die Früchte werden trocken gerieben und in der Dunkelheit in ein luftdichtes Gefäß eingeschlossen; hierbei werden Sauerstoff- und Kohlendioxidgehalt in der Luft gemessen. So kann der für die Ernste günstigste Tag bestimmt werden.

> Wussten Sie, dass Früchte ihre Atmung der Temperatur und dem Niederschlag anpassen, ja dass sie überhaupt atmen?

REINECLAUDEN zeichnen sich durch eine wunderbar gleich bleibende Qualität aus. Dies mag Anfang des 16. Jahrhunderts die Gemahlin von Franz I., Claude de France, dazu veranlasst haben, der grüngelben Pflaumensorte ihren Namen zu verleihen. Der Reineclaudenbaum ist wenig anfällig für Krankheiten und Schädlingsbefall und wird dementsprechend wenig gespritzt. Dafür erfordert die Bestäubung häufig den Umweg über andere Sorten, da Reineclauden oft selbst unfruchtbar sind. Das Auslichten der überschüssigen jungen Früchte wie auch die Ernte geschehen natürlich von Hand. Reineclauden lassen sich leicht an der ovalen Form, der grüngelben Färbung und dem festen, saftigen und süßen Fruchtfleisch erkennen. Sie sind ideal zum Frischverzehr geeignet. Mirabellen und Reineclauden sind kalorienarm, aber reich an Mineralstoffen, Vitamin B und verschiedenen Spurenelementen.

ENTENBRUST MIT MIRABELLEN

FÜR 4 PERSONEN · VORBEREITUNGSZEIT: 20 MIN. · GARZEIT: 13 BIS 15 MIN.

400 g Mirabellen
2 Entenbrustfilets (à 400 g)
2 Stückchen Butter
Salz
Pfeffer aus der Mühle
1 TL aromatisierter Rotweinessig
½ TL grobes Salz

ZUM DEKORIEREN:
Einige Johannisbeerrispen

■ Die Mirabellen entsteinen und eine gusseiserne Pfanne ohne Fett erhitzen. Die Haut und das Fett der Entenbrust kreuzweise einschneiden. Die Entenbrust mit der Fettseite nach unten in die Pfanne legen und 5 Minuten zugedeckt bei großer Hitze anbraten.

■ Die Filets aus der Pfanne nehmen, das Fett abgießen, die Filets diesmal mit der Fleischseite nach unten mit einem kleinen Stück Butter wieder hineingeben. Weitere 3 Minuten bei geringerer Hitze garen. Die Filets herausnehmen, salzen und pfeffern und zwischen zwei vorgewärmten Tellern warm halten.

■ Das Bratfett abgießen, die Mirabellen in die Pfanne geben, den Rest der Butter und den Essig, das grobe Salz und Pfeffer zufügen und in 5 Minuten auf kleiner Flamme zu Kompott reduzieren.

■ Die Filets schräg in Scheiben schneiden. Auf warmen Tellern mit dem Mirabellenkompott servieren, mit einigen Johannisbeeren garnieren.

■ Das Rezept ist einfach und das Ergebnis köstlich. Als weitere Beilage ist eine Sellerie-Mandel-Mousse (siehe Seite 107) hervorragend geeignet.

■ Ich habe für das Mirabellenkompott einen guten Rotweinessig verwendet, in dem ich einige Kirschen hatte ziehen lassen.

■ Es können auch problemlos tiefgekühlte Mirabellen oder eine andere Pflaumensorte verwendet werden.

■ Sollten die Früchte zu sauer sein, fügen Sie 1 EL Zucker oder Honig hinzu.

OMELETT-SOUFFLÉ MIT REINECLAUDEN

FÜR 4 PERSONEN · VORBEREITUNGSZEIT: 15 MIN. · GARZEIT: 10 MIN.

Butter für die Form
600 g Reineclauden
25 g Butter
5 Eier
4 EL Puderzucker
1 EL Mirabellengeist
½ Zitrone
2 TL Puderzucker
50 g kandierte Schalen von Zitrusfrüchten

■ Den Ofen auf 220 °C vorheizen. Eine Form mit hohem Rand und 22 cm Durchmesser buttern.

■ Die Früchte waschen, halbieren und entsteinen. Sanft in Butter dünsten, bis ein Kompott entsteht.

■ Die Eier trennen. In einer Schüssel das Eigelb 1 Minute mit 4 EL Puderzucker verschlagen. Den Alkohol zugießen. Das Eiweiß steif schlagen, dabei drei Tropfen Zitronensaft zufügen.

■ Mit einem flexiblen Spatel ein Drittel des Eischnees unter das Eigelb heben, dann die Masse vorsichtig unter den Eischnee ziehen. Die Hälfte dieser Mischung in die Form geben. Dann das Reineclaudenkompott darauf schichten und mit dem Rest der Eiermasse abdecken. Die Oberfläche glatt streichen, mit Puderzucker bestäuben und mit einigen kleinen Kreuzen versehen.

■ 10 Minuten im Ofen garen (den Ofen in der Zeit auf keinen Fall öffnen). Das Omelett-Soufflé aus dem Ofen nehmen und mit den kandierten Schalen dekorieren. Das Soufflé ist außen goldgelb, innen weich und sollte sofort serviert werden.

PISTAZIEN

In Istanbul gibt es drei Möglichkeiten, vom zweiten Hof des Top-Kapi-Serail zu den Küchen zu gelangen: durch die Tür der Verwaltung, durch jene der Küchen oder jene andere der Süßigkeiten. Dies zeigt deutlich, welche Bedeutung die türkischen Sultane den Naschereien beimaßen. Noch heute können die Mörser, die aus einer Goldlegierung hergestellt wurden, bewundert werden. In ihnen wurden getrocknete Früchte und Nüsse zerstoßen, wie auch die zartgrünen Samen der Pistazie, aus denen die Füllung der köstlichen Baklava bereitet wird. Mit Rosenwassersirup getränkt, ist sie ein typisch orientalisches Dessert. Dazu wird ein türkischer Mokka gereicht, den man in kleinen Schlucken genießt. Pistazien können auch geröstet und gesalzen verzehrt werden, am besten aber frisch bei einem Gang über den Basar. In der Türkei heißt das »die Kunst, die verstreichende Zeit zu pflücken«.

KARAMELLISIERTE PISTAZIEN

VORBEREITUNGSZEIT UND GARZEIT: 10 MIN.

75 g Zucker
200 g Pistazien, aus den Schalen gelöst
15 g Butter

■ In einem Topf 2 EL Wasser mit dem Zucker zum Kochen bringen, vermischen und 3 Minuten ohne Rühren kochen lassen. Wenn der Zucker Farbe annimmt, die Pistazien zufügen und mit einem Holzspatel mit gerader Unterseite rühren.

■ Auf mittlerer Flamme weiter garen. Dabei ständig rühren, die Pistazien aber nicht zerkleinern. Die Mischung wird zunächst »sandig«, dann karamellisiert der Zucker. Die Pistazien sollten keine rötliche Farbe annehmen, weil sie dann ihr zartes Aroma verlieren. Wenn sie sich zu schnell verfärben, den Topf sofort vom Herd nehmen.

■ Wenn der gesamte Zucker karamellisiert ist, die Pistazien vom Herd nehmen und die Butter unterrühren. Die Pistazien sofort auf Backpapier geben und mit zwei Gabeln voneinander trennen.

■ Karamellisierte Pistazien ergeben ein köstliches Dessert, eine kleine Leckerei oder können als Dekoration eines Schokoladendesserts verwendet werden. In einem luftdichten Behälter halten sie sich problemlos etwa 2 Wochen.

■ Ungeschälte Mandeln können auch nach diesem Verfahren karamellisiert werden. Sie sind weniger empfindlich.

Karamellisierte Pistazien

BIRNEN

Die zarte Prinzessin ist wahrhaftig eine Frucht für Könige. Es gibt Hinweise, dass schon unsere Vorfahren im Neolithikum und in der Bronzezeit in ihren Genuss kamen und sie schon damals im Bodenseeraum bekannt war. Ihren Ursprung hatte sie wohl im Kaukasus und in Anatolien, heute wird sie jedoch weltweit angebaut.
Die ersten Kisten mit Guyot-Birnen erreichen uns bereits im Sommer: Entweder sind sie steinhart oder sie enden überreif in der Obstschale. Die empfindlichen Birnen mit ihrer kurzen Genussreifezeit und ihrer begrenzten Lagerfähigkeit haben jedoch großen Wert für die Ernährung: Durch ihren relativ hohen Kali-Gehalt wirken sie entwässernd, tragen also durchaus zur Gewichtsabnahme bei.

Im »Gemüsegarten des Königs« in Versailles stehen auch einige alte Birnbäume. Die Wucherung am Stamm erinnert daran, dass sie eigentlich auf Quitten gepfropft wurden, weil deren Wurzelsystem besser entwickelt ist.

Bemerkenswert ist auch ihr Gehalt an B 2, dem Wachstumsvitamin. Und schließlich macht ihr geringer Fruchtsäuregehalt sie bekömmlich. Mit einigen kleinen Hilfestellungen der Züchter könnte das Interesse der Verbraucher angeregt werden: Etwa sollte das Erntedatum auf dem Etikett vermerkt und einige Hinweise zur richtigen Lagerung gegeben werden. Die Frucht soll optimal für den Frischverzehr geeignet sein, wenn sich die Schale leicht verändert und das Aroma sich entwickelt. Am besten beobachten Sie Aussehen und Duft aufmerksam und lagern die Früchte nicht übereinander. Alle Birnen, ob Sommer-, Herbst- oder Winterfrüchte, Tafel- oder Kochobst, lassen sich süß oder herzhaft verarbeiten. Doch bleibt die Frucht empfindlich, geschält und aufgeschnitten nimmt sie schnell Farbe an. Beträufeln Sie die Früchte mit etwas Zitronensaft und vermischen Sie sie frühestens eine halbe Stunde vor dem Verzehr mit anderen Früchten.
Obwohl es über 1000 Birnensorten gibt, sind es nur einige wenige, mit denen wir das Jahr über beliefert werden: Auf die gelbe, saftige Williams und die köstliche alte Sorte ›Beurré Hardy‹ (Gellerts Butterbirne) folgen in den Wintermonaten die große, gelbgrüne ›Doyenné du Comice‹ und die flaschenförmige grüne ›Conférence‹. Die ›Passe-Crassane‹ mit rauer, hellbrauner Schale führt uns wieder in den Frühling.

AVOCADOSALAT MIT BIRNEN

FÜR DIE SAUCE:
1 kleines Ei
1 EL scharfer Senf
1 TL Sherry-Essig
120 ml Walnuss- oder Haselnussöl
Salz und frisch gemahlener Pfeffer

FÜR DEN SALAT:
3 reife Avocados (800 g)
1 Zitrone
Salatblätter, gewaschen und abgetropft
Olivenöl
2 schöne Birnen (Beurré Hardy oder Conférence) (200 g)
200 g rosa Garnelen oder Felsengarnelen, gegart und aus den Schalen gelöst
1 Bund Kerbel

FÜR 6 PERSONEN · VORBEREITUNGSZEIT: 30 MIN.

■ Das Ei in den Mixer geben. Senf, Essig und die Hälfte des Öls zugeben. Salzen und pfeffern. Einige Sekunden mixen, dann bei laufender Maschine in einem dünnen Strahl das restliche Öl zugießen und mixen, bis die Mischung dick wird.

■ Die Avocados schälen und halbieren. Den Kern herauslösen. Das Fruchtfleisch in Scheiben schneiden, mit Zitronensaft bepinseln, salzen und pfeffern.

■ Die Salatblätter auf einem großen Servierteller anrichten. Die Avocadoscheiben darauf legen und leicht mit Olivenöl bestreichen. Die Birnen schälen, in Scheiben schneiden, salzen und pfeffern. Die Birnenscheiben auf den Avocados anrichten und leicht mit Zitronensaft und Olivenöl bestreichen. Die Garnelen darüber verteilen, mit Remouladensauce nappieren und mit Kerbelzweigen garnieren.

EIN GARTEN IM JAHR 2039

Annie macht einen Einkaufsbummel durch die Gemüseabteilung eines Glasgartens. Mithilfe ihrer persönlichen Gesundheits-Chipkarte wählt sie das entsprechende Gemüse aus. Sie hat soeben das 90. Lebensjahr erreicht, was ihr dank der immensen Fortschritte in der Medizin auch keine nennenswerten Probleme bereitet. Nur ein leichter Mangel an Vitamin A wurde am Ende des Sommers beim jährlichen Gesundheits-Check festgestellt; die letzten Monate waren doch etwas anstrengend gewesen. Alle zwei Wochen lustwandelt sie in diesem Garten unter Glas, in dem alle Früchte garantiert ohne chemische Zusätze gedeihen. Die frischen Erzeugnisse halten sich bis zu 20 Tage nach der Ernte, ohne ihre Nährwerte einzubüßen. Mittlerweile sind sie gegen Schädlingsbefall und Krankheiten resistent und kommen ohne Pestizide aus. Seitdem die Medizin, die den großen Krankheiten unserer Zeit nach wie vor wehrlos gegenüberstand, die Pflanzenheilkunde rehabilitiert hat, stehen Kräuter, Gemüse und Früchte in der Ernährung an erster Stelle. Die Kulturtechniken sind mit Rücksicht auf ökologische Anforderungen umgestellt worden. Die Zeiten der nach Güteklassen sortierten Äpfel, die vor und nach der Ernte behandelt wurden, gehören längst der Vergangenheit an.

Den Agrarbiologen gewidmet …

30 Jahre hat es gedauert, bis der positive Einfluss der Pflanzen auf die Gesundheit zum Unterrichtsstoff in den Schulen geworden ist. Heute sezieren die Enkel von Annie, Thea und Gaston jr. keine Frösche mehr, sondern lernen schon in der zweiten Klasse, was Mikroelemente sind oder woraus Tomaten bestehen. Dreimal pro Schuljahr gibt es die so genannte grüne Woche, in der die Schüler ihre Kenntnisse in die Praxis umsetzen können und eigenständig erste Schritte in der Zubereitung von Gemüse unternehmen. Annie fährt mit dem elektrischen Einkaufswagen weiter. Neben den Preisen kann auf den Etiketten mithilfe kleiner Lichtsignale der Gehalt an Vitamin A angezeigt werden: So landen in ihrem Wagen ein Bund Brunnenkresse, gefolgt von Petersilie, einer großen Endivie und einigen Chicoréestauden. Ohne Rückenschmerzen kann sie hier alles ernten, da die Beete auf einer angenehmen Höhe angelegt wurden. Ach, einige Hand voll Feldsalat wollte sie doch auch noch mitnehmen. Der Nährwert von Rapunzel liegt ja weit über dem des Kopfsalats, außerdem sind die Vitamine für den Kreislauf wichtig und verzögern die Alterung des Gewebes. In den Gewächshäusern wachsen die Gemüse ganzjährig und bekommen alle Nährstoffe, die für ihr gutes Gedeihen wichtig sind.

ROTE BETE

Rote Bete, auch als Rote Rüben bekannt, zählen zur Familie der Gänsefußgewächse, der auch Zucker- und Futterrüben und Mangold angehören. Die Sorte ›Crapaudine‹ halte ich für die beste. Leider ist sie von einer rauen Schale umgeben, die nicht sonderlich attraktiv ist. Die kugelförmige Rote Bete sowie die ›Noire d'Égypte‹ werden heute in Frankreich bevorzugt angebaut. Rote Bete werden auch gegart angeboten. Leider sind sie dann oft zu lange gekocht worden, denn entgegen allen Behauptungen benötigen sie keine Garzeit von zwei Stunden. Im Winter passen sie gut zu grauen Schalotten und Speck. Sie sind ein nahrhaftes und gesundes Gemüse, reich an Kohlehydraten und Ballaststoffen. Sie wirken antibiotisch und blutbildend, regen Leber- und Gallentätigkeit an. Am besten verarbeiten Sie sie in rohem Zustand, weil Sie dann in den vollen Genuss ihrer zahlreichen Vitamine, Mineralstoffe und Spurenelemente gelangen. Sie enthalten unter anderem Calcium, Kalium, Magnesium, Phosphor und Jod, Vitamine der B-Gruppe und relativ viel Vitamin C und werden vielleicht in Zukunft noch mit manch einer Überraschung aufwarten.

Rote Bete eignen sich gut als Salat und harmonieren mit Minze und Basilikum. Geriebene rohe Rote Bete können mit kochendem Estragon-, Sherry- oder Cidre-Essig überbrüht werden. Mit dem Saft lässt sich eine Sauce färben oder ein tief orangefarbenes Gelee bereiten. Es genügt dafür, der Kochflüssigkeit einige rohe Stücke Rote Bete zuzufügen.

Frische Rote Bete halten sich an einem kühlen Ort. Gegarte können zwei bis drei Tage in einem luftdichten Behälter aufbewahrt werden. Das Laub wird am Tag des Einkaufs verarbeitet, da es schnell welkt.

200 g Blätter von jungen Roten Beten mit den Stielen waschen und hacken. Fünf Minuten in etwas Butter dünsten. Salzen, pfeffern und vier Frühlingszwiebeln zugeben, die schnell die rote Farbe der Stiele annehmen. Der Geschmack der Blätter ist intensiver als der von Spinat. Sie können die Rote-Bete-Blätter aber auch zur Hälfte durch Spinatblätter ersetzen.

KANINCHENTERRINE ROSÉ

1 Kaninchen vom Bauernhof (à 1,6 kg), in 12 Teile zerlegt
1 große Rote Bete, roh, gewaschen und gebürstet
3 große Möhren, geschält
60 g Schalotten, geschält
4 Stengel Petersilie
2 Knoblauchzehen
1 Kalbsfuß
Salz und frisch gemahlener Pfeffer

Von den jungen Roten Beten kann die ganze Pflanze verwendet werden: Die Blätter lassen sich wie Mangoldblätter zubereiten, die fleischige, weinrote, runde oder längliche Wurzel wird roh oder gegart, als Salat oder Gemüse verzehrt.

**FÜR 8 PERSONEN · VORBEREITUNGSZEIT: 20 MIN.
GARZEIT: 1½ BIS 2 STD. · RUHEZEIT: 24 STD.**

■ Benötigt werden ein großer Dämpftopf mit Siebeinsatz und eine rechteckige Kuchenform oder eine Ringform von 2,5 l Fassungsvermögen.

■ Etwas mehr als 2 l Wasser im Dämpftopf zum Kochen bringen. Rote Bete, Möhren, Schalotten, Petersilie, den ungeschälten Knoblauch, den Kaninchenkopf und den Kalbsfuß hineingeben.

■ In den Siebeinsatz darüber die gesalzenen und gepfefferten Kaninchenteile (ohne Leber und Nieren) geben. Im geschlossenen Topf 1½ Stunden dampfgaren. Das Kaninchenfleisch sollte zart sein.

■ Die Nieren 15 Minuten vor Ende der Garzeit zugeben. Vom Herd nehmen, die Leber auf das Fleisch legen und zugedeckt 15 Minuten ziehen lassen.

■ Die Fleischstücke herausheben, von den Knochen lösen, die großen Stücke durchschneiden. Das Fett entfernen.

■ Die Möhren mit einem Sieblöffel aus der Kochflüssigkeit heben, abtropfen lassen und würfeln.

■ Die Bouillon einkochen, bis die Flüssigkeit auf 1 l reduziert ist.

■ Durch ein feines Sieb in eine Schüssel passieren und rasch abkühlen, indem die Schüssel in Eiswasser gestellt wird. Kräftig abschmecken.

■ Etwas Bouillon in die Form gießen. Die Kaninchenteile und die Möhren dazugeben und mit lauwarmer Brühe angießen. Die Form zugedeckt 24 Stunden im Kühlschrank lagern, das Fleisch wird dadurch noch zarter.

■ Die Terrine wird in Scheiben serviert. Dazu passen Salat, ein Kompott von Zwiebeln und Honig (siehe Seite 30) oder im Herbst in Butter sautierte Weintrauben.

TOMATEN MIT ROTE-BETE-FÜLLUNG

FÜR 6 PERSONEN · VORBEREITUNGSZEIT: 10 MIN. · GARZEIT: 20 BIS 30 MIN.

6 große runde Tomaten
2 kleine, rohe Rote Bete mit den Blättern
2 junge Zwiebeln
Salz
250 g Schinkenspeck
Pfeffer aus der Mühle
Etwas Butter

■ Jeder Tomate einen Deckel abschneiden, das Fruchtfleisch herauslösen und aufbewahren, die Tomaten innen leicht salzen und zum Abtropfen auf die Öffnung stellen.

■ Die Stiele der Roten Bete 2 cm über dem Ansatz abschneiden, die Roten Bete waschen und bürsten.

■ Die Roten Bete in kochendem Salzwasser 20–30 Minuten je nach Größe halbiert oder im Ganzen garen: Sie lassen sich nun widerstandslos mit einem Messer einstechen. Abgießen und die rote Kochflüssigkeit auffangen. Die Roten Bete vierteln. Die Zwiebeln schälen und vierteln.

■ Die Speckscheiben vierteln und abwechselnd mit Roten Beten und Zwiebeln durch den Fleischwolf drehen. Zuletzt eine Scheibe Speck hindurchgeben, damit alle Reste aus dem Fleischwolf gelöst werden. Pfeffern und mit etwas Kochsaft zu einem glatten, lockeren Püree rühren. Die Tomaten mit dem Püree füllen.

■ Die gewaschenen Blätter der Roten Bete und die roten Stiele werden in der Pfanne zusammen mit dem kräftig gewürzten Tomatenfruchtfleisch in einem kleinen Stück Butter gedünstet. Als Beilage um die gefüllten Tomaten herum garnieren.

■ Die Rote-Bete-Füllung kann auch in muschelförmigen Salatblättern oder in Artischockenböden angerichtet werden. Sie hält sich 1 Tag im Kühlschrank.

MÖHREN-ZWIEBEL-FLAN

FÜR 6 PERSONEN · VORBEREITUNGSZEIT: 15 MIN. · GARZEIT: 40 MIN.

Butter für die Förmchen
800 g Möhren
Meersalz
1 Prise Zucker
5 EL trockener Weißwein
250 g Zwiebeln
3 EL Olivenöl
3 Eier

■ Den Ofen auf 175 °C vorheizen und ein Wasserbad bereiten. Sechs kleine Auflauf- oder Souffléformen buttern. Die Möhren schälen und in feine Scheiben schneiden. In einem zugedeckten Topf in 250 ml Wasser etwa 15 Minuten garen, einmal umrühren, salzen und zuckern, den Wein zugießen und weitere 5 Minuten kochen: Die Flüssigkeit ist fast vollständig aufgenommen, die Möhrenscheiben sind zart. Ein Drittel der Möhren beiseite stellen.

■ Unterdessen die Zwiebeln schälen und in Ringe schneiden. Bei geringer Hitze in Öl glasig dünsten, aber nicht bräunen.

■ Die verbliebenen zwei Drittel der Möhren mit den Zwiebeln im Mixer pürieren. Die Eier verschlagen und hinzugeben.

■ Auf den Boden jeder Form eine große Möhrenscheibe legen, die Möhren-Zwiebelmasse darauf geben und im Wasserbad 15–20 Minuten stocken lassen. Inzwischen die zurückbehaltenen Möhrenscheiben auf die Teller verteilen.

■ Die fertigen Flans vom Formenrand lösen und auf die Teller stürzen. Heiß oder lauwarm servieren.

■ Das Gericht lässt sich problemlos am Vortag bereiten.

MÖHREN

Ich liebe es, frühmorgens auf den Markt zu gehen, wenn die frischen Früchte mich nur so anlachen und die Händler sich noch schnell einen kleinen Kaffee genehmigen. Bei Renaud, dem Perfektionisten, sehe ich mich immer genau um, denn er bietet viele seltene Gemüsesorten an und beantwortet meine Fragen äußerst freundlich. Billig ist sein Gemüse nicht, dafür schmecken seine Möhren aus biologischem Anbau besonders gut. Sie sind sehr sandig und von ziegelroter Farbe.

Eines Tages komme ich erst gegen Mittag auf den Markt, die Auswahl ist nur noch gering. Ich entscheide mich für eine Steige wunderbar leuchtend-orangefarbener Möhren, die schon fast gurkengroß sind. Renaud ist etwas peinlich berührt, meint, die Möhren seien schon ausverkauft, diese dort seien für seinen Esel, er könne es sich nicht leisten, ihm Möhren aus biologischem Anbau zu füttern. Ich war über mich selbst erbost, dass ich mich mal wieder durch das makellose Aussehen hatte verführen lassen. Die scheinbar leicht verkümmerte Erscheinung sowie der hohe Preis mancher biologisch angebauter Erzeugnisse stoßen dagegen Verbraucher häufig ab. Karottensaft ist ein wahrer Gute-Laune-Cocktail für alle Altersgruppen. Er verwöhnt großzügig mit den Vitaminen B, C, E, enthält Eiweiß und Ballaststoffe. Außergewöhnlich ist sein Gehalt an Provitamin A, dem Carotin, aus dem sich im menschlichen Körper in Verbindung mit Fett das wichtige Vitamin A bildet. Aktuelle Studien belegen, dass dem hohen Gehalt an Provitamin A eine gewisse Bedeutung in der Krebsprävention zukommt.

> In Irland heißt es, Möhren seien ein wahrer »unterirdischer Honig«. Sie eignen sich tatsächlich nicht nur wunderbar für herzhaft-süße Gerichte, sondern auch für Kuchen oder ein nicht alltägliches Dessert.

Junge Möhren werden mit dem Kraut angeboten. Sie werden einfach unter Wasser abgebürstet und ungeschält roh mit einer frischen Petersiliensauce zum Aperitif gereicht.

Möhren sind relativ empfindlich und sollten höchstens vier bis fünf Tage im Gemüsefach des Kühlschranks gelagert werden (junge Möhren nur zwei Tage), danach welken sie. Sie werden erst kurz vor dem Servieren gerieben und gewürzt, etwa mit Haselnuss- oder Olivenöl, frischen Aprikosenvierteln und gerösteten Haselnüssen.

MÖHREN-WALNUSS-KUCHEN

600 g Möhren
Butter und Mehl für die Formen
4 Eier
400 g Zucker
400 ml Soja-Öl
200 g Mehl
200 g Vollwertmehl
1 TL Salz
1 EL Zimt
2 Päckchen Backpulver
40 g helle Rosinen in Rum
50 g Walnusskerne, gehackt
Walnusskerne, karamellisiert (nach Wunsch, siehe Seite 186)

FÜR 2 FORMEN À 1,5 L · VORBEREITUNGSZEIT: 20 MIN. · GARZEIT: 55 MIN.

- Die Möhren schälen und reiben. Den Ofen auf 200 °C vorheizen. Zwei Springformen buttern und mehlen.
- In einer großen Schüssel die Eier mit dem Zucker, Öl und Salz verschlagen. Zimt, Backpulver und Mehl vermischen, nach und nach zur Eimasse geben und kräftig verrühren, dann die Möhren, die gehackten Nüsse und die Rosinen unterziehen.
- Den Teig in die zwei Formen verteilen und 50–55 Minuten im Ofen backen. Die Kuchen lauwarm aus der Form lösen und eventuell mit den karamellisierten Walnusskernen dekorieren.
- Gut eingewickelt halten sich die Kuchen 4–5 Tage im Kühlschrank.

BRUNNENKRESSE

Brunnen- oder Wasserkresse lebt von Quellwasser und ernährt sich von dessen Spurenelementen. In Frankreich ist jeder Bund Brunnenkresse mit einem Band versehen, das über die Herkunft und somit die Qualität des Wassers, in dem sie gewachsen ist, informiert. Wilde Brunnenkresse sollte nicht ohne die Zustimmung eines Sachkundigen gepflückt werden, da sich in unreinen Gewässern Leberwurmparasiten befinden können. Im 19. Jahrhundert sind Kresseanbauflächen in großem Umfang in den Gemüseanbaugebieten außerhalb der Städte entstanden. Genaue bakteriologische Untersuchungen gehören dort selbstverständlich zur Tagesordnung. Die Pflanze mit den knackigen Blättern und dem leicht scharfen Geschmack wird ganzjährig angeboten. Geerntete Brunnenkresse ist jedoch äußerst sensibel und sollte möglichst bald, jedenfalls innerhalb von 24 Stunden, verbraucht werden. Sie verwöhnt mit einem überdurchschnittlichen Gehalt an Calcium, Phosphor, Eisen und Jod, Vitamin C, Provitamin A und Spurenelementen.

Kaufen Sie Brunnenkresse mit intensiv grünen, festen und glänzenden Blättern. Lagern Sie den Bund geöffnet an einem kühlen, feuchten Ort, aber höchstens einen Tag. Schneiden Sie die Kresse erst unmittelbar vor der Verwendung.

GARTENKRESSE kann bereits zwei bis drei Tage nach der Keimung geerntet werden. Sie hat von allen Kressesorten den schärfsten Geschmack. Gartenkresse wird in kleinen Behältern, in denen sie wächst, angeboten. Sie keimt aber auch auf einem warmen Küchenfensterbrett. Kresseblättchen sind ein Ersatz für andere Küchenkräuter, etwa in einer Vinaigrette mit Walnussöl.

JAKOBSMUSCHELN MIT BRUNNENKRESSE-ZABAGLIONE UND SCHNITTLAUCH

FÜR 4 PERSONEN · VORBEREITUNGSZEIT: 30 MIN. · GARZEIT: 15 MIN.

1 Bund Brunnenkresse
12 Jakobsmuscheln
100 ml Weißwein
Feines Meersalz
30 g Butter
2 Eigelb
2 EL Schnittlauch
Pfeffer aus der Mühle

■ Die Brunnenkresse entstielen und waschen, 5 Minuten über Dampf garen und mit den Händen die Flüssigkeit herausdrücken.

■ Das Fleisch der Jakobsmuscheln mit dem Wein und etwas Salz in einen großen Topf geben und auf jeder Seite 1 Minute garen. Vom Herd nehmen und zugedeckt beiseite stellen. (Das Muschelfleisch kann bis zu 1 Stunde vor dem Essen vorbereitet und dann aufgewärmt werden.)

■ Die Brunnenkresse schneiden. Sanft in etwas Butter und Salz im geschlossenen Topf 10 Minuten dünsten. Auf vier vorgewärmte Teller verteilen.

■ Während des Dünstens die Zabaglione bereiten: Das Eigelb in einem Topf bei geringer Hitze mit dem Handrührgerät schaumig schlagen. 100 ml des Kochsafts der Jakobsmuscheln unterschlagen. Die Mischung schäumt und dickt nach etwa 5 Minuten ein. Den Schnittlauch zugeben.

■ Mit einer Gabel die heißen Jakobsmuscheln einzeln in die Zabaglione tauchen, drei auf jedem Teller anrichten und mit etwas Pfeffer bestreuen. Die restliche Zabaglione wird in einer Sauciere dazu gereicht.

■ Die Zabaglione kann vorbereitet und bis zu 30 Minuten im Wasserbad bei 40 °C warm gestellt werden.

SPINATSALAT MIT PETERSILIE UND KORIANDER

FÜR 8 PERSONEN · VORBEREITUNGSZEIT: 20 MIN. · GARZEIT: 15 MIN.

500 g Spinatblätter, gewaschen
2 Bund Koriandergrün
2 Bund glatte Petersilie
1 Stangensellerie
1 kleine marinierte Gemüsepaprika (siehe Seite 56)
⅓ einer eingelegten Zitrone (siehe Seite 212)
1 Knoblauchzehe
1 EL Paprikapulver
150 bis 250 ml Olivenöl
Saft ½ Zitrone
4 eingelegte rote Oliven
1–2 TL feines Salz

■ Spinat, Koriandergrün, Petersilie und Sellerie unter fließendem Wasser waschen, abtropfen lassen. Den unteren Teil der Stiele entfernen, dann alles mit dem Messer klein schneiden.

■ Die marinierte Gemüsepaprika und die eingelegte Zitrone in kleine Rauten schneiden und beiseite legen. Den Knoblauch schälen und zerdrücken.

■ Spinat, Koriandergrün, Petersilie und Sellerie in einen großen Topf geben. Knoblauch, Salz, Paprikapulver und einen Teil des Öls zugeben. Etwa 15 Minuten unter ständigem Rühren garen, bis das Wasser verdampft ist. Sehr frische Kräuter und Blattgemüse enthalten viel Wasser, sie garen schneller und im eigenen Saft. Bei anderen muss eventuell noch etwas Öl zugefügt werden.

■ Vom Herd nehmen, den Zitronensaft, drei entsteinte Oliven und die eingelegte Zitronenschale zugeben (die schönsten Rauten beiseite legen).

■ Den Salat abschmecken und in einer Schüssel abkühlen lassen.

■ Mit den restlichen Zitronen- und Paprikarauten sowie mit einer Olive garnieren.

■ Zusammen mit Pilawreis ergibt dieser aromatische Salat eine köstliche Mahlzeit.

SPINAT

Am Spinat scheiden sich nach wie vor die Geister. Für das Blattgemüse sprechen in jedem Fall die Nährwerte: ein hohes Maß an Ballaststoffen, darunter Zellulose, die verdauungsfördernd ist, viel Vitamin C, B 9 und E, Provitamin A und natürlich der Reichtum an Mineralstoffen. Gegen den Spinat spricht, dass er im industriellen Anbau mit Stickstoff gedüngt und in der biologischen Kultur mit organischem Dünger versorgt wird: In beiden Fällen können erhöhte Nitratwerte die Folge sein. Beide Methoden stehen sich heute gegenüber. Vielleicht können regelmäßige Kontrollen und der Aufdruck dieser Werte auf Beipackzetteln zu den Produkten Abhilfe schaffen. So wird bereits mit Kopfsalat verfahren, der nur dann exportfähig ist, wenn die ausführlichen Auflagen in Bezug auf die Rückstände eingehalten wurden.

> Kurz gegart und klein gehackt passt Spinat hervorragend zu Fischfilets, eignet sich als Farce für ein Omelett oder färbt frische Pasta kräftig grün.

Spinat ist als Blattgemüse sehr empfindlich und sollte nur äußerst frisch verzehrt werden. Er verträgt auch keine Trockenheit, kann aber im Sommer durch Neuseelandspinat (siehe Seite 77) ersetzt werden. Rechnen Sie etwa 500 g Spinat pro Person, denn er verliert beim Garen bis zu zwei Drittel seines Gewichts. Er wird dreimal gewaschen, sollte jedoch nicht längere Zeit im Wasser liegen bleiben. Die größten Stiele werden entfernt. Sortieren Sie die Blätter: Die jungen sind roh für Salate geeignet, die anderen werden gegart, wobei die Garzeiten als Folge der gastronomischen Umwälzungen durch die Nouvelle Cuisine deutlich kürzer geworden sind. Die Zeiten des langsamen Verkochens sämtlicher Mineralstoffe und Vitamine in Unmengen von Salzwasser gehören der Vergangenheit an. Heute wird Spinat nur blanchiert oder in fünf Minuten über Dampf gegart und eventuell noch kurz in etwas Butter mit zerdrücktem Knoblauch gedünstet. Eine Hand voll Sauerampfer bekommt ihm übrigens gut. Ein Großteil des Nitrats wird beim Blanchieren ausgewaschen. Der Rest durch Bakterien innerhalb von 24 Stunden nach der Zubereitung in schädliches Nitrit umgewandelt. Daher sollte gekochter Spinat nicht länger als ein bis zwei Stunden aufgehoben werden.

TOMATEN

Ach, die berühmte Tomate ›Noire Charbonneuse‹! Schwer und fest liegt sie in der Hand. Beim Aufschneiden erscheint ihr kräftig rosa bis rotes Fruchtfleisch. Sie besitzt wenig Samen und wenig Saft, besteht einzig aus köstlichem Fruchtfleisch. Wer sie unmittelbar nach dem Pflücken, noch sonnenwarm genießt, versteht, warum Tomaten auch Paradiesäpfel heißen. Selbst bei einem Vergleich mit der ›Tigrella‹ oder der guten ›Marmande‹ geht die ›Noire Charbonneuse‹ als eindeutige Siegerin hervor.

Ich wünsche mir einen Zweig mit festen, kleinen, orangeroten Tomaten, um ihnen beim allmählichen Heranreifen zuzusehen und sie erst voll ausgereift zu genießen.

Tomaten reifen nach der Ernte weiter. Lagern Sie sie auf keinen Fall im Kühlschrank. Der Geschmack einer Tomate wird weniger von der Kulturtechnik als von der Sorte und der Zeit, der sie der Sonne ausgesetzt war, beeinflusst. Da die Früchte ursprünglich aus Peru und Equador stammen, wo der Tag das ganze Jahr über etwa zwölf Stunden hat, werden sie leicht mehlig, wenn sie im Winter in unseren Breiten gezogen werden. Hier hat die Forschung zur Weiterentwicklung der Sorten noch ein weites Feld zu bearbeiten: große Sorten zum Füllen, saftige für Saucen, gelbe, grün getigerte und weiße als Attraktion in Salaten, makellos runde und urwüchsig gerippte. Tomaten sind kalorienarm, enthalten aber Mineralstoffe (besonders Kalium), Spurenelemente und Vitamine, sind erfrischend und appetitanregend.

GLACIERTE TOMATENSUPPE MIT THYMIAN

FÜR 6 PERSONEN · VORBEREITUNGSZEIT: 30 MIN. · GARZEIT: 5 MIN.

1 EL Estragonessig
4 EL Olivenöl
60 g trockenes Weißbrot, getoastet und gewürfelt
600 g Fleischtomaten
4 halbe Blatt Gelatine
½ Knoblauchzehe, gepresst
1 EL Thymianblüten
1 TL feines Meersalz
Pfeffer aus der Mühle
100 g Zwiebeln, geschält

■ Essig und Öl in einer Schale mischen und das gewürfelte, getoastete Weißbrot darin wenden. Die Tomaten überbrühen und die Haut abziehen. Zwölf dünne Scheiben davon beiseite legen. Die restlichen Tomaten grob zerkleinern, dabei Saft und Samen auffangen. Die Gelatine 5 Minuten in kaltem Wasser quellen lassen.

■ Den Tomatensaft mit den Samen in einen kleinen Topf geben, den Knoblauch, die Thymianblüten, Salz und etwas Pfeffer zugeben; 5 Minuten köcheln lassen. Die Gelatine ausdrücken, den Topf vom Herd nehmen und die Gelatine unterrühren.

■ Die Zwiebeln zerkleinern und mit dem Weißbrot, Essig und Öl, dem Tomatenfruchtfleisch und dem Topfinhalt im Mixer pürieren. Auf sechs Schälchen verteilen.

■ Mit Tomatenscheiben und Thymianblüten dekorieren, mit feinem Meersalz bestreuen und sofort warm oder nach Wunsch gekühlt servieren.

■ Dazu passt helles Landbrot, das geröstet und mit Knoblauch eingerieben wurde.

TOMATENAUFLAUF MIT KNOBLAUCH

FÜR 6 PERSONEN · VORBEREITUNGSZEIT: 15 MIN. · GARZEIT: 1½ STD.

6 große oder 12 kleine Tomaten mit feiner Haut, gewaschen
12 kleine, junge Knoblauchzehen
100 g Bulgur oder Pilpil
¼ TL zerstoßene Koriandersamen
1 TL Meersalz
¼ TL Pfeffer aus der Mühle
4 EL Olivenöl

■ Den Ofen auf 140 °C vorheizen. Die Tomaten in Scheiben schneiden. Die Knoblauchzehen schälen und halbieren.

■ Eine Auflaufform ölen. Den Bulgur darin verteilen. Die Tomaten darüber schichten. Die halben Knoblauchzehen zwischen die Tomaten stecken. Mit Salz, Pfeffer und zerstoßenen Koriandersamen würzen. Mit Öl beträufeln.

■ 1 Stunde zugedeckt im Ofen garen. Die Form herausnehmen und leicht auf die Tomaten drücken. Wenn noch Saft vorhanden ist, die Form offen wieder in den Ofen geben und weitere 20 – 30 Minuten garen.

■ Der Tomaten-Knoblauch-Auflauf passt warm oder kalt zu gewässerten und pochierten Stockfischfilets, aber auch zu frischem Kabeljau.

■ An einem kühlen Ort lässt er sich 2 Tage aufbewahren.

Tomatenauflauf mit Knoblauch

KONFITÜRE VON GRÜNEN TOMATEN

FÜR 3 – 4 GLÄSER · VORBEREITUNGSZEIT: 10 MIN. · ZEIT ZUM ZIEHEN: 12 STD. · GARZEIT: 40 MIN.

1 kg grüne oder wenig reife Tomaten
600 g Zucker
1 gehäufter EL geriebener Ingwer
Pfeffer aus der Mühle

■ Die Tomaten waschen, in Achtel schneiden und in eine große Schüssel geben. Mit Zucker und Ingwer verrühren und 12 Stunden ziehen lassen.

■ Über einem Kochtopf abtropfen lassen und den Saft 15 bis 20 Minuten kochen. Die Mischung kocht schnell hoch und schäumt. Einige Male umrühren.

■ Die Tomaten zufügen und weitere 20 Minuten kochen, bis die Temperatur 106 °C beträgt (oder eine Gelierprobe auf einem kalten Teller fest wird und beim Zusammenschieben Fältchen wirft). Mit Pfeffer würzen und in sterilisierte Gläser füllen. Diese verschließen und auf die Deckel stellen.

■ Die grüne Konfitüre mit gelben Kernen schmeckt verführerisch und exotisch.

■ Grüne Tomaten werden am Ende des Sommers gepflückt, wenn die größte Hitze vorbei ist. Da man sie nicht häuten braucht (und auch nicht kann), können sie ohne großen Zeitaufwand zu Konfitüre verarbeitet werden. Wem das Häuten nichts ausmacht, kann auch rote, kleine, fleischige Tomaten zur Konfiturebereitung verwenden. Die Garzeit beträgt mehr als 1 Stunde.

RETTICH UND RADIESCHEN

RETTICH gibt es in vielen Farben von Weiß über Rosa oder Rot bis hin zu Schwarz. Er wird mit etwas grobem Salz bestreut als Rohkost verzehrt, weckt den Appetit und ist reich an Mineralstoffen und Vitamin B und C.

RADIESCHEN wachsen sehr schnell und werden ganzjährig angeboten. In kleine Scheiben geschnitten würzen sie einen Salat. Ebenso fein schmecken sie kurz in der Pfanne sautiert.

SCHWARZER RETTICH ist etwas schärfer. Geschält und mit grobem Salz gewürzt schmecken die Scheiben köstlich zum Aperitif. Ungeschält und klein gehackt würzt er eine Sauce aus Frischkäse, die zu geräuchertem oder mariniertem Fisch gereicht wird. Die Scheiben können auch zu kleinen Taschen gebogen, mit einem Stück Apfel oder einer Garnele gefüllt und von einem Holzspieß zusammengehalten werden.

SAUTIERTE RADIESCHEN

FÜR 4 PERSONEN · VORBEREITUNGSZEIT: 5 MIN. · GARZEIT: 10 MIN.

1 großer Bund Radieschen mit Blättern
3 EL Crème fraîche oder Kondensmilch
1 EL Olivenöl
80 g Butter
Meersalz
Pfeffer aus der Mühle

■ Die Radieschen putzen, dabei 2 cm Stiel belassen, und längs halbieren. Die Blätter waschen, die größten Stiele entfernen. Den Rest 5 Minuten in kochendem Salzwasser garen. Abgießen und mit Crème fraîche und Öl im Mixer pürieren, dann pfeffern. Diese grüne Sauce beiseite stellen.

■ Die Radieschen mit Salz und Pfeffer 8 – 10 Minuten in Butter sautieren.

■ Die Farbe der Radieschen ist sehr kräftig, beim Abkühlen verblasst sie etwas. Am besten werden die Radieschen daher erst kurz vor dem Essen zubereitet.

■ Die Radieschen mit der grünen Sauce überziehen. Sie bilden eine köstliche Ergänzung zu kurzgebratenen Entenbrustfilets oder zu Räucherfisch, etwa Schellfisch, der in Milch pochiert wurde.

SPROSSEN

Mit der Keimung geht in einem Samenkorn eine vollständige Verwandlung einher. Die Sprossen, entstanden aus der konzentrierten Nährstoffreserve des Samenkorns, besitzen einen weitaus höheren Nährwert, mehr Mineralstoffe und Vitamine als die ausgewachsene Pflanze. 100 g Linsensprossen enthalten beispielsweise 35 mg Vitamin C und Sojasprossen besitzen doppelt so viel Proteine wie die meisten frischen Gemüse. Um in den maximalen Genuss von Mineralstoffen, Proteinen und Vitaminen zu gelangen, lassen Sie die Samen zwei bis drei Tage keimen und verwenden ausschließlich unbehandelte Samen aus biologischem Anbau.

LINSENSPROSSEN Linsen keimen zu lassen ist kinderleicht: 50 g Linsensamen unter fließendem Wasser abspülen und in einer Schale mit 150 ml Quellwasser bedecken. Ihr Volumen wird sich etwa verdreifachen. Zugedeckt zwölf Stunden quellen lassen. Abgießen, in einem Sieb abspülen, ohne Wasser wieder in die Schale geben. Zugedeckt bei Zimmertemperatur im Dunkeln ruhen lassen. Zweimal täglich abspülen. Idealerweise werden Linsensprossen zwischen dem dritten und dem fünften Tag verzehrt. Ein letztes Mal abspülen und einen Salat oder sautiertes Gemüse damit verfeinern. Klein geschnitten können die Keimlinge auch zwei Minuten vor Ende der Garzeit einer Suppe beigegeben werden, so dass Vitamine und Mineralstoffe erhalten bleiben.

Weizensprossen, die älter als eine Woche sind, lasse ich gern auswachsen und verwende sie als Tischdekoration. Auch Linsensprossen lassen sich großziehen, feuchten Sie sie an und gießen Sie das Wasser täglich ab.

SOJASPROSSEN Mit einem Korbgestell auf den Schultern begegnet uns eine Straßenhändlerin. Sie möchte uns ihre Spezialität vor Ort bereiten: eine Reisnudelsuppe mit Sojasprossen, Koriander, Gewürzen und Knoblauch. Das Wasser läuft uns im Mund zusammen und schon bald kosten wir eines der klassischen Gerichte der fernöstlichen Küche. Unser Interesse gilt insbesondere der Mungbohne, auch grüne Sojabohne genannt, die gerne mit der Sojabohne verwechselt wird. Beide werden als Keimling oder als Samen angeboten. Die Sprossen lassen sich wie Linsen leicht selbst ziehen. Der Handel bietet hierzu spezielle Sprossengläser- oder türme an. Sojasprossen sind äußerst nahrhaft und weisen einen hohen Gehalt an Proteinen, Mineralsalzen und Vitamin B, C und E auf.

WEIZENSPROSSEN Weizensprossen besitzen außergewöhnliche Energie. Die Wurzeln greifen sehr schnell ineinander und bilden ein unentwirrbares Dickicht. Ich lasse sie daher in kleinen Flanformen keimen und ziehe die zartgrünen Sprösslinge auch gern noch etwas größer. Sie werden täglich sorgfältig gegossen. Wenn sie eine Höhe von fünf bis sechs Zentimetern erreicht haben, ernte ich sie und verwende sie wie Schnittlauch zum Würzen von Salat und Gemüse, und schon gerät der Winter etwas in Vergessenheit.

SPROSSENKRANZ

FÜR 6 PERSONEN · VORBEREITUNGSZEIT: 15 MIN. · GARZEIT: 10 MIN.

- 10 Eier
- 1 TL Salz
- Pfeffer aus der Mühle
- 150 g Getreidesprossen
- 1 TL Senf
- 3 EL Walnussöl
- 150 g junge Möhren
- 150 g Radieschen
- 150 g junge Zwiebeln
- Butter
- 30 g Feldsalat und/oder Portulak
- 2–3 EL Vinaigrette
- Einige Walnusskerne

■ Eine Ringform von 1 l Fassungsvermögen großzügig buttern. Den Ofen auf 200 °C vorheizen und darin ein Wasserbad für die Form bereiten.

■ Die Eier vorsichtig in der Form aufschlagen, ohne das Eigelb zu beschädigen. Salzen und pfeffern. 100 g der Getreidesprossen in wenig Butter 2 Minuten sautieren und über die Eier verteilen. Die Eier 10 Minuten im Wasserbad im Ofen garen; das Eigelb soll noch weich sein. Die Form abkühlen lassen.

■ Die restlichen Keimlinge von den Samen und Wurzeln trennen und sehr fein schneiden. Die Samen und Wurzeln mit Senf zerstoßen. Das Öl unter kräftigem Rühren zufügen, mit den Keimlingen mischen. Salzen und pfeffern.

■ Die Möhren fein schneiden, die Radieschen und Zwiebeln in dünne Scheiben schneiden. Die gewürzten Keimlinge zugeben und alles zu einem Salat vermischen.

■ Den Sprossenkranz aus der Ringform auf einen großen Teller stürzen, den Sprossensalat in der Mitte, Portulak und Feldsalat außen herum anrichten, letztere mit etwas Vinaigrette beträufeln. Mit zerstoßenen Nüssen dekorieren.

KNOBLAUCH

Allium sativum verdient tatsächlich die Aufmerksamkeit, die die Forschung ihm widmet: Sowohl zur Blutdrucksenkung als auch zur Stärkung des Immunsystems und als natürliches Antibiotikum ist er als Heilmittel anerkannt.
Knoblauch hält sich oft bis zu einem Jahr an einem trocknen, kühlen Ort. Ich ziehe es jedoch vor, frischen Knoblauch ohne Keim zu kaufen und ihn klein geschnitten in einem Plastikbehälter einzufrieren. Mit Rücksicht auf zahlreiche Zeitgenossen, die um einen frischen Atem besorgt sind, können ältere Knoblauchzehen unschädlich gemacht werden, indem der Keim entfernt wird. Eine Knoblauchpresse ist hilfreich, wenn nur das typische Aroma, aber keine Stücke erwünscht sind. Küchenchefs vermeiden heute den grauenvollen Tod einer Lammkeule durch eine Überdosis Knoblauchzehen, mit denen der Braten früher gespickt wurde. Sie ziehen es vor, die Zehen ungeschält zu verarbeiten: Sie werden zehn Minuten in Salzwasser gegart und erst zehn Minuten vor Ende der Garzeit dem Lammsud beigegeben. Beim Bräunen wird Knoblauch leicht bitter, daher fügt man ihn besser erst im Laufe des Garens hinzu. Probieren Sie einmal einen Schweinebraten oder eine Lammschulter, die mit 40 ungeschälten Knoblauchzehen etwa zwei Stunden bei 120 °C im Ofen gegart wurde: einfach göttlich!

KÜRBISSUPPE MIT KNOBLAUCH

FÜR 6 PERSONEN · VORBEREITUNGSZEIT: 15 MIN. · GARZEIT: 20 MIN.

2,2 kg Kürbis
9 Knoblauchzehen, ungeschält
750 ml Milch
Salz und Pfeffer aus der Mühle
1 dünnes Vollwertbaguette, in Scheiben geschnitten
½ Knoblauchzehe, geschält
100 g Crème fraîche
Kerbelzweige

■ Den Kürbis in Stücke schneiden, schälen und 20 Minuten dampfgaren, dabei die Knoblauchzehen auf den Kürbis legen.
■ Die Knoblauchzehen schälen. Die Milch zum Kochen bringen, salzen und pfeffern. Mit Kürbis und Knoblauch im Mixer pürieren.
■ Die halbe Knoblauchzehe auf eine Gabel stecken. Die Baguettescheiben damit einreiben und dann im Ofen rösten.
■ Die Crème fraîche und die Kerbelzweige zur Suppe geben. Die gerösteten Baguettescheiben im Ganzen oder als Croûtons zur Suppe reichen.
■ Der Knoblauchgeschmack ist in dieser Suppe nicht auszumachen. Gleichzeitig hat der Kürbis seine Süße verloren. Im Übrigen sind Knoblauchzehen, die in der Schale gegart werden, sehr bekömmlich.

BLÄTTERTEIGÖHRCHEN MIT KNOBLAUCH

FÜR 60 STÜCK · VORBEREITUNGSZEIT: 10 MIN. · RUHEZEIT: 40 MIN. · GARZEIT: 8 BIS 10 MIN.

30 g junge Knoblauchzehen, geschält und zerdrückt
10 Basilikumblätter oder Petersilie
2 EL Olivenöl
200 g Blätterteig
Mehl
Grobes Meersalz

■ Die Knoblauchzehen mit dem Basilikum fein hacken, mit Öl vermischen. Mindestens 1 Stunde ziehen lassen.
■ Die Arbeitsfläche mehlen und den kalten Blätterteig so dünn wie möglich ausrollen, dann 20 Minuten im Tiefkühlfach ruhen lassen. Herausnehmen und die Knoblauchmischung darauf verteilen.
■ Den Teig falten: Zunächst die beiden äußeren Seiten auf die Mittellinie legen, dann die eine gefaltete Hälfte auf die andere, so dass insgesamt vier Schichten Blätterteig übereinander liegen. Weitere 20 Minuten im Tiefkühlfach ruhen lassen.
■ Den Ofen auf 200 °C vorheizen. Das Blech mit Backpapier auskleiden. Den Teig in feine Scheiben schneiden. Diese mit Abstand voneinander aufs Backblech legen und mit etwas grobem Salz bestreuen. 8–10 Minuten backen. Sobald das Gebäck gar ist, wird es (auch einzeln) aus dem Ofen genommen, damit es keine Farbe annimmt.
■ Das Knoblauchgebäck hält sich an einem trockenen Ort 2–3 Tage.

Blätterteig-
öhrchen
mit
Knoblauch

ZWIEBELN

Die Zwiebel ist eine der ältesten Kulturpflanzen und überall auf der Welt verbreitet. Welche Sorte von *Allium cepa* an welchem Platz gezogen wird, hängt unter anderem von der Kälteresistenz und dem gewünschten Geschmack, eher scharf oder eher süß, ab.
Ab März werden weiße, runde oder längliche Frühlingszwiebeln als Frischgemüse im Bund angeboten. Sie können mit etwas grobem Salz roh verzehrt oder in einem Gemüseallerlei gegart werden. Die grünen Stengel können anstelle von Schnittlauch verwendet werden. Sie lassen sich eine Woche in einem Plastikbehälter im Kühlschrank oder noch länger in Weißweinessig aufbewahren. Sie können auch zwei Minuten in kochendem Wasser blanchiert, dann getrocknet und eingefroren werden.
Braunschalige Zwiebeln können manchmal süß, ja fast zuckersüß wie die Sorte ›Lézignan‹ sein oder scharf wie die polnischen Sorten. Die milden, süßlichen roten Zwiebeln werden ganzjährig aus Spanien, Italien und den Balkanländern importiert. Sie sind dekorativ und schmecken köstlich in Salaten. Lauchzwiebeln sind junge Sorten, die noch keine richtigen Zwiebeln ausgebildet haben, einen langen weißen Schaft und frisches Grün besitzen. Ich verwende sie gern wie Frühlingszwiebeln.
Zwiebeln sind reich an Vitamin C, Spurenelementen, verschiedenen Mineralstoffen und Schwefel und genießen als Heilpflanze hohes Ansehen. Manch einem sind sie schwer verträglich. In diesem Fall können junge Sorten oder blanchierte Zwiebeln verzehrt werden.
Damit Ihnen beim Zwiebelschneiden nicht die Tränen kommen, halten Sie sie unter fließendes Wasser, atmen Sie durch den Mund und drehen Sie den Kopf zur Schulter.
Durch ihren hohen Zuckergehalt karamellisieren Zwiebeln leicht. Garen Sie sie in sehr wenig Fett und geben Sie sie dann als Geschmacksverstärker zu einer Bouillon. Zum Aperitif oder zur Dekoration können Sie leicht bemehlte Scheiben von rosa Zwiebeln in einer antihaftbeschichteten Pfanne frittieren.

> Wenn eine Zwiebel zu keimen beginnt, legen Sie sie in etwas Wasser, so dass der Boden der Zwiebel gerade bedeckt ist, und lassen Sie den Keim wachsen. Klein geschnitten wird er ihre Salate verfeinern.

PILZE IN ZWIEBELMARINADE

- 600 g weiße Zwiebeln
- 4 Knoblauchzehen
- 1 Möhre
- 3 EL Olivenöl
- 200 ml Weißwein
- 2 TL feines Salz
- ½ TL Mignonnette-Pfeffer
- 500 g Zuchtchampignons oder Pfifferlinge
- ½ Zitrone

FÜR 6 PERSONEN · VORBEREITUNGSZEIT: 20 MIN. GARZEIT: 10 MIN. · MARINADE: 2 STD.

■ Zwiebeln und Knoblauch schälen und vierteln. Die Möhre schälen und in sehr feine Scheiben schneiden.

■ Das Öl in einer großen Pfanne erhitzen, Zwiebeln, Knoblauch und die Möhrenscheiben hineingeben und 5 Minuten anbraten. Mit Wein ablöschen. Salzen und pfeffern. Weitere 5 Minuten garen.

■ Die Pilze putzen, waschen, klein schneiden und mit Zitronensaft beträufeln. In eine Schüssel geben und die warme Zwiebelmarinade darüber geben. Vorsichtig vermischen und 2 Stunden an einem kühlen Ort ziehen lassen.

■ Das Gericht kann problemlos am Vortag bereitet werden. Anstelle der Pilze können auch Zucchinischeiben oder kleine Fische mariniert werden.

■ Der Mignonnette-Pfeffer ist grob zerstoßener weißer Pfeffer. Wenn keiner zur Hand ist, kann auch weißer Pfeffer aus der Mühle verwendet werden.

GOUGÈRES MIT SALBEI UND SCHNITTLAUCH

FÜR 40 STÜCK · VORBEREITUNGSZEIT: 15 MIN. · GARZEIT: 30 MIN.

200 ml Wasser und Milch, vermischt
80 g Butter
2 TL Salz und frisch gemahlener Pfeffer, vermischt
2 EL frisch gehackter Salbei
100 g Mehl
3 Eier
1 EL geriebener Gruyère

FÜR DIE BECHAMELSAUCE:
50 g Butter
50 g Mehl
500 ml Milch
2 TL Salz
2 TL *quatre épices* (siehe Seite 22)
50 g Schnittlauch

■ Bei Gougères handelt es sich um pikante kleine Windbeutel, ein Käsegebäck aus Brandteig, das mit Bechamelsauce gefüllt wird.

■ Den Ofen auf 220 °C vorheizen. Den Brandteig zubereiten: In einem Topf Wasser mit Milch, Butter, Salz, Pfeffer und Salbei zum Kochen bringen.

■ Vom Herd nehmen, das Mehl auf einmal zugeben und mit einem Holzlöffel kräftig unterrühren.

■ Wieder auf dem Herd den Teig 20 Sekunden mit dem Holzlöffel weiter kräftig rühren, bis sich ein Kloß bildet, der sich leicht vom Topfboden löst. Bei milder Hitze 30 Sekunden weiterrühren.

■ Von der Kochstelle nehmen und etwas abkühlen lassen.

■ Nun die Eier einzeln einarbeiten und den Teig dabei kräftig schlagen, bis er ganz glatt ist und glänzt.

■ Ein Blech mit Backpapier auskleiden. Mit zwei Teelöffeln den Teig in kleinen Häufchen im Abstand von 3 cm darauf verteilen (die Masse ergibt etwa 40 Stück) und mit Gruyère bestreuen.

■ 10 Minuten backen, dann den Ofen mit einem Teelöffel einen Spalt breit geöffnet halten und die Temperatur auf 200 °C senken. Weitere 10 Minuten backen. Die Gougères dürfen dabei kaum Farbe annehmen, müssen aber schön aufgehen. Sie bleiben innen weich und sind außen herrlich knusprig.

■ Während des Backens die Schnittlauch-Bechamel bereiten: Die Butter erhitzen, ohne dass sie Farbe annimmt, das Mehl zugeben und mit einem Holzlöffel 3 Minuten rühren, dann Milch und Gewürze in zwei bis drei Portionen zugeben und kräftig unterrühren. Die Béchamelsauce 10 Minuten leicht aufwallen lassen und dabei vorsichtig rühren. Den Schnittlauch beigeben.

■ Wenn die Gougères fertig gebacken sind, mit Bechamelsauce füllen. Mit einem Spritzbeutel ist die Füllung gleichmäßiger, die Gougères können aber ebenso gut waagerecht angeschnitten und mit einem Teelöffel gefüllt werden.

■ Die Bechamelsauce kann vorher zubereitet werden, die Gougères schmecken aber frisch am besten. Zur Not können sie gefüllt und kurz aufgewärmt werden. Sie lassen sich sehr gut einfrieren.

■ Dieses Grundrezept für Gougères mit Bechamelsauce kann nach Belieben mit anderen Gewürzen und Kräutern abgewandelt werden, etwa mit Stangensellerie oder Thymian.

SALBEI

Zu Salbei finden sich oft folgende Charakterisierungen: balsamartiger Geruch von Kampfer und Pfeffer, einnehmender Moschusduft, leicht aufdringliches Aroma. Sie machen deutlich, dass Salbei in der Küche das nötige Fingerspitzengefühl erfordert. Doch bevor Sie Salbei verarbeiten, sollten Sie ihn pflanzen: Am besten wählen Sie mehrere Sorten aus, denn Salbei gibt es mit goldgelb gefleckten, grün-rosa gesprenkelten, purpurfarbenen und selbst purpur-panachierten Blättern. Die kleinen Büsche schätzen volle Sonne und einen trockenen Standort. Blätter und Blüten sind für den Verzehr geeignet und ergeben auch einen wohlschmeckenden antiseptischen, verdauungsfördernden und anregenden Kräutertee. In der Küche ist Salbei sehr vielseitig verwendbar: Geben Sie einige Blätter zu Geflügel oder Federwild, zu Knoblauchsuppe oder zum Kochwasser von Hülsenfrüchten oder stärkehaltigen Gemüsesorten. Eine köstlichere Art, Ihre Speisen bekömmlich zu machen, gibt es nicht.

SCHNITTLAUCH

Wenn Sie eines Tages nach Milly-la-Forêt kommen, werden Sie vielleicht eine große Maschine sehen, die auf einigen Hektar Land Schnittlauch setzt. Die fertigen Pflanzen werden dann sofort nach dem Schneiden gewaschen, getrocknet, klein geschnitten und bei – 20 °C tiefgekühlt, um in diesem Zustand an den Verbraucher zu gelangen.

Im bescheidenen privaten Garten gedeiht die Pflanze umso kräftiger, je regelmäßiger sie geschnitten wird. Die kleinen Horste wachsen zu sattgrünen Flächen zusammen, die von dekorativen kugeligen rosa Blüten, die ebenfalls essbar sind, gekrönt werden. Schnittlauch ist ein wahrer Quell an Vitamin C und B1, an Mineralstoffen und Spurenelementen.

Die etwas größere und aromatischere WINTERZWIEBEL stammt aus dem Fernen Osten. Sie zählt zu meinen Lieblingszutaten für eine Geflügelbouillon (siehe Seite 84). Sie kann ungewaschen zwei bis drei Tage in Frischhaltefolie im Kühlschrank aufbewahrt oder zu kleinen Sträußchen gebunden eingefroren werden.

Schnittlauch wird am besten mit einer Schere in kleine Röllchen geschnitten: So gelangen Sie in den vollen Genuss seiner essenziellen Öle und seiner aromatischen Bestandteile.

ZIEGENKÄSE-SCHNITTLAUCH-KUGELN

40 g Schnittlauch
250 g frischer Ziegenkäse
2 EL Walnussöl
½ TL Pfeffer aus der Mühle
20 g Walnüsse, zerstoßen
Feines Meersalz

FÜR 40 KUGELN · VORBEREITUNGSZEIT: 15 MIN.

■ Den Schnittlauch fein schneiden. Die Hälfte für die Dekoration der Kugeln beiseite legen.

■ Den Käse mit Öl, Pfeffer, Nüssen und der Hälfte des Schnittlauchs verkneten. Abschmecken und eventuell nachsalzen.

■ Mit den Händen kleine Kugeln, etwas größer als Haselnüsse, formen. Im Schnittlauch rollen, mit kleinen Holzspießen versehen, auf einem Teller anrichten und bis zum Servieren kühl stellen.

■ Unter Frischhaltefolie halten sich die Schnittlauchkugeln an einem kühlen Ort auch bis zum nächsten Tag.

SCHNITTLAUCHKUCHEN

5 Sellerieblätter
40 g Schnittlauch (ein großes Bund)
30 g Petersilie
1 Zwiebel, geschält und in Ringe geschnitten
Butter und Mehl für die Form
100 g Vollwertmehl
100 g Weizenmehl
1 Päckchen Backpulver
1 TL Salz
½ TL frisch gemahlener Pfeffer
100 ml Milch
100 ml Olivenöl
3 Eier
Leichte Petersiliencreme (siehe Seite 210)

FÜR 8 PERSONEN · VORBEREITUNGSZEIT: 15 MIN. GARZEIT: 45 BIS 50 MIN.

■ Sellerieblätter, Schnittlauch und Petersilie klein schneiden (benötigt werden mindestens 10 EL). Die Zwiebelringe 5 Minuten sanft in 1 EL Öl angehen lassen.

■ Den Ofen auf 200 °C vorheizen. Eine Kastenform von 2 l Fassungsvermögen buttern und mehlen.

■ In einer großen Schüssel das Mehl mit dem Backpulver, Salz und Pfeffer vermischen, dann mit Milch und Öl glatt rühren. Danach die Eier einzeln einarbeiten. Die frischen Kräuter und die Zwiebel untermengen.

■ Die Form zu drei Vierteln mit Teig füllen. Den Kuchen etwa 40 Minuten im Ofen backen. Wenn er eine leicht goldene Farbe annimmt, mit einem Messer einen Gartest machen: Es sollte kein Teig an der Klinge haften. Den Kuchen abkühlen lassen und aufschneiden.

■ Schnittlauchkuchen kann als Vorspeise mit Petersiliencreme und einem Bataviasalat, der mit Olivenöl und Sherry-Essig abgeschmeckt wurde, serviert werden.

■ Dieser ideale Picknickkuchen hält sich gut eingewickelt 3–4 Tage an einem kühlen Ort.

Ziegenkäse-Schnittlauch-Kugeln

DUFTPELARGONIEN

Für mich sind Geranien, die ja eigentlich Pelargonien heißen, wahre Chamäleons der Pflanzenwelt. In hunderten verschiedenen Varianten imitieren sie die Duftnoten anderer Pflanzen: pfeffriger und zitroniger Rosenduft, Orange, Muskat, Apfel, Minze und Eichenblatt, sogar mit einem Aroma von Weihrauch.

In der Aromatherapie werden die essenziellen Öle der Duftpelargonien verwendet, sie besitzen antiseptische, antidiabetische, wundheilende und schmerzlindernde Eigenschaften.

Wie werden die Öle gewonnen? In einem kugelförmigen Glasgefäß mit Wasser werden 200 g Blätter erhitzt. Der Dampf des Wassers und des essenziellen Öls kondensieren in einem abgestuften Kühlrohr, wobei das Öl sich auf der Wasseroberfläche absetzt. Einige Stunden später kann es isoliert werden. Ein Labor bestimmt dann das chromatographische Profil der Pflanze. So können die Pflanzen mit den meisten Aromastoffen ausgewählt werden. Die Destillation dient auch dem kulinarischen Bereich, der doch immer ein großes Interesse für neue Aromen zeigt. Bei mir zu Hause wird natürlich nicht destilliert. Dennoch durchzieht ein angenehmer Duft das ganze Jahr über meine Wohnung: Auf einem sonnigen Fensterbrett gedeihen einige Zitronenpelargonien mit tief eingeschnittenen Blättern und eine nach Minze duftende Sorte mit samtigem mandelgrünem Blattwerk. Die langlebigen, aber nicht winterharten Pflanzen sind äußerst anspruchslos: Mit etwas Sonne, Wasser und einer liebenden Gärtnerhand sind sie restlos zufrieden.

> Einige der nach Zitrone, Muskat, Rosen, Pfefferminze oder Flieder duftenden Pelargonienblätter habe ich für eine festliche Tischdekoration immer zur Hand. Die tief eingeschnittenen Blätter sind auch essbar und lassen sich leicht kristallisieren oder in Teig ausbacken.

ZITRONENPELARGONIEN-MOUSSE

- 6 EL Quellwasser
- 6 Blätter *Pelargonium radens* (mit Zitronenduft) oder *Pelargonium crispum* (mit Orangenaroma)
- 3 Blatt Gelatine
- 2 Eier
- 80 g Zucker
- 240 g Joghurt, Quark oder anderer Frischkäse
- 120 g Sahne

ZUM DEKORIEREN:
Pelargonienblüten

FÜR 6 PERSONEN · VORBEREITUNGSZEIT: 30 MIN. · GARZEIT: 15 MIN. · RUHEZEIT: 2 STD.

■ Den Behälter mit der zu schlagenden Sahne in den Kühlschrank stellen. In einem Topf das Wasser mit den Pelargonienblättern aufkochen. Vom Herd nehmen und zugedeckt 15 Minuten ziehen lassen.

■ Die Gelatine in kaltem Wasser 5 Minuten quellen lassen.

■ Die Pelargonienblätter ausdrücken, damit das Wasser möglichst viel Aroma aufnimmt. Die Gelatine ebenfalls ausdrücken, in dem Pelargonienwasser auflösen und kalt stellen.

■ Die Eier trennen. Das Eigelb mit 60 g Zucker schaumig schlagen, den Joghurt, Quark oder Frischkäse und das Pelargonienwasser unterrühren. Die Sahne mit 2 TL Zucker steif schlagen und unter die Eigelbmasse ziehen.

■ Das Eiweiß zu Schnee schlagen, wenn es steif wird, zweimal je 1 TL Zucker zufügen und weiterschlagen, bis es feste Spitzen bildet. Den Schnee in zwei Portionen unter die Eigelb-Sahne-Masse heben.

■ Die Mousse in eine Schüssel füllen und mindestens 2 Stunden an einem kühlen Ort ruhen lassen.

■ Mit kristallisierten Pelargonienblüten (siehe Seite 28) dekorieren. Mit Orangengebäck oder Kokosplätzchen servieren.

PETERSILIE

Es kann doch nicht schwierig sein, Petersilie selbst zu ziehen, denkt man. Ich muss gestehen, es will mir nicht gelingen. Nicht einmal mit gewöhnlicher Petersilie. Also versuche ich Monsieur Rousseau, einem befreundeten Gemüsebauern, eine Pflanze abzukaufen. »Nein, unmöglich,« antwortet er mir, »das bringt Unglück.« Stammt dieser Aberglaube wohl aus der Ähnlichkeit der Blätter der glatten Petersilie mit denen des heimischen hochgiftigen Schierling? Die glattblättrige Petersilie erfreut sich zwar großer Beliebtheit, aber wenn Ihnen das Benehmen Ihres Gärtners schon einige Zeit etwas verdächtig vorkommt, sollten Sie vielleicht sichergehen und ausschließlich *Petroselinum crispum*, die krausblättrige Petersilie verzehren ... (Spaß beiseite: Natürlich wird Ihnen nicht unbemerkt der Schierlingsbecher gereicht: Sie erkennen das Kraut an seinem widerlichen Geruch!)
Neben dem oft gerühmten hohen Gehalt an Vitamin C besitzt Petersilie Provitamin A, Vitamin B1 und B2, Calcium, Eisen und Spurenelemente, sie muss aber vor dem Verzehr gründlich gewaschen werden, da sie meistens chemisch behandelt wird. Ein Bund Petersilie hält sich bei mir vier bis fünf Tage; ich entferne allerdings täglich die verwelkten Stiele und gelben Blätter und stelle sie in frisches Wasser. Ich wasche die Petersilie erst kurz vor der Verwendung und zerkleinere sie am liebsten mit einer Schere.

LEICHTE PETERSILIENCREME

½ Bund Petersilie
20 Stengel Schnittlauch
Saft von ½ Zitrone
2 EL aromatisches Öl (Haselnussöl, Sesamöl)
1 TL Salz
Pfeffer aus der Mühle
200 g weicher Frischkäse (Fromage blanc oder Speisequark)
1 große Tomate oder ½ Gemüsepaprika

FÜR 300 G · VORBEREITUNGSZEIT: 10 MIN.

■ Die Petersilie waschen, die Blätter abzupfen. Petersilie und Schnittlauch mit Zitronensaft, Öl, Salz und Pfeffer im Mixer fein pürieren.

■ Mit dem Frischkäse vermischen. Die Mischung kühl stellen und in einer großen, ausgehöhlten Tomate oder einer halben Gemüsepaprika servieren.

■ Die Creme passt gut zu einer Gemüse- oder Fischterrine, zu Rohkost oder Schnittlauchkuchen (siehe Seite 206). Sie kann problemlos am Vortag bereitet werden.

ZACKENBARSCH MIT PETERSILIE

6 EL glatte Petersilie
2 Msp. Thymian
3 EL klein gehackte Zwiebel
Saft von 1 Zitrone
Salz und frisch gemahlener Pfeffer
80 g weiche Butter
1 Stange Lauch (weißer Teil)
1 Möhre
6 Stücke Zackenbarsch (à 180–200 g)
6 EL feiner Weizengrieß
4 EL Walnussöl
6 Kartoffeln (Roseval oder andere festkochende Sorte)
100 g leicht gesalzene Butter, zerlassen

FÜR 6 PERSONEN · VORBEREITUNGSZEIT: 30 MIN. · MARINADE: 1 STD. · GARZEIT: 15 MIN.

■ Petersilie, Thymian und die Zwiebel mit dem Zitronensaft, 1 TL Salz, ½ TL Pfeffer und der Butter vermengen.

■ Den Lauch in sehr feine Ringe schneiden, die Möhre schälen und reiben. Lauchringe und Möhrenraspel vermischen.

■ Den Zackenbarsch auf ein Stück Küchenkrepp legen, salzen und pfeffern.

■ Sechs Mäntel aus Alufolie bereiten. Auf jeden etwas Gemüsemischung, 1 EL Weizengrieß, etwas Kräuterfarce, ein Stück Fisch und einige Tropfen Walnussöl geben. Salzen und pfeffern, fest verschließen und 1 Stunde an einem kühlen Ort ziehen lassen.

■ Eine flache geölte Form im Ofen bei 200 °C vorwärmen.

■ Die Fischwickel in die sehr heiße Form geben und 15 Minuten garen. In der Zeit die Kartoffeln in Salzwasser kochen oder dampfgaren.

■ Den Zackenbarsch auf heißen Tellern anrichten. Mit den halbierten Kartoffeln, die mit etwas zerlassener Butter beträufelt wurden, garnieren.

■ Das Gericht kann auch mit einer würzigen Koriandermarinade abgewandelt werden (siehe Seite 145).

ROTE UND SCHWARZE JOHANNISBEEREN

Die pflegeleichten Johannisbeeren wuchern weniger als Himbeeren und sollten eigentlich in jedem Garten zu finden sein. Schaffen Sie etwas Abwechslung, indem Sie rote, rosa und weiße oder gelbe Sorten mischen. Für einige Schwarze Johannisbeeren und eine Stachelbeere sollten Sie ebenfalls ein Plätzchen schaffen. Die Stachelbeeren werden noch leicht grün gepflückt und ergeben einen wunderbaren Tortenbelag.

> Eingemacht oder tiefgekühlt können Sie rote und schwarze Johannisbeeren auch im Winter genießen. Zu Lauch mit einer Vinaigrette passen sie beispielsweise wesentlich besser als rosa Pfeffer und bilden einen mindestens ebenso reizvollen Farbkontrast.

Auch eine Kreuzung von Schwarzer Johannisbeere und Stachelbeere, die JOSTABEERE, eine neuere Züchtung des Max-Planck-Instituts, die sich auch in Frankreich durchgesetzt hat, ist interessant. SCHWARZE JOHANNISBEEREN sind die aromatischsten. Der Strauch hat den Vorzug, sowohl aromatische Knospen, Blätter als auch aromatisches Holz zu besitzen. Mit den Blättern lässt sich Tee bereiten, mit wenigen Beeren können Sie einem Salat bereits eine frischfruchtige Note verleihen. In Konfitüren harmonieren sie gut mit den weißen und gelben Sorten, in einer Crème bavaroise mit Himbeeren. Rote und Schwarze Johannisbeeren besitzen deutlich Säure und Tannin, so dass sie ein ideales Aroma für Gemüse und Früchte bilden. Frisch gepflückte Johannisbeeren halten sich drei bis vier Tage an einem kühlen Ort, sofern sie nicht gedrückt und beschädigte Beeren gleich entfernt werden. Johannisbeeren verwöhnen mit einem hohen Gehalt an Vitamin C, Karotin, Kalium, Calcium und Phosphor und enthalten nur wenig Zucker. Zudem sind sie reich an Ballaststoffen, vor allem an Pektin, das ihre gute Gelierfähigkeit bewirkt. Kaltgerührte Gelees waren der ganze Stolz unserer Großmütter. Da das Gelingen auch von der Temperatur abhängt, darf dafür der Johannisbeersaft nicht im Kühlschrank gelagert werden.

EINGEMACHTE ROTE UND SCHWARZE JOHANNISBEEREN

600 g helle oder Rote Johannisbeeren
300 g Schwarze Johannisbeeren
240 g Zucker
12 Stiele Myrrhenkerbel oder 12 Blätter der Schwarzen Johannisbeere

FÜR ETWA 4 GLÄSER À 0,5 L · VORBEREITUNGSZEIT: 30 MIN. · GARZEIT: 10 MIN. IM SCHNELLKOCHTOPF

■ Die Früchte waschen und von den Rispen lösen. Mit dem Myrrhenkerbel bzw. Johannisbeerblättern in die Gläser füllen und 60 g Zucker pro Glas zugeben. Die Einmachgläser verschließen und 10 Minuten im Schnellkochtopf sterilisieren.

■ Im Winter sind die eingemachten Beeren zur Bereitung von Desserts oder als Beigabe zu Salaten sehr willkommen.

■ Die Früchte halten sich in ungeöffneten Gläsern 6 Monate bei Zimmertemperatur.

PÜREE VON SCHWARZEN JOHANNISBEEREN

500 g Schwarze Johannisbeeren, von den Rispen gelöst
50 g Zucker

VORBEREITUNGSZEIT: 10 MIN. · GARZEIT: 2 MIN.

■ 1 l Wasser in einen Topf gießen, die Schwarzen Johannisbeeren zugeben und kurz aufwallen lassen, so dass sie weich werden. Abgießen und mit einem Handpassiergerät pürieren. Den Zucker untermischen.

■ Das Püree bildet eine köstliche Ergänzung zu einer Crème brulée, einem knusprigen Quarkgebäck mit Walderdbeeren, flambierten Pfirsichen und allen süßen Desserts mit heller Farbe.

■ Das Püree wird am besten portionsweise eingefroren, da es sich nach dem Auftauen nicht länger als 24 Stunden hält.

■ Mit 50 g Himbeersaft kann das Püree auch zu einer wohlschmeckenden Coulis verwandelt werden. Wenn diese wiederum mit der gleichen Menge Zuckersirup vermischt und dann in der Eismaschine gerührt wird, entsteht ein wunderbares Sorbet.

THYMIAN

Thymiantee mit Lavendelhonig oder mit Knoblauch zählen zu den Lieblingsheilmitteln von Gaston Lenôtre.
Thymian, der einen sonnigen Standort liebt, ist gut zum Trocknen geeignet. Er wird vor der Blüte geerntet. Mit Thymian lässt sich mildes Olivenöl aber auch ein Rotweinessig wunderbar aromatisieren. Im Sommer sind seine frischen Blätter und Blüten zum Würzen von Salat und Gemüse unübertroffen. Probieren Sie auch gegrillte Forellen mit Thymian: 2 EL Meersalz mit derselben Menge gehacktem Thymian vermischen. Die Forellen auf jeder Seite dreimal einritzen, in der aromatischen Mischung wenden und auf jeder Seite fünf bis sechs Minuten grillen. Mit zerlassener Butter mit etwas Zitronensaft servieren. Im Sommer kann für diese Zubereitung auch frischer ZITRONENTHYMIAN verwendet werden. Zitronenthymian passt ebenfalls gut zu einem Früchtesalat oder zu hausgemachter Konfitüre (der kochenden Konfitüre beigeben).

ZITRONEN

Zitronen sind in erster Linie als Mittel gegen Skorbut bekannt. Im Jahr 1928 wurde das Vitamin C isoliert. Später wurde auch entdeckt, dass Zitronen Vitamin B und Mineralstoffe enthalten, die als alkalische Bestandteile ein Gegengewicht zur Zitronensäure bilden. Zögern Sie also nicht, Zitronensaft zu trinken, er hilft nicht nur bei Vitamin-C-Mangelerscheinungen, er vertreibt auch Katerstimmung, wirkt appetitanregend, bakterientötend und fiebersenkend. Heiß genossen gilt er als Hausmittel gegen Erkältungen.
Der Saft der Zitrone steht uns ganzjährig zur Verfügung. Die leuchtend gelben Zitrusfrüchte lassen sich auch in kleinen Scheiben als Dekoration oder als Beilage verwenden. Zitronen ersetzen den Essig in Mischungen mit Olivenöl , Frischkäse oder Crème fraîche. Hauchdünne Streifen der Schale oder einige Tropfen Zitronensaft heben den Geschmack hervor, halbierte ausgehöhlte Früchte können als Gefäß zum Servieren benutzt werden. Gewürfelte und kandierte Schalen lassen sich vielseitig für Backwaren und Desserts verwenden. Verlangen Sie aber in jedem Fall unbehandelte Früchte. Da sich Zitronen bei Zimmertemperatur oder im Kühlschrank gut lagern lassen, können sie getrost auf Vorrat gekauft werden.

ZITRONEN IN OLIVENÖL

600 g unbehandelte Zitronen, in Scheiben geschnitten
300 ml sehr aromatisches Olivenöl bester Qualität
2 EL grobes Meersalz

FÜR 1 GLAS À 1 L · VORBEREITUNGSZEIT: 15 MIN.
ZEIT ZUM ZIEHEN: 12 STD.
RUHEZEIT: 3 WOCHEN

■ Die Zitronenscheiben in eine Schüssel geben, mit grobem Salz bestreuen und zugedeckt 12 Stunden ziehen lassen.
■ Die Scheiben 5 Minuten über Dampf garen und in das sterilisierte Einmachglas geben. Öl großzügig angießen. Verschließen und das Glas schütteln.
■ Mindestens 3 Wochen ziehen lassen. Die Zitronen halten sich anschließend höchstens 2 Monate im Kühlschrank.
■ Die eingelegten Zitronen passen zu Geflügel oder Fisch, die im Ofen gegart oder gegrillt werden. Sie können auch in kleinen Würfeln einen Salat würzen.

KLATSCHMOHN

Haben Sie sich schon einmal mit Kindern und einer Lupe in die Felder aufgemacht? Dort gibt es Mohn zu beobachten; den roten Klatschmohn, der zunächst noch halb verschlossen seine behaarten grünen Kelchblätter aufplatzen lässt und sein verknittertes rotes Kleid entfaltet. Jede Blüte lebt nur ein bis zwei Tage, doch folgen ihr hunderte den ganzen Sommer lang. Pflücken Sie Klatschmohn noch in Knospen, damit er sich in der Vase öffnen kann. Beobachten Sie den Stempel, wenn die Blätter gefallen sind. Er verändert sich zu einer Kapselfrucht, eines Tages fällt der Deckel, und bei jedem kleinsten Hauch verteilen sich die Samen in alle Winde. Wenn Sie jetzt noch den Kindern erzählen, dass bei eben diesen Beobachtungen einem Amerikaner die Idee für einen Salzstreuer kam. . .
Der Klatschmohn ist mit dem Schlafmohn, dessen ausgereifte Samen gerne als Füllung von Backwaren verwendet werden, eng verwandt. In der Heilkunde wird der Klatschmohn seiner allgemein beruhigenden und für die Bronchien sehr wohltuenden Wirkung wegen verwendet. In der Küche verarbeiten wir die Blätter vor der Blüte in Salaten und dekorieren unsere Speisen mit den Blütenblättern.

GRAPEFRUITS, PAMPELMUSEN UND POMELOS

In der Umgebung von Ho-Chi-Minh-Stadt reifen allerlei Zitrusfrüchte heran; von unserem Gastgeber bekomme ich zwei große Pampelmusen geschenkt und nehme sie mit nach Frankreich, um sie dort zu genießen. Hinter der dicken Schale versteckt sich saftig-aromatisches, süßes, perlmutt- bis rosafarbenes Fruchtfleisch. POMELOS sind meist birnenförmig und etwas kleiner als Pampelmusen. Die in Israel entstandene Kreuzung aus Pampelmuse und Grapefruit hat eine dicke gelblich-grüne Schale und festes, saftiges Fleisch. Zwischen Grapefruit und Pampelmuse wird oft nicht unterschieden, dennoch handelt es sich um zwei botanisch verschiedene Arten der Gattung *Citrus*. Die GRAPEFRUIT, die aus einer Kreuzung zwischen Pampelmuse und Orange entstanden sein soll, ist kleiner, die Früchte hängen wie Trauben dicht beieinander. Sie haben eine glatte, feinporige Schale und werden mit gelbem oder rotem Fruchtfleisch gezüchtet. Zu den beliebten Sorten zählen die gelbfleischige, säuerliche ›Marsh Seedless‹, die süße rosafarbene ›Thompson‹ und die sehr aromatische dunkelrote ›Sunrise‹. Grapefruits sind wesentlich saftiger als die PAMPELMUSEN, die größten unter allen Zitrusfrüchten. Diese aus Südostasien stammenden Früchte mit einem Durchmesser bis zu 25 Zentimetern können kugelrund oder birnenförmig sein und haben eine extrem dicke Schale in Gelb- oder Grüntönen. Allen diesen großen Zitrusfrüchten ist ein hoher Gehalt an Vitamin C gemeinsam, das sich im Schutz ihrer dicken Schale mehrere Wochen hält. Die appetitanregenden Früchte aktivieren Gallen- und Magensäfte und eignen sich ideal zum Verzehr vor dem Frühstück. Die süßeren Sorten können ohne Zusatz von Zucker genossen werden.

Servieren Sie eine halbierte Pampelmuse, die mit Zimt oder Paprikapulver bestäubt wurde, als Beilage zu Geflügel. Sie passt auch gut zu pochiertem oder geräuchertem Fisch. Genießen Sie auch die süße Variante mit braunem Zucker bestreut und kurz gratiniert.

TABOULÉ MIT GRAPEFRUIT

FÜR 4 PERSONEN · VORBEREITUNGSZEIT: 10 MIN. · RUHEZEIT: 6 STD.

125 g Bulgur
2 Grapefruits
150 g Rhabarber, abgezogen
20 g Rosinen
Salz und Pfeffer aus der Mühle
4 EL Olivenöl
10 Minzeblätter
4 große Salatblätter
Gelbe und rote Kirschtomaten oder Mohnblütenblätter

■ In einer Schüssel den Bulgur (gegarter zerstoßener Weizen) mit dem Saft einer Grapefruit vermischen. Den Rhabarber sehr klein würfeln und mit den Rosinen in die Schüssel geben. Leicht salzen, pfeffern und mit Öl beträufeln. Die Taboulé-Mischung 6 Stunden an einem kühlen Ort ziehen lassen (wenn der Grapefruitsaft erwärmt wurde, weniger lange ziehen lassen).

■ Die zweite Grapefruit halbieren und über einem tiefen Teller mit einem Messer die jeweils halben Schnitze herauslösen. Den restlichen Saft auspressen.

■ Die Grapefruitstücke, den Saft und die klein gehackten Minzeblätter unter das Taboulé mischen. In Salatblättern auf Tellern anrichten und mit halben, gesalzenen Tomaten oder Mohnblüten garnieren.

■ Der Rhabarber kann auch durch 150 g Johannisbeeren ersetzt werden.

KIWI

Frost! Wir schreiben den 30. Oktober, 2 Uhr morgens. Die Sirene ertönt und die Bewohner des Hofes befinden sich in Alarmbereitschaft. Monsieur Bourdeau schaltet die Bewässerung der *Actinidia* ein. Der Kampf gegen den Frost ist wie der Kampf gegen das Feuer. Das Wasser bildet nun um die Früchte eine Schutzschicht, die einen Wärmeausstoß herbeiführt: Die Frucht ist somit erwärmt und wird weiterhin bewässert, bis die Temperaturen wieder über 0 °C klettern. Morgens wird die Sonne der Charente die Kiwis trocknen und die Ernte kann zu Ende geführt werden.

Die Kiwis, die seit einigen Jahrzehnten in der Aquitaine gezogen werden, mussten schon diverse Widrigkeiten überstehen. Der Kampf gegen die Kälte gehört ebenso dazu wie jener um die Preise. Da die Frucht in Supermärkten zu regelrechten Schleuderpreisen angeboten wird, mussten viele der einheimischen Erzeuger Konkurs anmelden. Wünschenswert wäre es, dass der Verbraucher sich beim Kauf genau über die Herkunft und die Art der Behandlung informieren könnte. Manchen Erzeugern gelingt es, sie gänzlich ohne Spritzmittel zu ziehen und zu lagern, während andere bis zu zehn verschiedene Pilz- und Schädlingsbekämpfungsmittel anwenden.

Französische Kiwis haben heute, zumindest in Frankreich, jene aus Neuseeland ersetzt. Sie sind im Dezember reif. Die Früchte können aber vorher geerntet werden, da sie ohne Verluste weiterreifen. Kiwis enthalten im Winter mehr Vitamin C als Zitrusfrüchte und zudem viel Karotin. Auch der Magnesiumgehalt ist sehr hoch, die anderen Mineralstoffe sind gleichmäßig verteilt.

Kiwis können hart eingekauft, im Gemüsefach des Kühlschranks gelagert und fünf bis sechs Tage vor dem Verzehr herausgenommen werden. Die Früchte werden am besten roh genossen: einfach halbiert und ausgelöffelt oder geschält und aufgeschnitten zu feinen Scheiben Bayonneschinken. Kiwischeiben ergänzen auch einen fruchtigen Salat und sehen als Kuchenbelag sehr dekorativ aus. Dank ihres fein-säuerlichen Aromas lässt sich aus Kiwis eine köstliche Marmelade bereiten.

Gegen Ende der Saison, etwa im April, reift die Kiwi sehr schnell heran. Wenn sie sich leicht mit dem Finger eindrücken lässt, ähnlich wie ein Pfirsich, ist sie auf dem Höhepunkt ihrer Reife.

SORBET VON KIWI, AVOCADO UND PAMPELMUSE

FÜR 1 L SORBET · VORBEREITUNGSZEIT: 10 MIN. · ZEIT ZUM RÜHREN: 30 MIN. · GEFRIERZEIT: 3 STD.

6 Kiwis
1 große reife Avocado
½ Zitrone
1 große rosa Grapefruit
100 ml Rohrzuckersirup
4 EL grüner Likör

■ Eine Kiwi beiseite legen. Die übrigen Kiwis schälen und in Stücke schneiden. Die Avocado halbieren, das Fleisch herauslösen. Die Zitrone und die Grapefruit auspressen.

■ Den Saft im Mixer mit dem Fruchtfleisch der Kiwis und der Avocado vermischen. Zuckersirup und Likör dazugießen. Die Masse in eine Eismaschine geben und 30 Minuten rühren, bis sie gefroren ist.

■ Das Sorbet in eine Form geben und im Tiefkühlfach aufbewahren. Mit Kiwischeiben garniert servieren. Wenn das Sorbet noch am selben Tag verzehrt wird, kann es in den halben Avocadoschalen präsentiert werden.

■ Die Kiwi verleiht dem Sorbet seine frische grüne Farbe, die Zitrone erhält sie und die Avocado sorgt für eine wunderbar cremige Konsistenz.

REGISTER DER GARTENPRODUKTE

Die **fett** gedruckten Seitenzahlen verweisen auf die Beschreibungen der Gartenprodukte, die normal gedruckten auf die Rezepte, in denen diese Produkte verwendet werden.

REGISTER DER REZEPTE

Appetithappen, Vorspeisen und Salate

Suppen

Fisch und Meeresfrüchte

Fleisch und Geflügel

Gemüsegerichte

Beilagen, Saucen und Gewürze

Desserts

Alkoholisches und Eingemachtes

Kuchen und Gebäck

Anmerkung von Gaston Lenôtre:

Liebe Freunde, da ich immer dazu neige, meine Tage doppelt zu belegen, komme ich häufig zu spät. So habe ich auch den Termin für das Familienphoto verpasst. An jenem Tag war ich mit zwei meiner Enkel, Cécile und Renaud, auf Pfifferlingssuche. Immerhin schaffe ich es, rechtzeitig all jenen zu danken, die meinen Töchtern bei dem Zustandekommen dieses Buches behilflich gewesen sind. Für mich ist es das witzigste, ergreifendste und auch originellste Buch aus der Feder Sylvies geworden!

Sylvie und Annie danken Anne-Marie Petit für ihre unermüdliche Hilfe, Paul Huyard für seine kulinarische Woche, Myriam Crouzet für ihre wertvolle Unterstützung, den unzertrennlichen Marie Leteuré und Pierre Hussenot für die wundervolle Stimmung in den Photos unserer sieben Gärten, Béatrice Vien für die Zeitschrift Aprifel über frische Früchte und Gemüse, Forschern, Gemüsebauern und Journalisten, die unsere Wege gekreuzt haben und die leider nicht in unseren Gärten erwähnt werden konnten, und dem ganzen Team von Hachette Pratique: Valérie Strauss-Kahn, Florence Lécuyer, Brigitte Eveno, Chloé Chauveau, Jean Arcache und Pierre Baron, die an unsere Geschichte geglaubt, und uns in der Durchführung des Projekts stets hilfreich zur Seite gestanden haben.

Marie Leteuré dankt den folgenden Geschäften, die ihr für die Gestaltung der Photos einzelne Gegenstände zur Verfügung gestellt haben.

Für »Im Klostergarten von Sainte-Cécile«:
Cuisinophilie, Art Domestique Ancien, Eric Dubois, Fanette, Jean-Baptiste Astier de Villatte und Farfelus Farfadets für die Erstellung der Dekoration.

Für »Ein Garten in den Weißen Bergen«:
Au Puceron Chineur, Elsa Halfen, Fuschia, Eric Dubois.

Für »Ein Paradies in den Tropen«:
Didier Pierre, Israel, Liwàn, Ikat, Henri Courteois.

Für »Ein Gemüsegarten im Val d'Argent«:
Etamine, Eric Dubois, Fanette, Quartz, Cristal d'Arque, Persona Grata, Sophie Ghilemsans.

Für »Eine Gartenlaube in der Sonne«:
La Maison Ivre, Portobello, Fanette, Au Puceron Chineur, Art Domestique Ancien.

Für »Vom Salat in Versailles«:
Au Puceron Chineur, Vert Vous, Jean-Baptiste Astier de Villatte, Fanette, Bernard Carant bei Florent Monestier.

Für »Ein Garten im Jahr 2039«:
Kitchen Bazaar, Quartz, Taboureau.